Walter S. Gibson
nació en Columbus, Ohio, en 1932.

Se graduó (*cum laude*) en Bellas Artes y obtuvo el *Magister Artium* en la Universidad del Estado de Ohio. Se doctoró en Filosofía por Harvard en 1969, con una tesis acerca de *Las pinturas de Cornelius Engebrechtsz*. Ha seguido dos cursos de investigación en el Instituto de Historia del Arte de la Universidad de Utrecht. Entre sus premios y méritos figuran una beca Guggenheim de ampliación de estudios en 1978-1979, y una ayuda Fulbright para investigación en Bélgica en 1984. En 1966 impartió clases en el Departamento de Arte de la Universidad Case Western Reserve de Ohio; actualmente es profesor de Humanidades en la institución Andrew W. Mellon. El profesor Gibson está particularmente interesado en la pintura holandesa y flamenca del siglo XVI. Entre sus libros publicados figuran *Bruegel* y *Mirror of the Earth: The Flemish World Landscape of the Sixteenth Century*.

EL MUNDO DEL ARTE

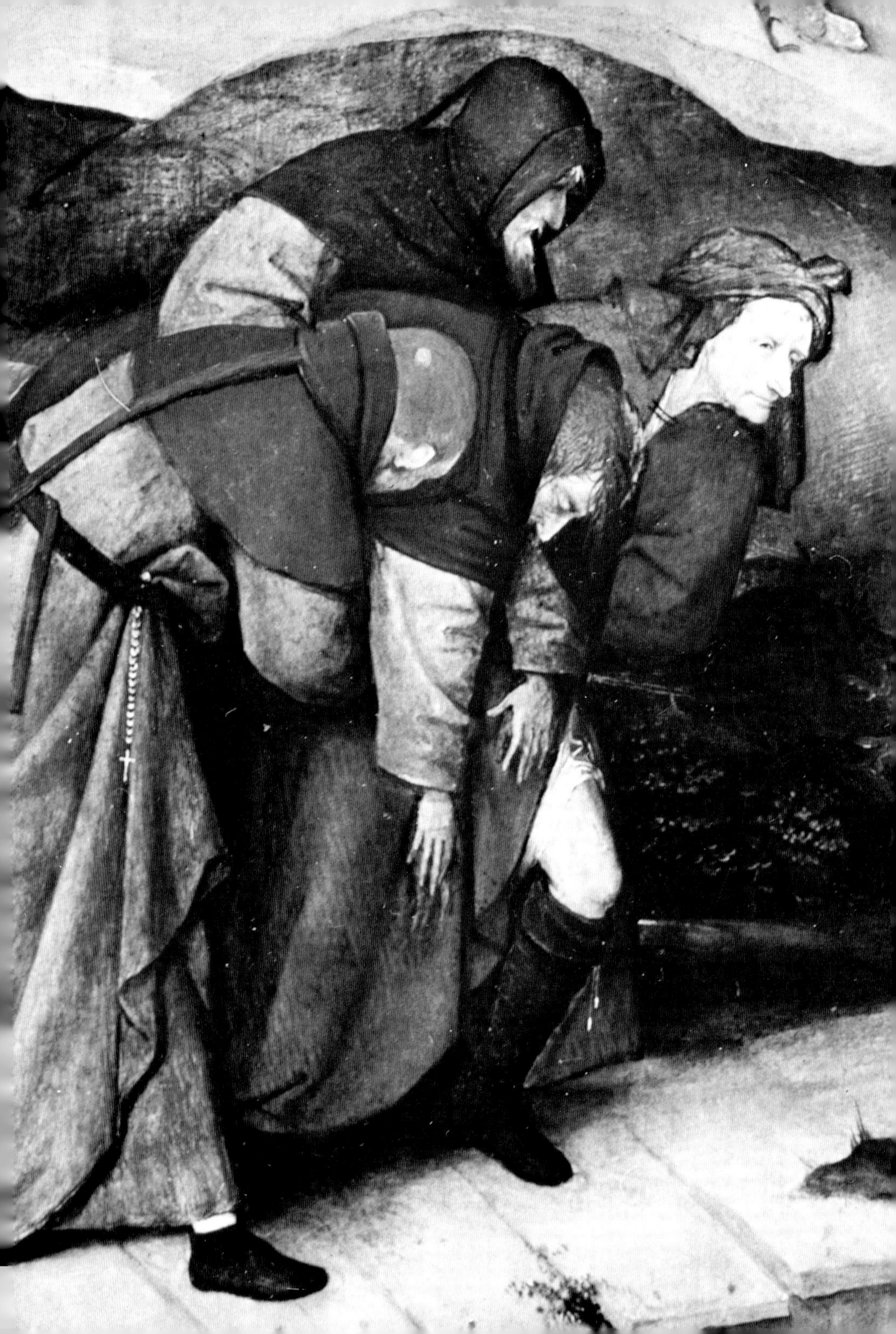

EL BOSCO

WALTER S. GIBSON

151 ilustraciones, 26 en color

EDICIONES DESTINO
THAMES AND HUDSON

Frontispicio
1 EL BOSCO
San Antonio llevado por dos compañeros
detalle de la il. 124. La figura de la derecha es, posiblemente, un autorretrato del Bosco

Título original: *Hieronymus Bosch*
Traducción: José Luis Fernández-Villanueva

Cubierta: El Bosco, *El carro de heno*
(detalle del panel central)

Consell de Cent, 425. 08009 Barcelona

Primera edición: septiembre 1993
ISBN: 84-233-2306-4
Impreso y encuadernado por C.S. Graphics, Singapur
Impreso en Singapur - Printed in Singapore

Índice

A la memoria de

Leon M.J. Delaissé,

maestro y amigo

Prefacio

Cuando hace algunos años inicié mis estudios del tríptico de Hieronymus Bosch, *El Jardín de las Delicias*, me convencí pronto de que su arte enigmático no estaba relacionado con herejías medievales o prácticas herméticas, sino con las prácticas religiosas de su tiempo, habituales entonces y ajustadas a la ortodoxia. El encargo de escribir un libro sobre el artista me ha permitido estudiar el resto de su obra y la subsiguiente investigación me ha confirmado en mi primera convicción. La concepción que el Bosco tiene del Cielo y del Infierno difiere poco de la que tenían sus contemporáneos; su representación de la humanidad pecadora sólo puede entenderse si tenemos en cuenta los sermones y la literatura didáctica del final de la Edad Media.

Esto no es nada nuevo. Muchos eruditos, sobre todo holandeses, han estudiado al Bosco desde esta perspectiva. Sin embargo, su obra, sobria y consciente, ha sido oscurecida a menudo por teorías llamativas, cuya falta total de fundamentos históricos no ha impedido que fueran aceptadas por el público. Este libro pretende restablecer la situación; presenta al Bosco en su contexto histórico y demuestra, en particular, que gran parte de la iconografía del Bosco, incluso la que nos parece más extraña, es una expresión típica de la cultura que Johan Huizinga ha descrito brillantemente en su *Waning of the Middle Ages*.

El interés de colegas y estudiantes me ha ayudado mucho en la preparación de las diversas fases de este libro. Mis más cálidas gracias a la doctora Charity Cannon Willard, a Jean Anne Vincent y al doctor James F. O'Gorman, que leyeron y comentaron un primer borrador del texto. El conocimiento que la doctora Willard tiene de la cultura del siglo XV me ha sido particularmente valioso. También mantuve fructíferas conversaciones con los doctores Robert Calkins, Phillips Salman y Thomas Tomasic, así como con el señor y la señora Charles Scillia, cuyo vasto conocimiento de la teología medieval puso a mi alcance muchas claves para interpretar al Bosco. La identificación que el señor Scillia hace de varias figuras de la *Epifanía* del Prado me ha servido en el capítulo VIII; espero que publicará *in extenso* sus teorías en un futuro no lejano. Dos seminarios sobre el Bosco me permitieron exponer mis ideas a una audiencia interesada y crítica; por sus valiosas observaciones, estoy agradecido a Thomas Donaldson, Allen Farber, Henry Kleinhenz, John Leidenfrost, Edith Murray, Sara Jane Pearman, el señor y la señora Scillia y la señora Wendy Wood.

Estoy en deuda con la doctora María-José de Mendonça, directora del Museu Nacional de Arte Antiga de Lisboa, por su amabilidad al permitirme ver el tríptico *San Antonio* mientras se restauraba en el laboratorio. Por su ayuda constante en la obtención de libros y publicaciones doy las gracias a Georgina Toth, del Museo de Cleveland; a Alice Loranth, de la Colección John G. White de la Biblioteca Pública de Cleveland, y a Charlotte Vanderveer del Museo de Cleveland.

Ida Brisky merece mi sincero agradecimiento por su paciente trabajo mecanográfico de los numerosos borradores del inicio; el borrador final fue preparado hábilmente por Carolyn Moore. Mi madre dedicó buena parte de sus vacaciones veraniegas a revisar las pruebas finales del libro; a ella mi especial agradecimiento.

Pero mi agradecimiento más profundo debo reservarlo para quien ya no puede recibirlo, el fallecido profesor L.M.J. Delaissé. Su constante interés y aliento me estimularon durante muchos años; sin él nunca hubiera escrito este libro, y sus páginas reflejan, si bien que imperfectamente, muchas de sus ideas. Espero que la dedicatoria exprese en alguna medida la deuda que tengo con él.

W.S.G.
Cleveland, Ohio
31 de julio de 1972

Introducción

Donde mejor puede estudiarse el extraño mundo del Bosco es en el Museo del Prado de Madrid. Allí, en una de las galerías del primer piso, se conservan, al menos, tres retablos principales y algunos cuadros menores del Bosco y su taller. Ofrecen un contraste sorprendente con las demás obras holandesas de la misma sala. Los detalles fríamente observados y precisamente reproducidos de los *Desposorios de la Virgen*, de Robert Campin, o el digno comedimiento del *Descendimiento de la Cruz*, de Roger van der Weyden, no tienen nada en común con los paisajes llenos de demonios de *El carro de heno* o *El Jardín de las* *60, 63*
Delicias, ambos del Bosco. El arte de los antiguos maestros está firmemente asentado en el mundo sustancial y prosaico de la experiencia cotidiana, pero el Bosco nos ofrece un mundo de fantasías y pesadillas, en el cual las formas parecen a nuestros ojos trémulas y cambiantes.

Los cuadros del Bosco han fascinado siempre a quienes los miran pero, en siglos pasados, la creencia general era que las escenas diabólicas pretendían simplemente divertir o excitar, a la manera de los *grotteschi* de la decoración renacentista italiana. Si bien es cierto que Felipe II coleccionó sus obras, más por devoción que por placer, no fue ésta la postura de la mayoría de los españoles. La queja de Felipe de Guevara, hacia 1560, en el primer comentario que se conoce sobre el arte del Bosco, calificándolo de «inventor de monstruos y quimeras», fue compartida por muchos. Casi medio siglo más tarde, el holandés Karel van Mander, historiador del arte, describe los cuadros del Bosco como fundamentalmente «fantasías maravillosas y extrañas... casi siempre más horribles que agradables a la vista».

Pero en nuestro siglo, los estudiosos han advertido que el arte del Bosco posee un significado más profundo y han buscado la explicación de su origen. Algunos han visto al artista como una especie de surrealista del siglo XV que extrajo sus formas perturbadoras del subconsciente, y lo han relacionado a menudo con Salvador Dalí. Para otros, el arte del Bosco refleja prácticas esotéricas de la Edad Media, como la alquimia, la astrología y la brujería. Pero los más provocativos son, quizá, quienes pretenden relacionar al Bosco con las diversas herejías religiosas que surgieron durante la Edad Media. Ejemplo de ellos es Wilhelm Fraenger, cuyas teorías, a causa de su popularidad, merecen nuestra atención. También sirven para ilustrar los problemas que surgen cuando se trata de interpretar al Bosco.

Según Fraenger, el Bosco era miembro de los Hermanos del Libre Espíritu, un grupo herético que se extendió por toda Europa durante varios siglos desde que apareció en el XIII. Se conoce poco de la secta, pero se cree que practicaban la promiscuidad sexual como parte de sus ritos religiosos, con los cuales pretendían alcanzar el estado de inocencia de Adán antes de la Caída; razón por la cual se les conocía también como adamitas. Fraenger da por sentado que *El Jardín de las Delicias* fue pintado para un grupo de adamitas de 's-Hertogenbosch, donde vivía el Bosco, y que la desvergonzada escena erótica del panel central representa, no una condenación de la sensualidad desenfrenada (como se cree generalmente), sino las prácticas religiosas de la secta. Fraenger también ha relacionado otras obras del artista con los adamitas y sus doctrinas.

Aunque muchos entendidos rechazan de plano la tesis de Fraenger, ésta ha merecido la atención generalizada de la prensa donde, de hecho, el panel central de *El Jardín de las Delicias* se reproduce con casi tanta frecuencia como *La Gioconda* y *La ronda nocturna*. El gran atractivo de esta interpretación reside, en parte, en su novedad y en su carácter sensacionalista, pero, sobre todo, en el hecho de que encaja bien en los conceptos del amor libre y la libertad sexual del siglo XX, como valores positivos por ellos mismos y como terapia de enfermedades psíquicas y sociales. Efectivamente, un defensor de lo que pudiera denominarse la «sexualidad terapéutica», Norman O. Brown (*Love's Body*, 1966), propone *El Jardín de las Delicias* como una ilustración de su propia teoría llevada a la práctica.

A pesar del atractivo que la interpretación de Fraenger ejerce en las conciencias modernas, su premisa es muy cuestionable. No existe ninguna evidencia histórica de que el Bosco fuera adamita o de que hubiera pintado para ellos. La última noticia cierta que se tiene de la secta en los Países Bajos es de 1411 y en Bruselas. Pero, aun en el supuesto de que los adamitas hubieran sobrevivido de modo inadvertido hasta principios del siglo XVI, es imposible aceptar que el Bosco no fuera un cristiano ortodoxo. Fue miembro de la Cofradía de Nuestra Señora, un gremio de clérigos y laicos devoto de la Virgen, en todo diferente a los Hermanos del Libre Espíritu. El Bosco pintó varios cuadros por encargo de su Cofradía y tuvo como patronos a miembros destacados de la Iglesia y la nobleza, uno de los cuales le encargó probablemente *El Jardín de las Delicias*. La ortodoxia religiosa de tales patronos no admite la menor duda. Durante la segunda mitad del siglo XVI, varias obras del Bosco, entre ellas —una vez más— *El Jardín de las Delicias*, fueron adquiridas por el católico más conservador de su tiempo, Felipe II

2 EL BOSCO *El Jardín de las Delicias*, detalle del panel central

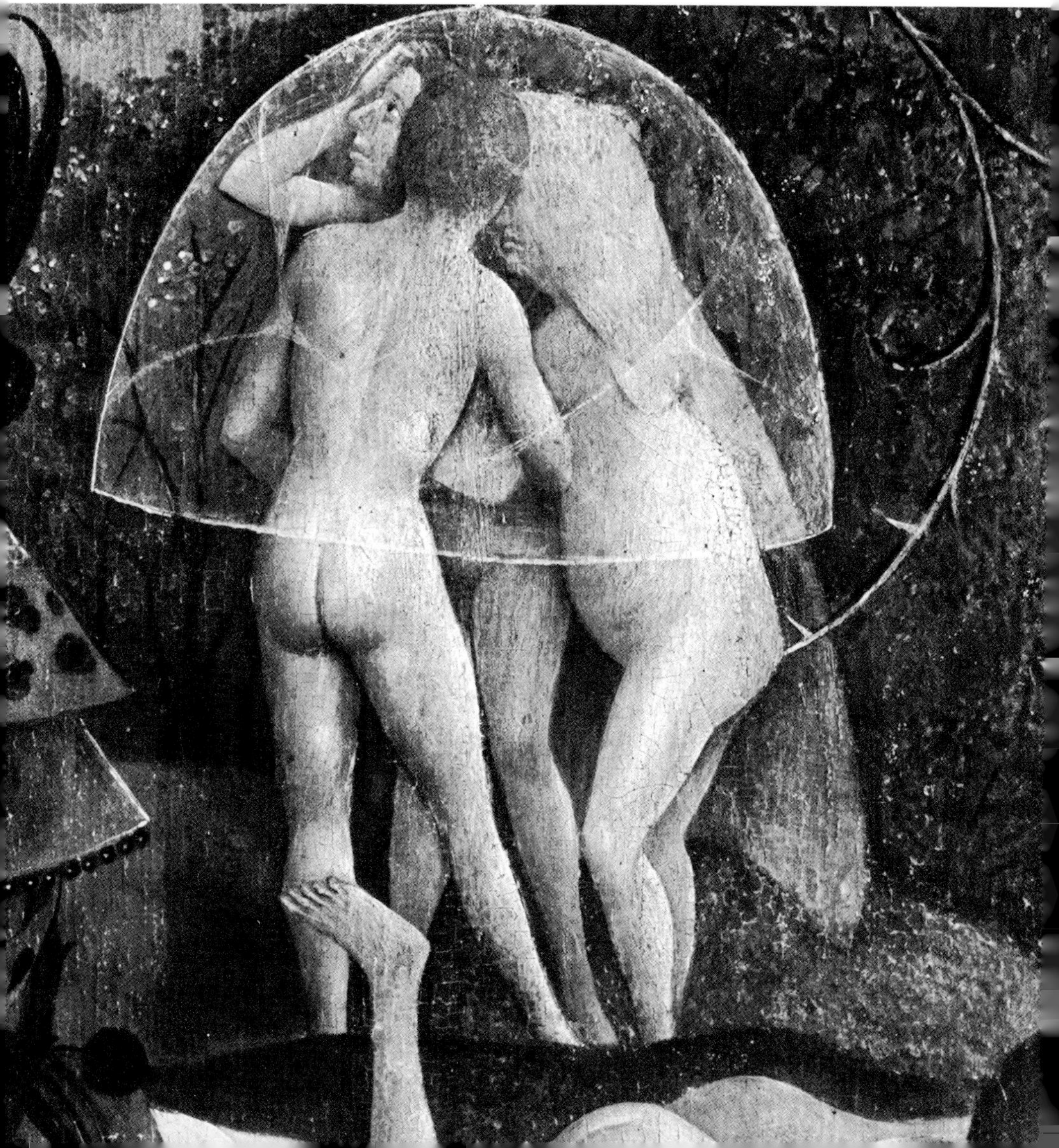

de España. Estamos en la época de la Reforma y la Contrarreforma, cuando la Inquisición resurge y los hombres de todos los países tienen especial cuidado con las cuestiones del dogma y la doctrina. Por ello es altamente improbable que las obras del Bosco fueran adquiridas con tanta avidez si hubiera habido la menor sospecha de que estuvieran asociadas con alguna secta herética. Sólo al final del siglo XVI hubo algunos en España que vieron sus obras como «teñidas de herejía», pero esta acusación fue refutada razonadamente por el clérigo español Fray José de Sigüenza en 1605.

Por lo tanto, las teorías de Fraenger deben rechazarse por falta de pruebas históricas. Igual argumento es aplicable a los intentos de ver al Bosco como adepto secreto de una de las artes más esotéricas. Con esto no se niega que algo de su imaginería proceda de aquellas fuentes; pero afirmar, como algunos hacen, que el Bosco practicaba la alquimia, carece de fundamento. Como también carece de fundamento decir que el Bosco pintó bajo la influencia de drogas alucinógenas.

Por último, la tendencia a interpretar la imaginería del Bosco en términos de surrealismo moderno o psicología freudiana es anacrónica. Olvidamos con demasiada frecuencia que el Bosco no leyó a Freud y que el psicoanálisis moderno sería incomprensible para una mente medieval. Lo que ahora llamamos libido fue denunciado por la iglesia medieval como pecado original; lo que vemos como expresión del subconsciente se tomaba en la Edad Media como inspiración de Dios o del Diablo. La psicología moderna puede explicar lo que nos atrae de los cuadros del Bosco, pero no puede explicar lo que significaban para él y la gente de su tiempo. Por la misma razón, es dudoso que la psicología moderna pueda ayudarnos a entender los procesos mentales que siguió para llegar a sus formas enigmáticas. El Bosco no intentó despertar el subconsciente del espectador, sino enseñarle determinadas verdades morales y espirituales y, debido a ello, sus imágenes tienen, por lo general, un significado preciso y premeditado. Como Dirk Bax ha demostrado, a menudo son transposiciones visuales de equívocos y metáforas verbales. En efecto, las fuentes del Bosco hay que buscarlas preferentemente en el lenguaje y el folclore de su tiempo y en las enseñanzas de la Iglesia. Si examinamos *El Jardín de las Delicias* y los demás cuadros en su contexto cultural, descubriremos que, no menos que los retablos de Robert Campin y Roger van der Weyden, el arte del Bosco es un fiel reflejo de las esperanzas y temores de la tenebrosa Edad Media.

CAPÍTULO I

Vida y ambiente

Hieronymus van Aken, alias Bosch, o el Bosco, como desde siempre se le llama en España, toma su mote de donde vivió y trabajó, 's-Hertogenbosch (Bois-le-Duc), ciudad atrayente pero tranquila, situada no lejos de la actual frontera belga. En la época del Bosco, era una de las cuatro ciudades mayores del ducado de Brabante, que formaba parte de las extensas posesiones de los ambiciosos duques de Borgoña. Las otras ciudades importantes brabanzonas, Bruselas, Amberes y Lovaina, están más al sur, en lo que hoy es Bélgica; por tanto, 's-Hertogenbosch, más al norte, está más próxima a las provincias de Holanda y Utrecht y a los ríos Rin y Mosa. Al final de la Edad Media, 's-Hertogenbosch era una próspera ciudad comercial, centro de una zona agrícola, relacionada intensamente con el norte de Europa e Italia. Aunque su industria de paños era importante, era más conocida por sus fabricantes de órganos y sus fundidores de campanas.

La población estaba formada predominantemente por comerciantes de clase media y fue ésta la que debió de dar carácter a la ciudad, ya que carecía de la activa vida cortesana de Bruselas o Malinas; a diferencia de Lovaina, no tenía universidad; tampoco era sede arzobispal, como las otras tres ciudades de Brabante. No por ello era ajena a una pujante vida cultural. 's-Hertogenbosch tuvo una famosa escuela latina y, al final del siglo XV, podía jactarse de cinco *rederijker kamers* o cámaras de retórica, asociaciones literarias que ofrecían actos poéticos o dramáticos con motivo de las festividades públicas.

Parece que la vida religiosa fue muy floreciente; en la ciudad y en sus alrededores se fundaron numerosos conventos y monasterios. De especial interés son las casas fundadas por los Hermanos y Hermanas de la Vida Común, orden religiosa modificada, sin votos, que tuvo su origen al final del siglo XIV en Holanda, y cuyo propósito era volver a una práctica religiosa más sencilla y personal. Se la llamó la *Devotio Moderna* y su carácter está bien reflejado en el famoso devocionario *La imitación de Cristo*, atribuido generalmente a Thomas de Kempis, que, como veremos, debieron de conocer muy bien el Bosco y sus patronos. La *Devotio Moderna* tuvo un papel destacado en el resurgimiento religioso del siglo XV y contribuyó probablemente al extraordinario auge de las fundaciones religiosas en 's-Hertogenbosch. En efecto, hacia 1526, diez años después de la muerte del Bosco, una de cada diecinueve personas de 's-Hertogenbosch pertenecía a una orden religiosa, proporción mucho más alta que en cualquier otra ciudad neerlandesa de la época. Parece que la abundancia de claustros, con la consiguiente competencia comercial, despertó la hostilidad de los ciudadanos, actitud que también veremos reflejada en el arte del Bosco.

Pero, a pesar de la frecuente crítica a las órdenes religiosas, todavía no se cuestionaba seriamente la autoridad moral de la iglesia medieval. La religión aún impregnaba todos los aspectos de la vida diaria. Cada gremio tenía su santo patrón y todos los ciudadanos participaban en las grandes fiestas de la iglesia y en las procesiones religiosas anuales. La mezcla inseparable de la religión y el comercio está muy bien recogida en una pequeña tabla, pintada hacia 1525, que muestra el mercado
3 de paños, tal como debió de ser en la época del Bosco. La plaza de la ciudad está ocupada por hileras de puestos que cobijan a comerciantes y mercaderías; tras ellos se ven las fachadas de los almacenes y casas patricias, rematadas por agudos tejados, típicos al final del medioevo en cualquier ciudad del norte de Europa. El primer plano, sin embargo, está dominado por un san Francisco de Asís muy joven, vestido a la moda de principios del siglo XVI; aparecen a sus pies balas de paños, referencia al padre del santo, que había sido mercader de paños. Unas tijeras pintadas en el reverso sugieren que la tabla fue encargada por un gremio de tejedores o sastres. A causa de la profesión de su padre, san Francisco era un patrón adecuado para tales gremios, al tiempo que su vida caritativa recordaba a los agremiados su obligación cristiana con los necesitados.

Estos dos impulsos de la vida en 's-Hertogenbosch, el sagrado y el secular, encontraron su más bella expresión en el gran templo de San
4 Juan, símbolo de la todavía intacta fe medieval y, a la vez, testimonio del orgullo cívico y de la prosperidad mercantil de la ciudad. Comenzado al final del siglo XIV, sobre los cimientos de un edificio anterior, y terminado en el XVI, es un bello ejemplo del gótico brabanzón, sobre todo por la riqueza de sus tallas ornamentales. De interés particular
6 son las hileras de curiosas figuras —monstruos y obreros— sentadas a horcajadas en los contrafuertes del tejado, algunas de las cuales recuerdan las criaturas fantásticas del Bosco.

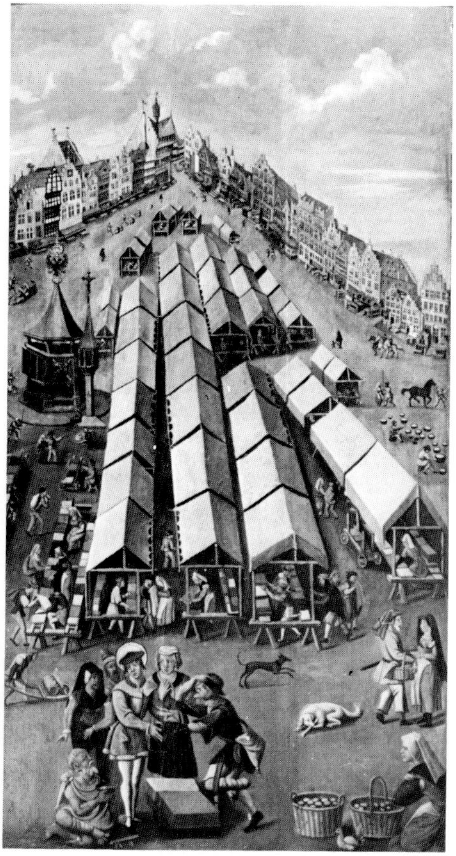

3 *Mercado de paños en 's-Hertogenbosch c.* 1525

4 *Catedral de San Juan,* 's-Hertogenbosch

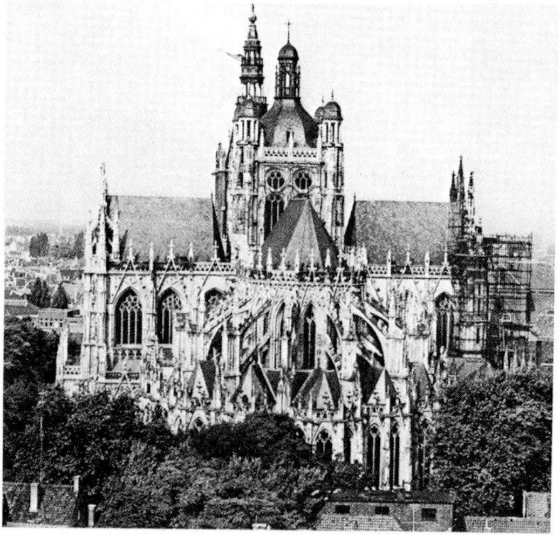

El templo de San Juan estaba en sus primeras fases de construcción cuando los antepasados del Bosco se establecieron en 's-Hertogenbosch, a finales del siglo XIV o principios del XV. El nombre de la familia, Van Aken, sugiere que procedían de la cercana ciudad alemana de Aachen (Aquisgrán). En 1430-1431 aparece la primera referencia cierta al abuelo del Bosco, Jan van Aken, muerto en 1454. Jan tuvo cinco hijos, de los cuales al menos cuatro fueron pintores; uno de éstos, Anthonius van Aken († *c.* 1478), fue el padre de Hieronymus.

A diferencia de Durero, el Bosco no dejó diarios ni cartas. Lo que sabemos de su vida y actividad artística, debemos espigarlo en las breves referencias de los registros municipales de 's-Hertogenbosch y, sobre todo, en los libros de cuentas de la Cofradía de Nuestra Señora. Estas anotaciones no nos dicen nada del hombre, ni siquiera la fecha de su nacimiento. Un retrato del artista, quizá un autorretrato, conocido *5* sólo por copias posteriores, muestra al Bosco a una edad algo avanzada. Suponiendo que el retrato original fuera pintado poco antes de su muerte, en 1516, hay que creer que debió de nacer alrededor de 1450. La primera cita del Bosco en los registros municipales es de 1474, donde aparece junto a dos hermanos y una hermana; un hermano, Goossen, era también pintor. Entre 1479 y 1481, el Bosco se casa con Aleyt Goyaerts van den Meervenne, evidentemente de más edad que él. Pero procedía de una buena familia y aportó una riqueza considerable al matrimonio; hay constancia de un pleito en 1481 por la propiedad familiar entre el Bosco y un hermano de Aleyt. Se cree que el Bosco y su esposa vivieron en 't-Root Cruys (La Cruz Roja), una de las casas pintadas en la tabla del mercado de paños.

En 1486-1487, el nombre del Bosco aparece por primera vez en la lista de miembros de la Cofradía de Nuestra Señora, con la cual se mantendrá íntimamente ligado el resto de su vida. Esta cofradía era uno de los numerosos grupos dedicados al culto de la Virgen que tanto florecieron al final de la Edad Media. Fundada poco antes de 1318, la cofradía de 's-Hertogenbosch contaba entre sus miembros con hombres y mujeres, laicos y religiosos. Centraban su devoción en una imagen milagrosa de la Virgen, la «Zoete Lieve Vrouw», alojada en una capilla del templo de San Juan que sufragaba la cofradía. Con cofrades procedentes de todo el norte de los Países Bajos y Westfalia, esta rica y numerosa hermandad debió de contribuir significativamente a la vida religiosa y cultural de 's-Hertogenbosch. Sus miembros contrataban

5 Retrato de Hieronymus Bosch (?) *c.*1550

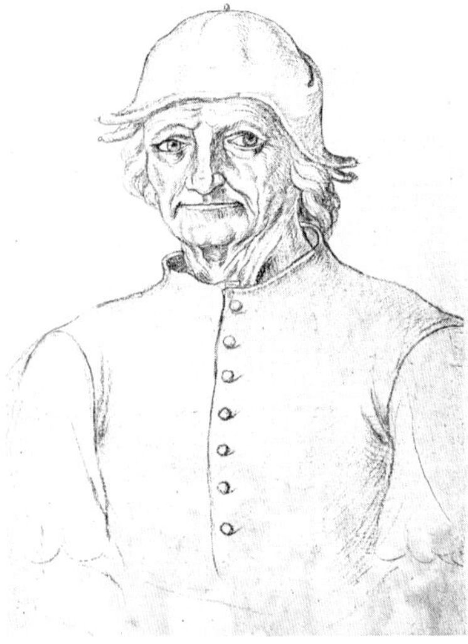

6 Catedral de San Juan, 's-Hertogenbosch, detalle de los contrafuertes de la cubierta

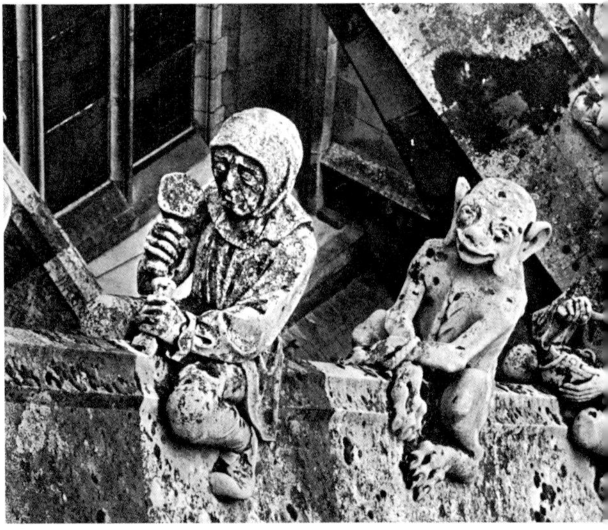

cantores, organistas y compositores para atender las misas diarias y las fiestas solemnes. También encargaron obras de arte para embellecer la capilla de Nuestra Señora, y en 1478 decidieron construir una nueva y más espléndida, al lado norte del inacabado coro de San Juan. El proyecto fue confiado al arquitecto del templo, Alart Du Hameel, que más adelante grabaría algunos dibujos del Bosco. Casi todos los miembros de la familia del Bosco pertenecían a la cofradía, y fueron empleados por ésta para diversos trabajos, a menudo para dorar y policromar las estatuas talladas en madera que se exhibían en las procesiones anuales. El padre del Bosco, Anthonius van Aken, parece que también hizo de consejero artístico de la cofradía. Por ejemplo, en 1475-1476, él y sus hijos estuvieron presentes cuando los deanes de la cofradía discutieron el encargo de un retablo en madera, terminado para la capilla en 1477.

El Bosco puede haber sido uno de los hijos de Anthonius que participaron en esas discusiones. Pero sus primeros encargos para la cofradía aparecen registrados en 1480-1481, y a partir de esa fecha aparecen algunos otros. Entre ellos varios dibujos, uno en 1493-1494 para un vitral de la nueva capilla, otro en 1511-1512 de un crucifijo, y un tercero, en 1512-1513, de un candelabro. El pequeño salario recibido por la ejecución del último hace pensar que los hacía como gesto benevolente. Los ayudantes del Bosco también recibieron un pago en 1503-1504 por pintar unos escudos de armas. En 1508-1509, el Bosco y el arquitecto de la iglesia, el sucesor de Du Hameel, fueron consultados sobre la policromía de un «retablo de Nuestra Señora», posiblemente el que se talló en 1477. Si se ha interpretado correctamente una referencia de principios del siglo XVII, el Bosco puede haber pintado la escena de Abigail frente a David en las alas exteriores de este retablo.

No existe evidencia documentada de que el Bosco saliera alguna vez de su ciudad natal. Pero algunos detalles de su primera obra apuntan a una estancia en Utrecht, y la influencia del arte flamenco en su estilo de madurez indica que quizá viajara también al sur de Holanda. Se ha especulado con que la *Crucifixión de santa Julia* fue pintada durante un viaje al norte de Italia, donde el culto de esta santa estaba muy extendido, pero es más probable que esta obra fuera encargada por mercaderes o diplomáticos italianos residentes en Holanda, al igual que ocurriera con el tríptico Portinari de Hugo van der Goes.

Un asiento final en las cuentas de la Cofradía de Nuestra Señora registra la muerte del Bosco en 1516; el 9 de agosto de aquel año, sus amigos de la cofradía asistieron a una misa de réquiem, celebrada en su memoria en la iglesia de San Juan.

Quedan sólo otras pocas referencias a las obras del Bosco. Por varias fuentes del siglo XVII sabemos que unas pinturas suyas estuvieron en la iglesia de San Juan. Una, en el altar mayor, representaba la Creación del Mundo; otra, en el altar de María, la Adoración de los Magos, tema tratado por el Bosco en otras ocasiones. También pintó algunas escenas del Antiguo Testamento para el altar de San Miguel, posiblemente las puertas del retablo tallado.

Finalmente, en 1504, Felipe el Hermoso, duque de Borgoña y esposo de Juana la Loca, encargó un retablo a «Jeronimus van Aeken llamado el Bosco», primera vez, por cierto, que se alude al pintor por su ciudad de origen. El retablo tenía que representar el Juicio Final flanqueado por el Cielo y el Infierno; su enorme tamaño (2,75 m de alto por 3,35 de ancho) se aproximaría al del *Juicio Final* de Roger van der Weyden en el Hospital de Beaune. Esta obra se ha perdido, pero algunos estudiosos creen que sobrevive un fragmento en un panel pe-
36 queño que se conserva en Munich; otros creen que el tríptico del *Juicio Final* de Viena es una réplica reducida del retablo encargado por Felipe el Hermoso. Pero ninguna de estas sugerencias parece convincente. De las pinturas de la iglesia de San Juan no queda rastro. Probablemente desaparecieron cuando el príncipe Federico Enrique y sus tropas holandesas tomaron 's-Hertogenbosch a los españoles en 1629, sustituyendo el esplendor católico por la austeridad calvinista.

Pueden encontrarse numerosas pinturas con el nombre del Bosco en museos y colecciones privadas de Europa y los Estados Unidos. Muchas son sólo copias o pastiches de las obras originales, pero unas treinta pinturas y un pequeño grupo de dibujos pueden atribuírsele con certeza razonable. Sin embargo, salvo las primeras obras, la cronología de estas pinturas es de difícil precisión. Ninguna está fechada, y algunas han sido tan dañadas o restauradas que sería muy aventurado basar su cronología en los sutiles matices del estilo o la técnica. Es mejor estudiar las pinturas del Bosco según los temas; sólo después de un examen exhaustivo de su imaginería se puede avanzar algo en la naturaleza de la evolución artística del Bosco.

CAPÍTULO II

Orígenes artísticos y primeras escenas bíblicas

Si sabemos poco de la vida del Bosco, aún conocemos menos de su formación artística. Se cree generalmente que aprendió con su padre o con uno de sus tíos, pero todos los cuadros de éstos se han perdido, incluso los encargados por la Cofradía de Nuestra Señora. Sólo unas pocas pinturas del siglo XV han sobrevivido en 's-Hertogenbosch; una es un fresco en la iglesia de San Juan, una Crucifixión fechada en 1444, que se cree que podría ser del abuelo del Bosco, Jan van Aken. Es de un estilo algo tosco y provinciano y no ayuda en nada para entender la evolución artística de nuestro artista.

Pero, si consideramos la pintura flamenca en su contexto general durante el siglo XV, podemos proyectar alguna luz sobre los orígenes estilísticos de las primeras obras del Bosco. Cuando su nombre empieza a aparecer en los registros de 's-Hertogenbosch, los primeros grandes maestros de la escuela flamenca, Jan van Eyck y Robert Campin, hace ya unos treinta años que han muerto. Roger van der Weyden también ha muerto, pero su arte frío y comedido tiene una continuación, no muy feliz por cierto, en sus seguidores de Bruselas; también ha influido poderosamente en Dirk Bouts, ahora al final de su carrera en Lovaina, y en Hans Memling, que vive en Brujas. Un estilo más independiente surge en Gante, en las vigorosas composiciones de Hugo van der Goes.

Durante la vida del Bosco, las provincias septentrionales de la actual Holanda no eran tan ricas ni tan poderosas como Brabante y Flandes, ni gozaban de patronazgos importantes o talleres tan grandes como los de las ciudades del sur. Además, muchas de las primeras pinturas holandesas fueron destruidas por la furia iconoclasta de la Reforma y sólo se han conservado unas pocas. Pero es evidente que en la misma época, en las dos últimas décadas del siglo, existía en Haarlem una escuela de pintura de cierta importancia, bajo Geertgen tot Sint Jans y sus seguidores, coincidiendo con el Maestro de la Virgo inter Virgines en Delft. Aunque sólo unas pocas tablas pueden relacionarse con Utrecht, esta antigua ciudad, sede arzobispal, parece que fue un importante centro de iluminación de manuscritos, cuya originalidad y significado no han sido todavía suficientemente valorados. La unidad estilística de la pintura flamenca, dominada por el genio de Roger van der Weyden, está ausente en las provincias del norte, donde predominan estilos locales e individuales. Los artistas holandeses, sin embargo, tienen muchas cualidades en común, como la interpretación expresiva de la narrativa bíblica, profundamente sentida, y sobre todo, en el caso de tot Sint Jans y los iluminadores, una visión del hombre y del mundo basada más en la experiencia directa que en la convención artística.

Como 's-Hertogenbosch era parte de Brabante y la iglesia de San Juan representa la culminación del gótico brabanzón, muchos han buscado los orígenes del arte del Bosco en las tradiciones iniciadas por Robert Campin, Roger van der Weyden y otros artistas que trabajaron en el sur de la actual Holanda. La última obra del Bosco, ciertamente, muestra influencias de Brabante y del sur, pero sus primeras pinturas tienen más afinidad con el arte holandés, sobre todo con las iluminaciones de los manuscritos. Entre las obras que se atribuyen generalmente al primer período de actividad del Bosco (*c.* 1470-1485) figuran
8 varias escenas bíblicas de tamaño reducido: *Epifanía (Adoración de los
9 Magos)*, en Filadelfia; *Ecce Homo*, en Frankfurt (con una versión afín en
el Museo de Bellas Artes de Boston), y un ala de retablo en Viena, el
11 *Cristo con la Cruz a cuestas*. La fecha temprana se basa en la composición simple y en su sujeción a los modelos tradicionales de composición.

Este primer estilo está sobre todo ejemplarizado en la encantadora
8 *Epifanía* de Filadelfia. La digna compostura de los reyes contrasta con el gesto impulsivo del Niño, mientras el anciano José permanece discretamente a un lado, quitándose la capucha, como cohibido por la presencia de unos extranjeros tan ricamente vestidos. Desde atrás del cobertizo, dos pastores miran con tímida curiosidad. En esta temprana fecha, el dominio de la perspectiva no parece muy firme en el Bosco; especialmente ambigua es la relación espacial del establo con las figuras del primer término, si bien las ruinosas paredes y el techo de paja están pintados con detallado cuidado. En la distancia, arriba y a la derecha, puede verse el ganado que pasta en un prado y las torres resplandecientes de una ciudad.

La atmósfera íntima y recogida de la *Epifanía* de Filadelfia da paso en
9 el *Ecce Homo* de Frankfurt a la brutalidad de su Pasión. Coronado de espinas, ensangrentado su cuerpo por los azotes, Cristo está junto

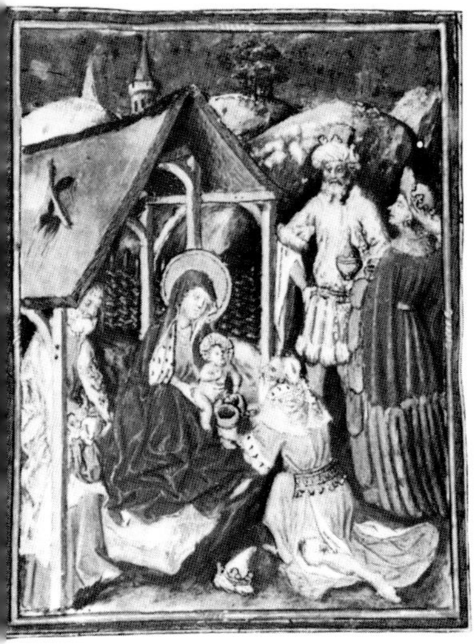

7 *Adoración de los Magos*, de un libro de horas holandés, *c.* 1438

8 EL BOSCO *Epifanía*

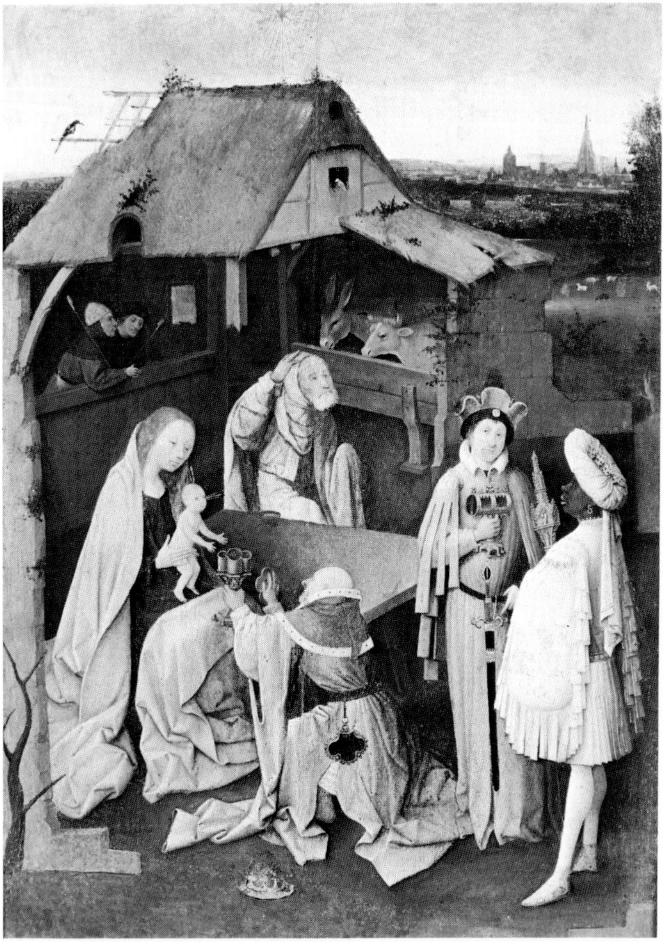

a Pilatos y sus acompañantes frente a la chusma airada. El diálogo entre Pilatos y la multitud está indicado con inscripciones góticas, cuya función no es diferente a los bocadillos de una tira cómica de hoy. De la boca de Pilatos surgen las palabras «*Ecce homo*» (He aquí el hombre). No haría falta descifrar la inscripción «*Crufige eum*» (crucifícalo), el grito que brota de la gente de abajo; su animosidad está inequívocamente expresada por los rostros y los gestos amenazadores. La tercera inscripción «*Salve nos Christe redemptor*» (sálvanos, Cristo redentor) surgía de dos donantes situados abajo y a la izquierda, pero las figuras han sido tapadas con pintura. Como con los Magos de la *Epifanía* de Filadelfia, el carácter pagano de los hombres que rodean a Cristo se indica por la extraña vestimenta, incluso con turbantes pseudoorientales. La iniquidad esencial de la escena se señala además con símbolos del mal tan tradicionales como el búho en la ventana, a la derecha de Pilatos, y el enorme sapo adherido al escudo de uno de los soldados. Al fondo aparece una plaza de la ciudad, con una sorprendente media luna turca sobre una de las torres. Los enemigos de Cristo se identifican con el poder del Islam que, en los días del Bosco y durante mucho tiempo después, dominaron casi todos los Santos Lugares de la Cristiandad. Pero los edificios son de estilo gótico tardío; sólo la voluminosa y extraña torre distante evoca un país lejano.

El carácter nórdico de estas dos primeras obras es indudable. La *Epifanía* de Filadelfia es la reelaboración de una composición ya usada desde largo tiempo por los iluminadores holandeses de manuscritos. El arruinado cobertizo colocado diagonalmente, la disposición general de las figuras, y ciertos detalles de los vestidos, se anticipan, por ejemplo, en las miniaturas de la Epifanía del libro de Horas de Catalina de
7 Cleves (*c.* 1435), y en otro libro de horas holandés de 1438. De igual modo, las caras familiares y los gestos animados de los torturadores de Cristo en el *Ecce Homo* recuerdan las escenas de la Pasión de los ma-
10 nuscritos holandeses del segundo y tercer cuarto del siglo XV, donde encontramos tipos semejantes, de escasa proporción, modelado plano y con frecuencia inexpresivos bajo sus pesados ropajes.

11 El mismo estilo aparece en el *Cristo con la Cruz a cuestas* de Viena, con la silueta de la cabeza de Cristo sobre una masa de soldados gesticulantes y maldicientes, uno de ellos con el habitual sapo en su escudo. La agonía física de Cristo se realza con las maderas atravesadas de clavos que cuelgan delante y detrás de su cintura, lacerando sus pies y tobillos a cada paso. Este cruel dispositivo fue descrito a menudo por

9 EL BOSCO *Ecce Homo* ▶

los artistas holandeses hasta bien entrado el siglo XVI. El horizonte elevado es primitivo, al igual que la falta de recesión espacial en el plano medio. En el primer término, los soldados torturan al Mal Ladrón, y el Bueno se arrodilla ante un clérigo. La casi frenética intensidad de su confesión, bien expresada por el perfil de su boca abierta, contrasta vivamente con la actitud pasiva del cura que parece contener un bostezo. La presencia del cura es, por supuesto, un anacronismo, seguramente inspirado en alguna ejecución que presenciara el Bosco; el mismo motivo aparecerá en el *Cristo con la Cruz a cuestas* con numerosas figuras que casi un siglo más tarde pintará Pieter Bruegel el Viejo.

Esta necesidad de adornar el texto bíblico con detalles extraídos de la vida cotidiana es característica del final de la Edad Media; aparece en los autos sacramentales y en los devocionarios, como las *Meditaciones sobre la Vida de Cristo*, atribuido a san Buenaventura. Los iluminadores

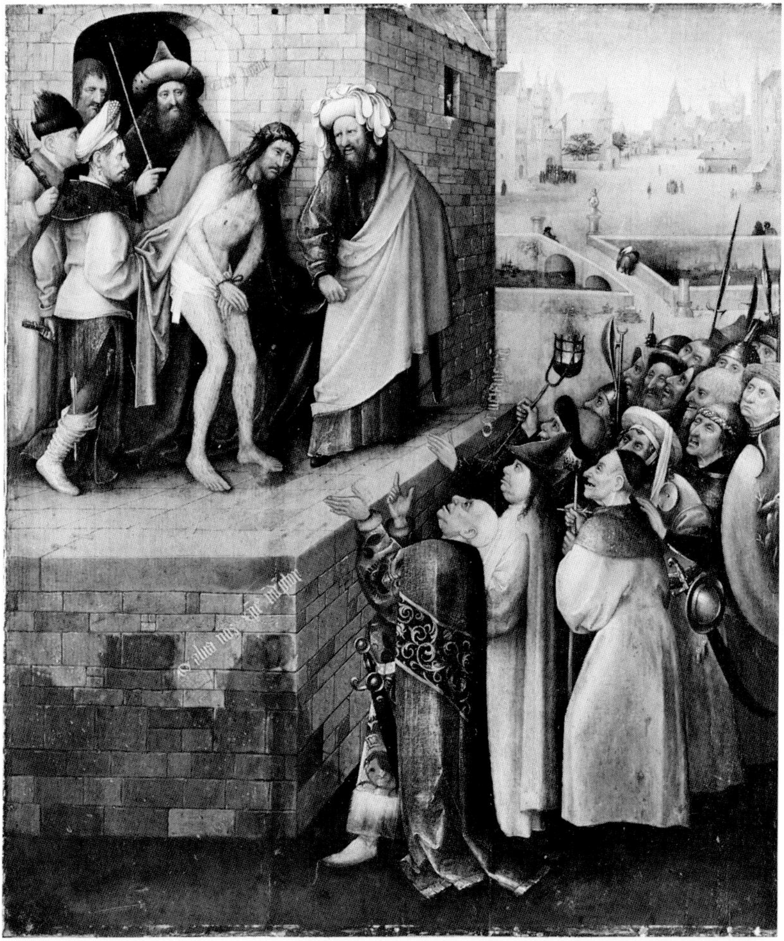

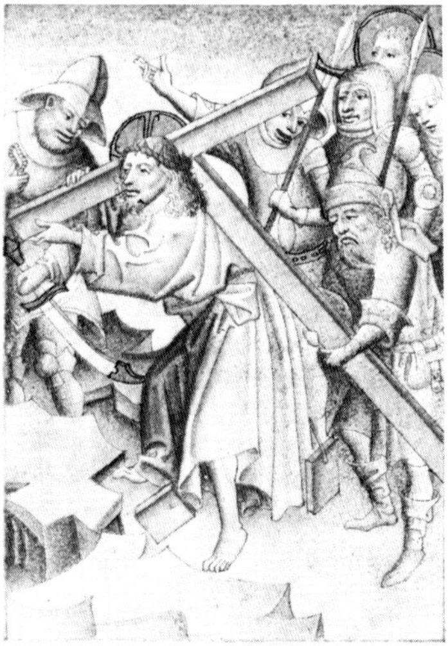

10 *Cristo con la Cruz a cuestas* de un libro de horas holandés *c.* 1430

holandeses, sobre todo, interpretaron con frecuencia las historias sagradas con imágenes de la vida diaria, para hacerlas más asequibles al espectador. Por ejemplo, en una miniatura de las Horas de Catalina de Cleves, el anciano José trabaja arduamente para ensanchar su humilde casa y adaptarla al crecimiento del Niño.

Esta misma cualidad humana se da en otra obra que, aunque no es de tema bíblico, pertenece a la primera etapa del Bosco. Se trata del
14 *Prestidigitador*, hoy perdido, pero que conocemos por una copia fiel en Saint Germain-en-Laye. Un charlatán ha montado su mesa junto a una pared ruinosa de piedra. Los espectadores contemplan fascinados cómo parece que extrae una rana de la boca de un anciano en el centro de la escena; sólo uno entre la multitud, el joven que apoya su mano en el hombro de su compañera, advierte que el compinche del prestidigitador está robando la bolsa del anciano. La mirada ausente del ladrón y el asombro estúpido de la víctima que escupe la rana están explicados soberbiamente junto a las reacciones divertidas de los presentes, mientras la socarronería del charlatán está bien definida por su afilada nariz. Como en el *Cristo con la Cruz a cuestas*, el Bosco emplea el perfil de la cara humana con fines expresivos. Aunque el *Prestidigitador* puede tener un significado moralizador, como luego veremos, debe estar inspirado en una situación de la vida real observada de cerca. El humor espontáneo de este pequeño cuadro es difícilmente comparable con la pintura flamenca contemporánea, pero, de nuevo, existen paralelismos con los iluminadores de manuscritos holandeses, como el Maestro de Evert van Soudenbalch, activo en Utrecht durante las décadas

11 EL BOSCO *Cristo con la Cruz a cuestas* ▶

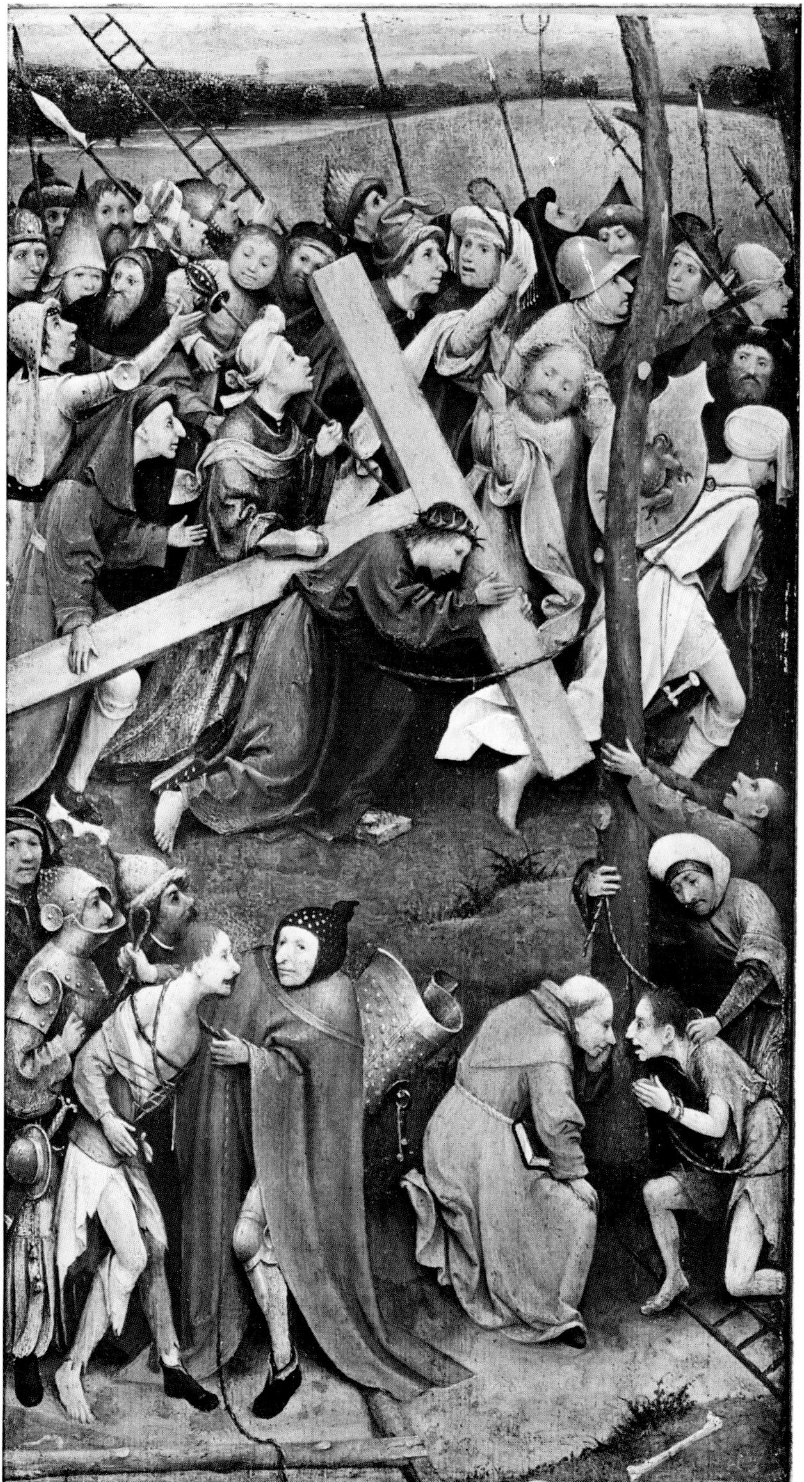

de 1450 y 1460. Por ejemplo, en una de sus miniaturas de una Biblia
13 holandesa, el Maestro de Soudenbalch representa al rey Salomón abrazando a la mujer sulamita, cuya oscura belleza se celebra en el Cantar de los Cantares; otras tres esposas, de piel clara, miran, y muestran expresivamente su enfado por el abandono en que las tiene su señor.

Las conexiones con los iluminadores de libros no se limitan a las obras primeras del Bosco; también se advierten en su obra posterior, particularmente en los monstruos que inundan las escenas del Infierno. Esta persistente influencia en su arte de la iluminación de manuscritos sugiere, de hecho, que el Bosco pudiera haber iniciado su aprendizaje en el taller de un iluminador, quizá en Utrecht, donde pudo haber visto las miniaturas del Maestro de Soudenbalch y sus seguidores.

Otras escenas bíblicas pueden incluirse en los primeros años del
17 Bosco: las *Bodas de Caná* (Rotterdam), dos fragmentos de una segunda *Epifanía* (Filadelfia, Colección Johnson), caracterizada por sus tonos fríos y plateados, y la muy deteriorada *Crucifixión de santa Julia* (Venecia, Palacio de los Dogos), de la cual sólo el panel central se debe al pincel del Bosco. Hay además composiciones que han sobrevivido a través de copias de desigual calidad, entre ellas el *Cristo entre los doctores* y *Cristo con la mujer adúltera*, ambas de un estilo que recuerda al *Prestidigitador*. Entre los primeros dibujos hay una hoja de animadas figuras
12 masculinas que miran a la derecha (Nueva York, Biblioteca Morgan), que quizá fuera un estudio para una escena del *Ecce Homo*, y un monumental *Entierro* parecido a un relieve (Londres, British Museum).

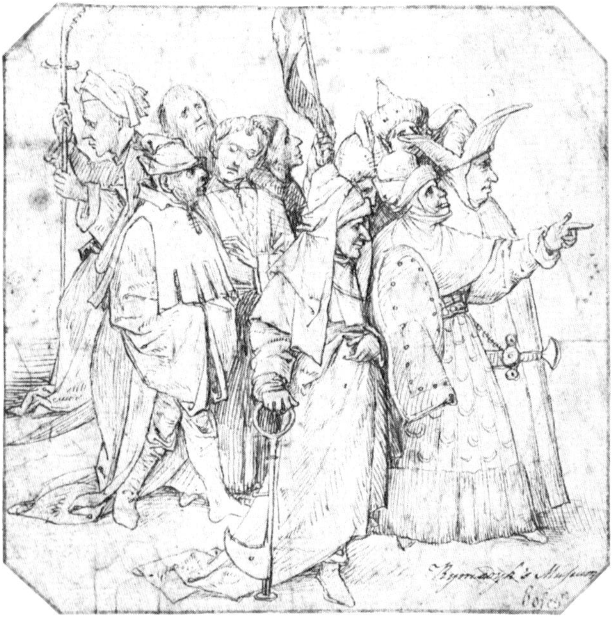

12 EL BOSCO
Grupo de figuras masculinas

13 *El rey Salomón y la mujer sulamita*, de la Biblia de Evert van Soudenbalch, *c.* 1455-1460

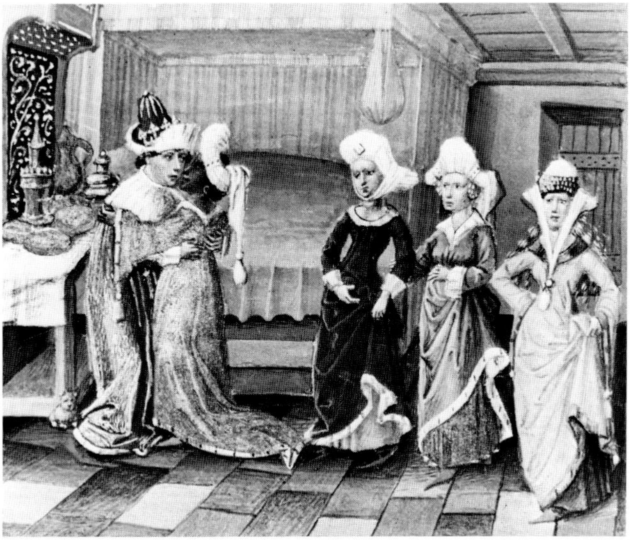

.4 Copia del BOSCO. *El prestidigitador*

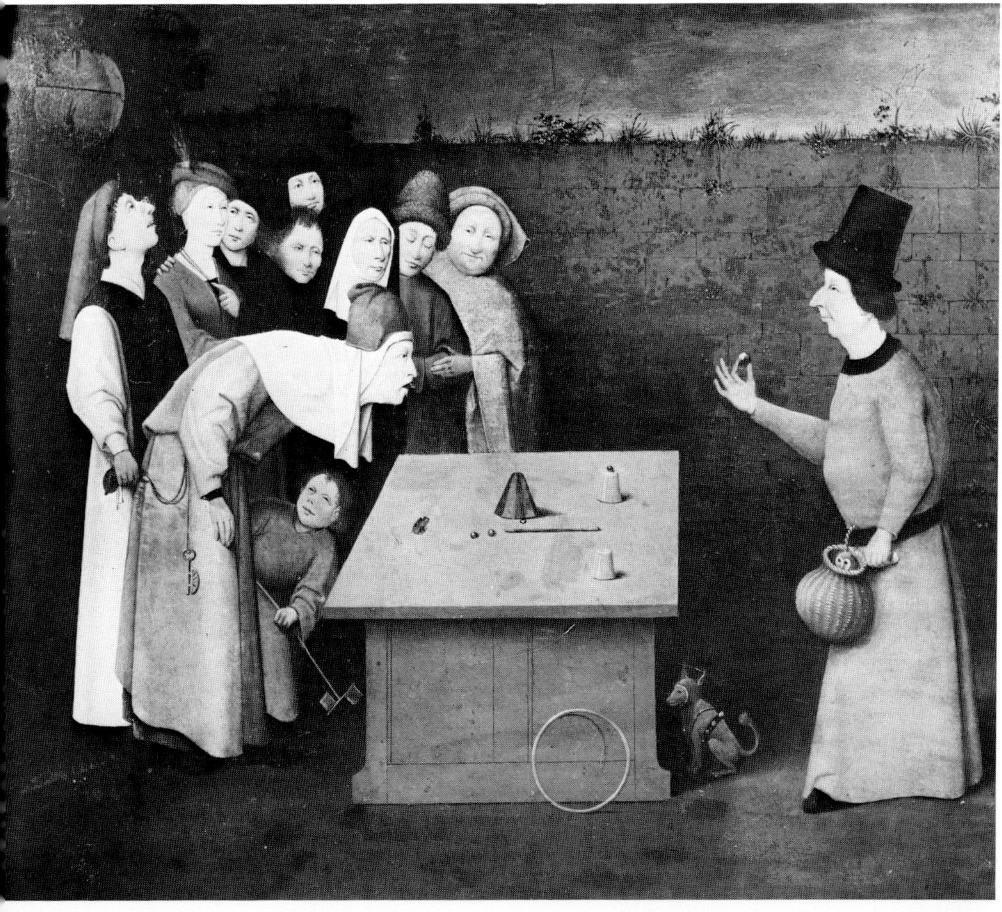

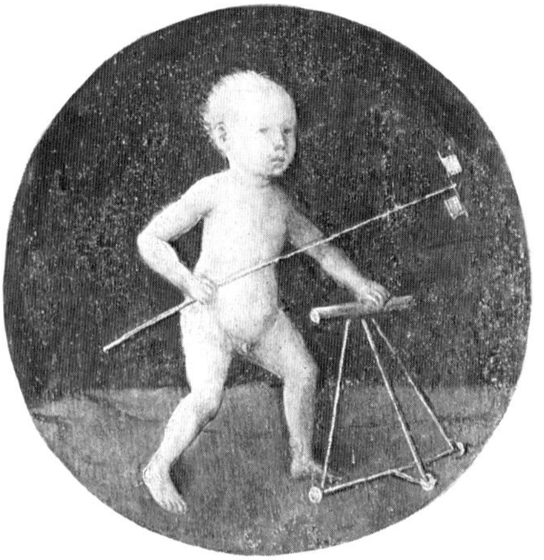

15 EL BOSCO
Cristo Niño con unas andaderas,
reverso de la il. 11

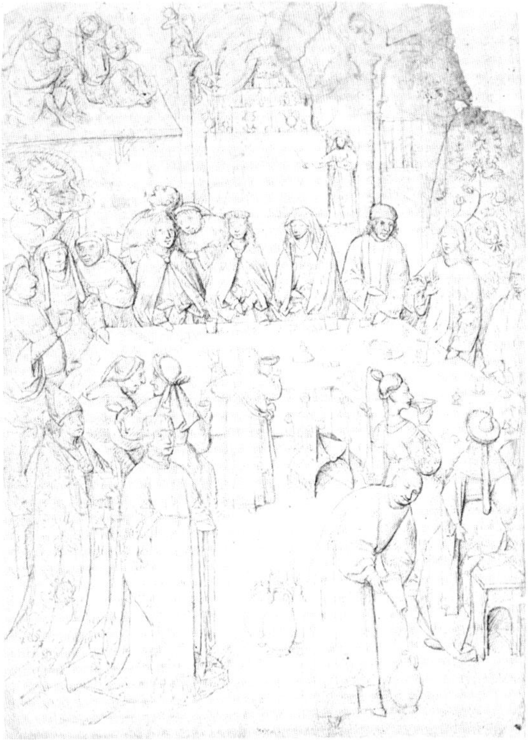

16 Copia del BOSCO.
Bodas de Caná

Son pocas las primeras pinturas que se apartan de la iconografía tradicional, pero estas excepciones anticipan las innovaciones de su obra posterior. El tratamiento de los dos ladrones en el *Cristo con la Cruz a cuestas* parece no tener antecedentes, pero aún más insólito es el
15 reverso de esta tabla, un niño desnudo que empuja unas andaderas. Es el Cristo Niño, cuyos primeros pasos vacilantes son un claro paralelismo del esfuerzo de Cristo con su Cruz en el anverso; el remolino o molinete que lleva en la mano probablemente alude a la misma Cruz. De este modo, el Bosco nos da una imagen emotiva de Cristo en toda su humana fragilidad, desde el inicio del camino de su Pasión.

17 Aún menos tradicional es *Las bodas de Caná*, pintada hacia el final del primer período del Bosco. La tabla está mal conservada. Las esquinas superiores están cortadas, muchas cabezas están retocadas, y la pareja de perros, abajo y a la izquierda, debió de ser añadida en el siglo XVIII.
16 Un dibujo antiguo (París, Louvre) es evidentemente una reproducción de la composición original, con dos donantes a la izquierda del primer término que hoy han desaparecido de la tabla bajo una capa de pintura.

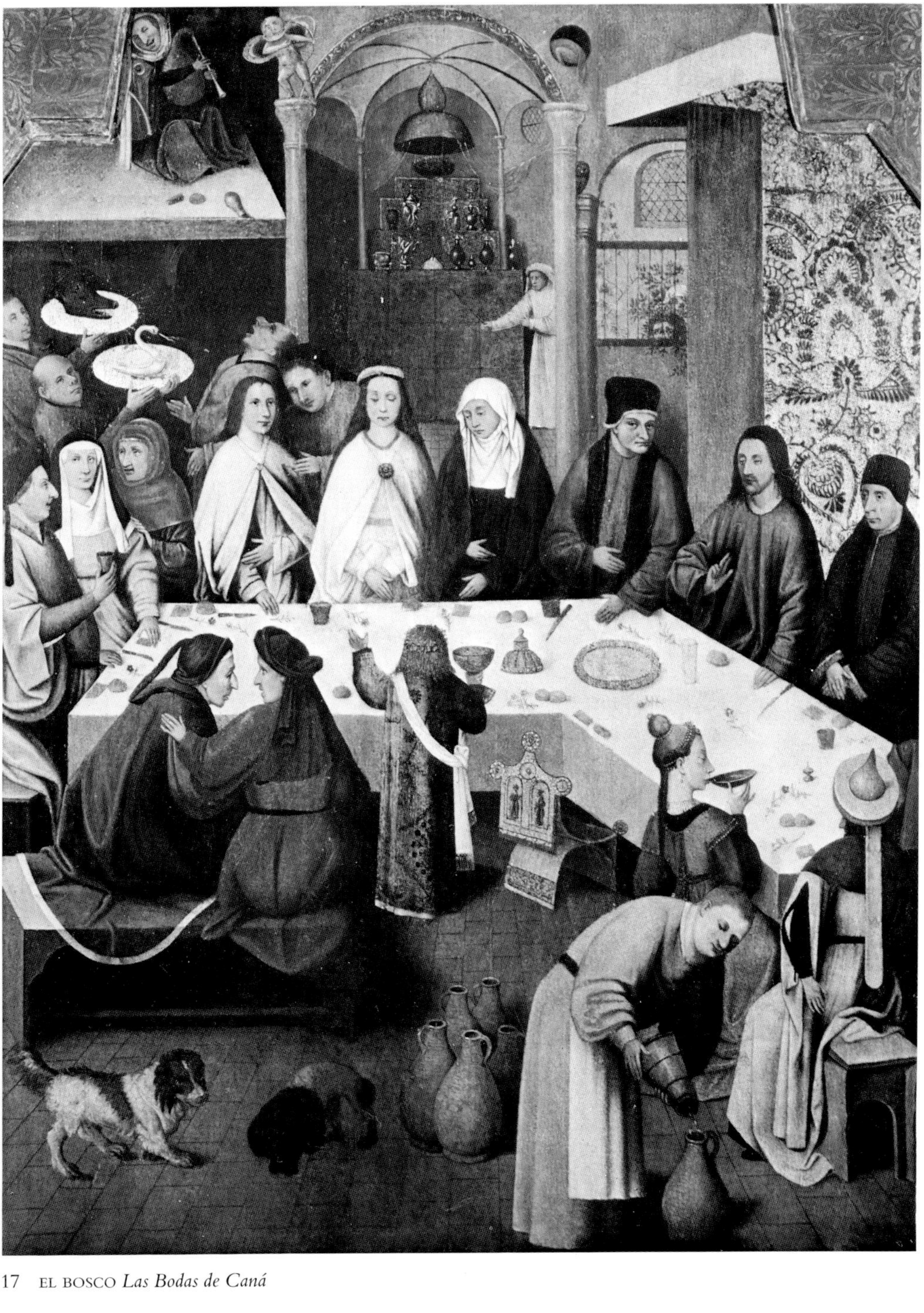

17 EL BOSCO *Las Bodas de Caná*

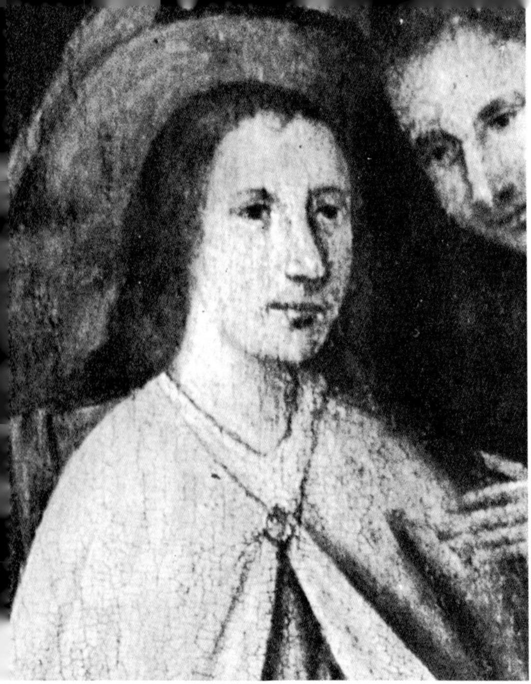

18 EL BOSCO
El novio, detalle de la il. 17

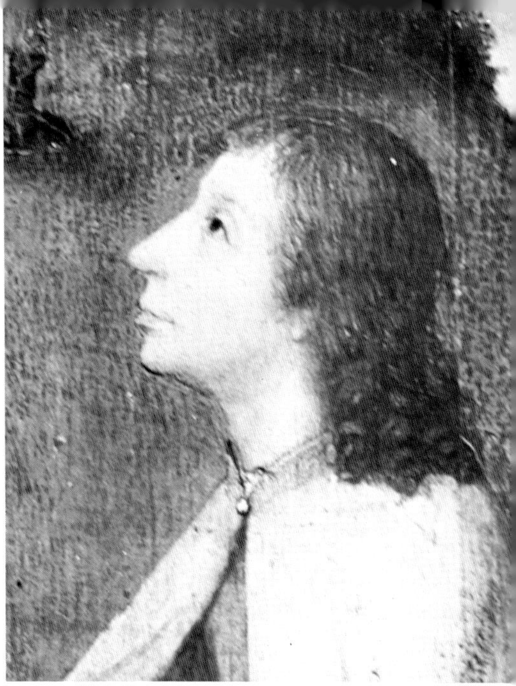

19 EL BOSCO
San Juan Evangelista, detalle de la il. 123

En la gran Biblia antes citada, un ayudante del Maestro de Soudenbalch representa el primer milagro de Cristo, la conversión del agua en vino, como una fiesta rústica de bodas; con humor característico, uno de los invitados vacía con avidez una jarra de vino, como para justificar la necesidad del milagro. Pero la interpretación del Bosco es más seria en la forma y más compleja en su significado. El banquete de bodas tiene lugar en un interior ricamente amueblado, probablemente una taberna, escenario de unas bodas de Caná en, por lo menos, un misterio holandés de Semana Santa de aquella época. El milagro del vino se presenta en la parte inferior derecha; los invitados están sentados a una mesa en forma de «L», dominada en un extremo por la figura de Cristo, y detrás de Él cuelga el paño de honor bordado, reservado habitualmente para la novia; está flanqueado por dos donantes masculinos, con vestidos contemporáneos. Junto a la Virgen, en el centro de la mesa, aparece la pareja de novios vestida austera y
18 solemnemente; el novio debe ser Juan el Evangelista, porque su rostro
19 se parece mucho al modelo que el Bosco emplea en otra ocasión para
este santo. Aunque el nombre del novio no se cita en el relato evangélico, se lo ha identificado frecuentemente con el discípulo más amado

de Cristo. Se cuenta que, a la conclusión de la fiesta, Cristo lo llamó y le dijo: «Deja a tu esposa y sígueme. Yo te conduciré a una boda más alta». Por otro lado, según algunos autores, la novia abandonada no era otra que María Magdalena. Según esta versión, las bodas de Caná encarnan el ideal medieval de la castidad, más del agrado a los ojos de Dios que la unión carnal.

Este dualismo medieval entre la carne y el espíritu es objeto de una elaboración más profunda en la tabla de Rotterdam. Cristo y sus amigos están absortos en una visión interna, ajenos al hechizo maligno que parece haber invadido la sala del festín. Los demás invitados beben o conversan, contemplados de reojo por el gaitero embriagado subido a una plataforma, arriba a la izquierda. Sobre los capiteles de las columnas que enmarcan la puerta trasera, dos demonios escultóricos toman vida misteriosamente; uno amenaza con una flecha al otro, que escapa y desaparece por un agujero en la pared. Dos sirvientes entran por la izquierda; llevan una cabeza de jabalí y un cisne que escupen fuego por sus bocas; antiguo emblema de Venus, el cisne simboliza la unión carnal. Esta fiesta profana parece estar dirigida por el posadero o mayordomo que, apoyado en su bastón, aparece al fondo. A su lado, sobre el aparador, hay unas vasijas de curiosas formas; algunas, como el pelícano, símbolicas de Cristo; otras, como las tres danzarinas desnudas del segundo estante, poseen connotaciones menos respetables.

El significado preciso de todos estos detalles no está muy claro, como tampoco el del niño ricamente vestido, de espaldas al espectador, que parece brindar con un cáliz por los novios. Como Tolnay ha sugerido, quizá tenga un significado eucarístico, y el contraste entre los compañeros de Cristo y los demás invitados puede aludir al versículo 21 de Corintios 1-10: «No podéis beber la copa del Señor y la copa de los demonios; no podéis ser partícipes de la mesa del Señor y de la mesa de los demonios». Sea como sea, no hay duda de que el Bosco ha empleado el escenario de la taberna como lugar de pecado, un símil frecuente en los sermones medievales, contrastando la casta boda de Caná con la lujuria del mundo.

Con su interpretación del relato bíblico, *Las bodas de Caná* nos introduce por primera vez en la complejidad del pensamiento del Bosco. Presenta, por un lado, una alegoría moral del hombre en su busca de la carne a expensas de su bienestar espiritual y, por otro, el ideal monástico de la vida salvada del mundo por la contemplación de Dios. Estos dos temas dominarán casi todo la obra posterior del Bosco.

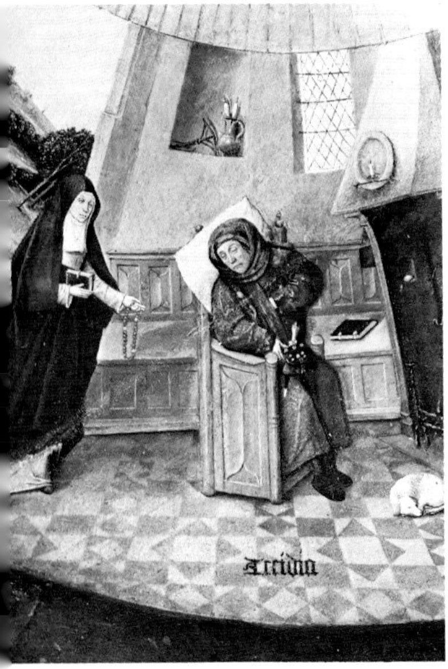
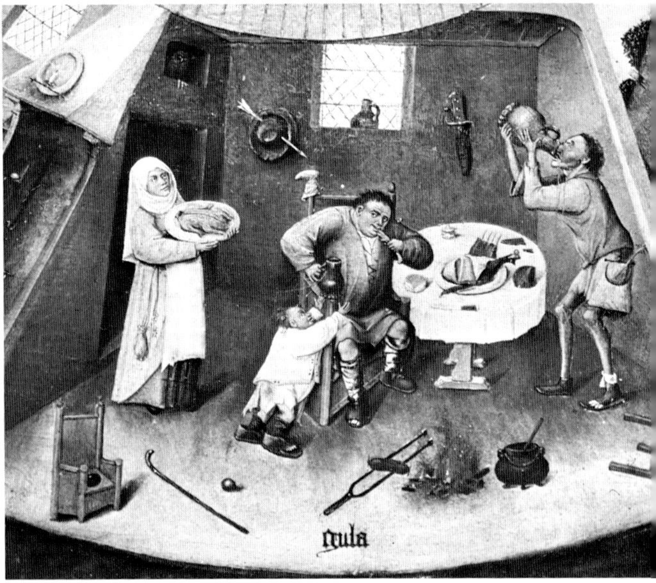
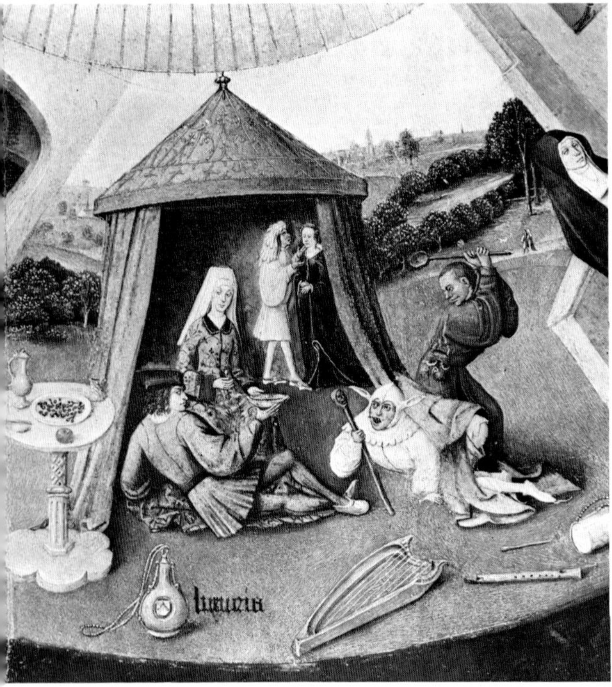
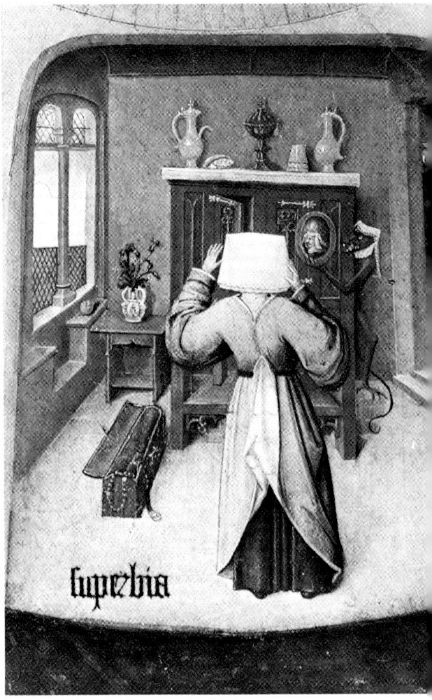

20-23 EL BOSCO Detalles de la *Mesa de los Pecados Capitales*: arriba *Pereza* y *Gula*, abajo *Lujuria* y *Soberbia*

CAPÍTULO III

Espejo del hombre

En su *Discurso sobre la dignidad del hombre*, escrito hacia 1486, el joven humanista florentino Pico della Mirandola celebra la excelencia y felicidad del hombre, única criatura poseedora de libre albedrío, capaz, por tanto, de determinar su naturaleza y su destino, y que, por medio del ejercicio adecuado de esta facultad, puede alcanzar el estado angélico. «Por esta misma causa —exclama Pico— se llama y se reputa al hombre de gran milagro y realmente de criatura maravillosa.» Unos ocho años más tarde, Sebastian Brant publica la primera edición de su *Barco de los locos*, serie de poemas satíricos sobre los errores y flaquezas de la humanidad. «Todo el mundo vive en una noche lóbrega —se lamenta Brant— en la persistente ceguera del pecado, mientras vemos por doquier que los locos existen.» La diferencia entre estas dos visiones del hombre es abismal, pero explicable. Pico refleja la fe optimista del Renacimiento en la capacidad del hombre. Pero Brant, como muchos de sus contemporáneos centroeuropeos, vive aún en la sombría Edad Media, con una visión más escéptica de la naturaleza humana: corrompido por el pecado de Adán, el hombre es débil para vencer sus inclinaciones pecaminosas, más proclive a igualarse con las bestias que a elevarse hasta los ángeles.

Es esta visión medieval la que inspira la transformación de *Las bodas de Caná* y que el Bosco desarrolla totalmente en la *Mesa de los Pecados* 27
Capitales (Prado, Madrid). Aquí, la condición y el destino de la humanidad se muestran en una serie de imágenes en círculo. El centro, compuesto por tres anillos concéntricos, representa el Ojo de Dios, en cuya pupila aparece Cristo saliendo del sepulcro y mostrando sus heridas al espectador. Alrededor de la pupila se ha escrito «cuidado, cuidado, Dios ve», y lo que Dios ve se refleja como en un espejo en el círculo exterior de su ojo: los Siete Pecados Capitales representados por escenas animadas tomadas de la vida diaria. El nombre latino de cada pecado está escrito debajo, pero las inscripciones son aquí tan superfluas como en el *Ecce Homo* de Frankfurt. No hay necesidad de que se nos diga, por ejemplo, que los hombres que consumen glotona-

mente cuanto el ama de casa trae a la mesa representan el pecado de
21 la Gula, o que el caballero harto que dormita junto al fuego encarna la
20 Pereza; aquí, el olvido de los deberes espirituales lo señala la mujer a
la izquierda, con el rosario en la mano como un reproche. La Lujuria
22 muestra a varios amantes bajo una tienda, y la Soberbia a una dama
23 vanidosa que se mira con su sombrero nuevo al espejo, sin advertir
que lo sostiene un demonio con un gorro extravagante. Parecidas es-
24 cenas de género sirven para ilustrar la Ira (dos hombres riñendo delan-
25 te de una taberna), la Avaricia (un juez que acepta un soborno) y la
Envidia (un pretendiente rechazado mirando con encono a su rival).
Casi todos estos pequeños dramas tienen como fondo vistas del campo
holandés o interiores bien construidos llenos de detalles domésticos.

Las figuras fornidas y de baja estatura, más bien torpes, son por lo general distintas a las que vemos en otros cuadros del Bosco; igualmente atípicas son las superficies duras, los contornos oscuros y los colores planos y brillantes, dominados por el verde y el ocre. La tosquedad general de la ejecución hizo creer a los estudiosos que esta obra pertenecía a la primera época del Bosco, pero como se ha comprobado después, algunos detalles de los vestidos en la *Mesa* del Prado no estuvieron de moda hasta aproximadamente 1490. Por eso, lo más probable es que la *Mesa* represente una obra de taller del período medio del Bosco (*c.* 1485-1500). Pero el artista ha debido ser responsable del dibujo original, y quizá su colaboración en la pintura haya que discernirla de algunos pasajes de mayor calidad, como la escena de la Avaricia y varias figuras de la Envidia. Pintadas por el Bosco o por sus ayudantes, estas escenas muestran una vitalidad y una observación psicológica notables. Felipe de Guevara comparó con acierto la escena de la Envidia con un antiguo género de pintura conocido como *Ethike*, que explicó como «cuadros que tienen como tema los hábitos y pasiones del alma humana».

24-25 EL BOSCO Detalles de la *Mesa de los Pecados Capitales*: a la izquierda *Avaricia*, a la derecha *Envidia*

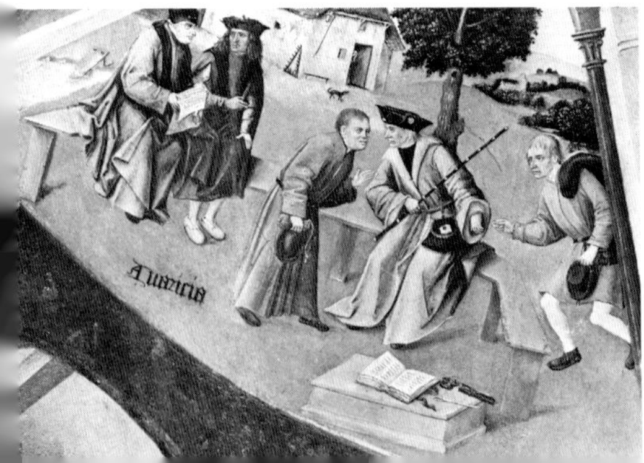

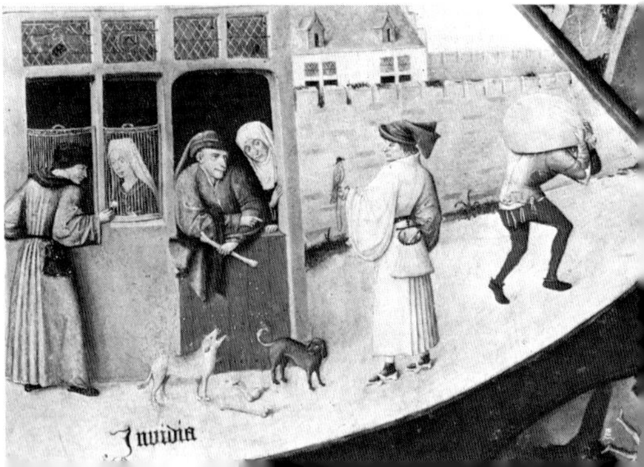

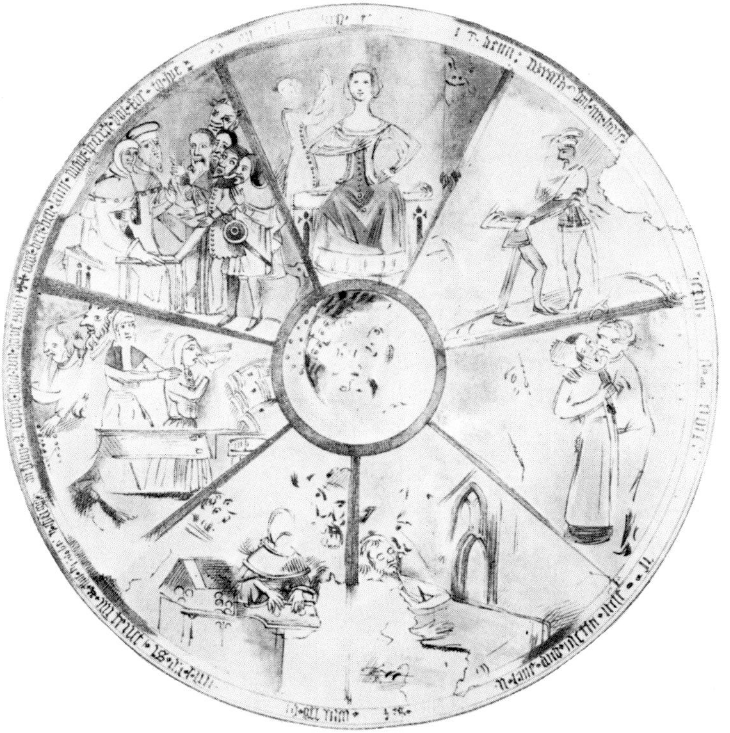

26 *Los Siete Pecados Capitales*, mural que estuvo en la iglesia de Ingatestone, Inglaterra

La disposición circular de los Siete Pecados Capitales sigue un esquema tradicional; un diseño similar aparece, por ejemplo, en un mural inglés del siglo XIV pintado al fresco. Como muchos autores han 26
supuesto, esta disposición en forma de rueda alude seguramente a la extensión del pecado por todo el mundo, pero el motivo queda mucho más enriquecido cuando el Bosco transforma el diseño circular en el Ojo de Dios que refleja como en un espejo lo que ve. Aquí también se atuvo a numerosos precedentes. La comparación de Dios con un espejo se da con frecuencia en la literatura medieval; el Bosco pudo leer la *Visión de Dios*, escrita en 1453 por el teólogo alemán Nicolás de Cusa. Éste compara el Ojo Divino con un gran espejo que refleja toda la creación, una imagen imponente que lo mueve a exclamar: «¡Oh, qué maravillosa es tu mirada, Dios mío... qué bella y amable es para quienes te aman! ¡Qué pavorosa es para aquellos que te han abandonado, oh Señor y Dios mío!».

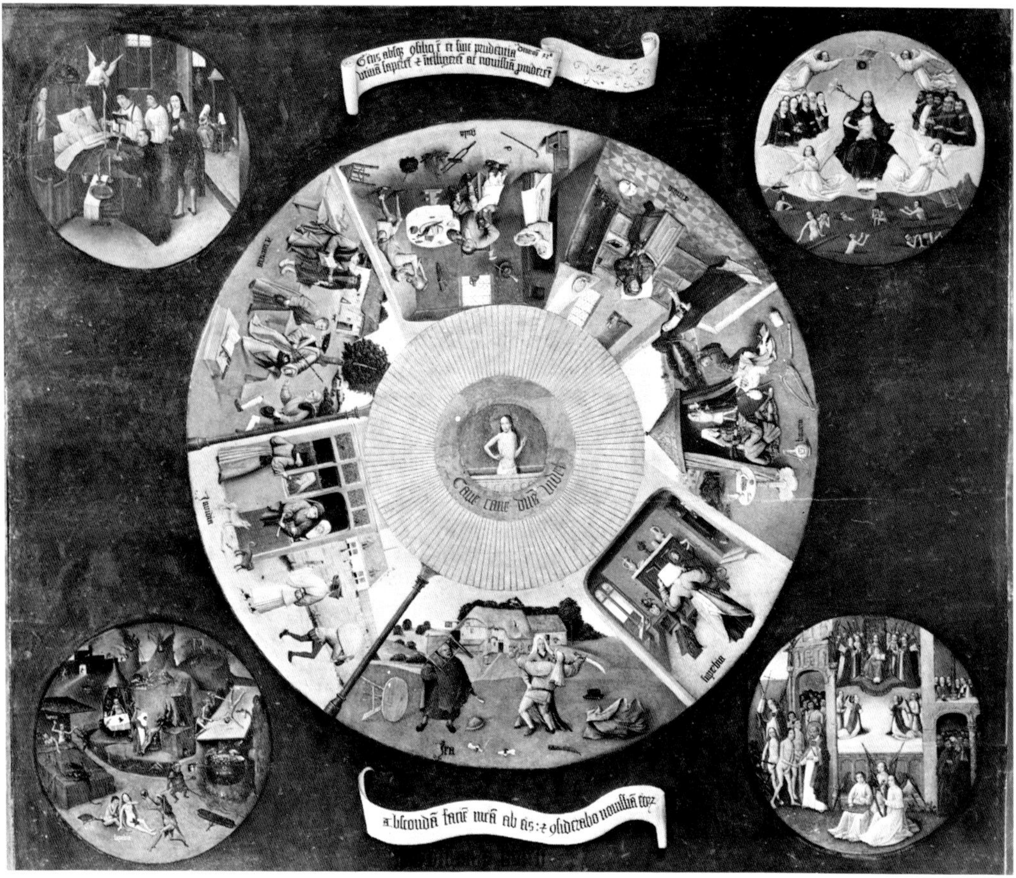

27 EL BOSCO *Mesa de los Pecados Capitales*

Que aquellos que han abandonado a Dios tienen justo motivo para temer su mirada se afirma en las cenefas que aparecen arriba y abajo de la imagen central de la *Mesa* del Prado. En la superior se lee: «Porque son gente de perdidos consejos. Y no hay en ellos entendimiento. ¡Ojalá fueran sabios, que comprendieran esto, Y entendieran su postrimería!». En la cenefa de abajo se lee: «Y dijo: Esconderé de ellos mi rostro, Veré cuál será su postrimería...» (Deuteronomio 32: 28-29, 20.) Lo que serán sus postrimerías se muestra inequívocamente en las esquinas del tablero. En cuatro círculos más pequeños, aparecen la Muerte, el Juicio Final, la Gloria y el Infierno; las Cuatro Postrimerías

de todos los hombres, como las entendieron el Bosco y sus contemporáneos, popularizadas por Dionisio el Cartujo (1420-1471), que pasó los últimos años de su vida en un monasterio holandés. La ejecución de estas escenas es aún más tosca que la de los Siete Pecados Capitales y hay que atribuirla en su totalidad al taller del Bosco. No hay indicios de sus pesadillas apocalípticas en el círculo del Infierno, con los castigos de los Pecados Capitales en escenas separadas, todos etiquetados cuidadosamente y dispuestos como escaparates de una feria *28*
campesina.

La idea de un Dios que espía a la humanidad desde el cielo puede parecernos desagradable, pero para el hombre medieval era como una saludable disuasión del pecado. El humanista alemán Jakob Wimpheling (1450-1528) nos cuenta que la vista de una inscripción en una iglesia de Erfurt, «Dios ve», fue suficiente para que cambiara sus locuras de juventud por una vida más devota. El Ojo de Dios del Bosco pretende un efecto parecido, porque, al reflejar los Siete Pecados Capitales, funciona como un espejo en el cual el espectador se ve con su propia alma desfigurada por el vicio. Pero, al mismo tiempo, encuentra el remedio para su desgracia en la imagen de Cristo que ocupa el centro del Ojo. Parece probable que la *Mesa* del Prado se usara como ayuda para la meditación, sobre todo para ese intenso examen de conciencia que todo buen cristiano está obligado a hacer antes de confesarse.

En su espejo de introspección espiritual, el Bosco reelabora un tema ya habitual en la Edad Media. En un poema alegórico del siglo XIV, el *Peregrinaje de la vida del hombre*, de Guillaume de Deguilleville, se muestra al Peregrino el Espejo de la Conciencia, donde ve su propia imagen necia y espantosa, con la esperanza de que corrija su conducta. La imagen del espejo aparece en muchos tratados morales y de formación espiritual; Brant también concibe su *Barco de los Locos* como un espejo «donde cada uno pueda ver su contrahechura». Pero el Bosco no es el único artista de su tiempo que da expresión visual al espejo espiritual de los escritores. Un grabado en madera alemán de *c.* 1488, titulado *Espejo del entendimiento humano*, presenta igualmente su men- *84*
saje moral en forma de espejo. Aunque volveremos con más detalle a este tema en un capítulo posterior, podemos afirmar ya que la disposición diagramática de los temas, en este y en otros grabados didácticos contemporáneos, influyó sin lugar a dudas en la composición de la *Mesa* del Museo del Prado.

En el marco de los Siete Pecados Capitales, la *Mesa* del Prado abarca a todos los hombres y condiciones de la vida; pero en la Avaricia la alusión es más específica, porque el vicio está representado por la deshonestidad de un juez, una de las profesiones más acusadas de este vicio. En otros cuadros, el Bosco amplía su crítica a clases sociales específicas, aplicándoles a veces uno o más Pecados Capitales. Fustiga a charlatanes y curanderos y a sus necias víctimas, a monjes y monjas de vida relajada y al rico que se preocupa más por sus posesiones que por su alma, temas que recogen el eco de muchos sermones y escritos satíricos de la época.

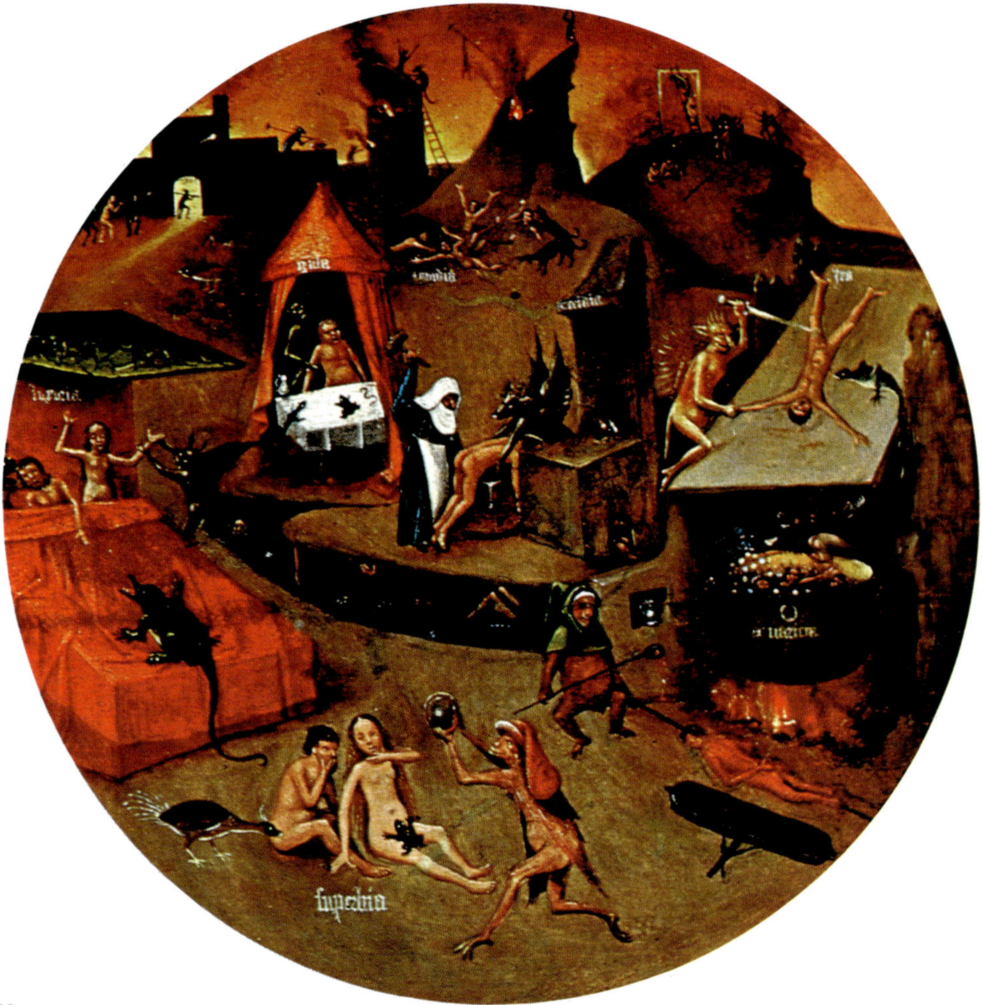

28 EL BOSCO
Los condenados castigados en el Infierno, detalle de la il. 27

29 EL BOSCO *La piedra de la locura* ►

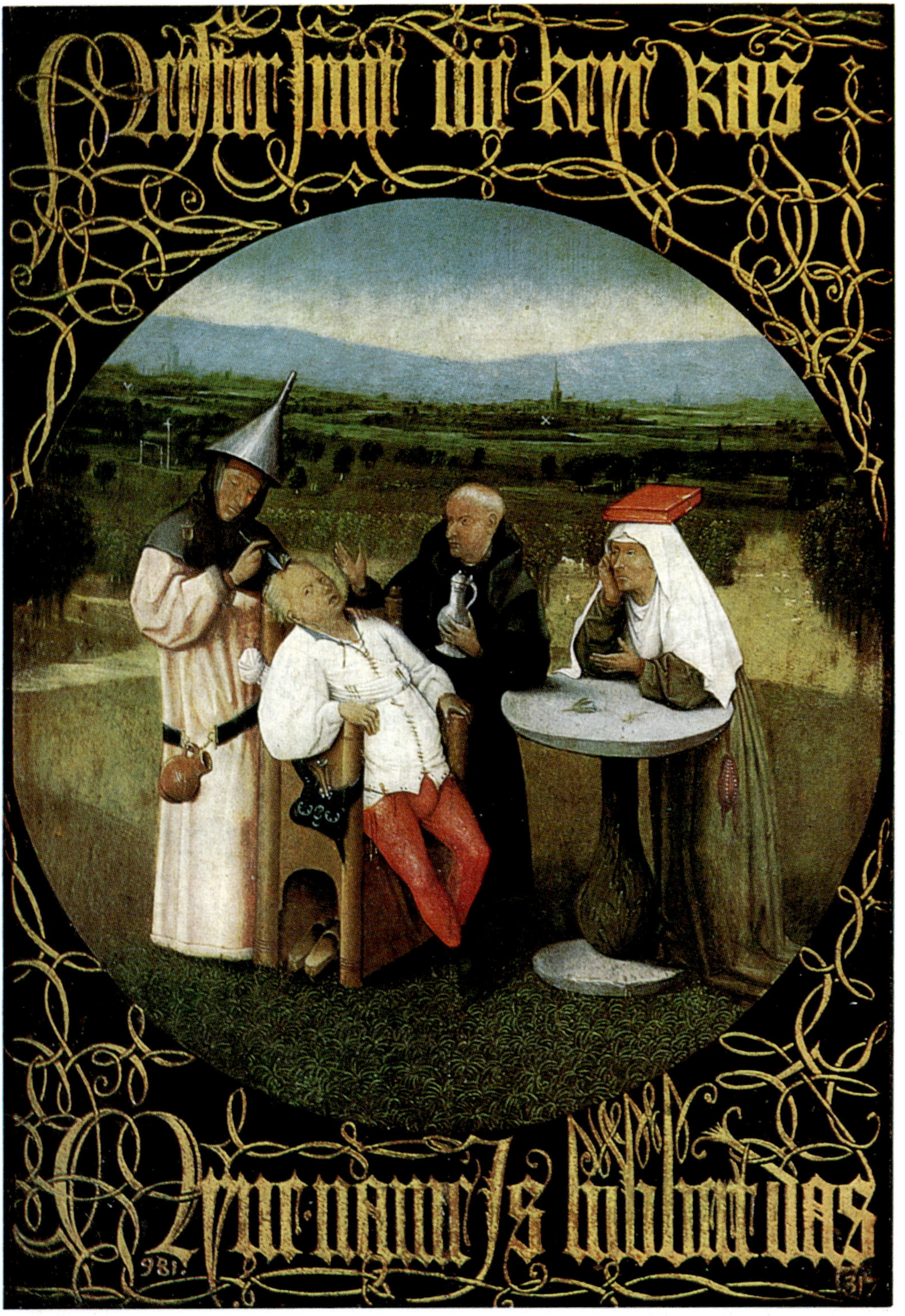

14 Uno de estos cuadros, *El prestidigitador*, es de la primera etapa ya estudiada. A primera vista parece no ser más que un episodio divertido de la vida callejera en el Medioevo, ilustrando lo que Guevara llamó «los hábitos y pasiones del alma humana». Pero si bien el tema no se identifica con cualquiera de los Pecados Capitales, sí que pretende ser el espejo de la locura humana, en este caso de la credulidad humana.

La credulidad humana es también el tema de otro cuadro, la *Ex-*
29 *tracción de la piedra de la locura* (Prado, Madrid), cuya naturaleza alegórica es más evidente. En un paisaje lujuriante de verano, un cirujano saca un objeto de la cabeza de un hombre atado a una silla; un fraile y una monja miran. Puede que el cuadrito no sea enteramente del Bosco; lo más probable es que las figuras, desmañadas e inexpresivas, sean de una mano menos hábil, pero el Bosco pudo ser el autor del paisaje del fondo, cuyas formas, pintadas con delicadeza, recuerdan la temprana *Epifanía*. La operación efectuada al aire libre, la forma circular que una vez más sugiere un espejo, se dan en un marco de elaborada ornamentación caligráfica, con la inscripción: «Maestro, sácame la piedra; mi nombre es Lubbert Das».

En la época del Bosco, la extracción de la piedra formaba parte de la charlatanería. Se suponía que el paciente se curaba de su estupidez cuando se le extraía de la frente la piedra de la locura. Por fortuna la operación era únicamente simbólica, no real, y en los ejemplos literarios del tema el paciente suele quedar después de la operación peor que estaba. Por otra parte, el nombre Lubbert se emplea a menudo en la literatura holandesa aplicado a personas caracterizadas por su estupidez. El tema seguirá siendo abordado ocasionalmente por artistas holandeses, entre ellos Pieter Bruegel el Viejo, y es el que indudablemente inspira al Bosco, aunque no se ha encontrado explicación al embudo y al libro, colocados en las cabezas de dos personajes, ni a la presencia del fraile y la monja, si bien su aparente aquiescencia al fraude los hace cómplices del mismo. Se verá, también, que lo que el cirujano extrae de la cabeza de Lubbert no es una piedra, sino una flor; hay otras flores iguales sobre la mesa a la derecha. Bax las ha identificado como tulipanes y explica su presencia por el juego de palabras a que se presta tulipán, que en el neerlandés del siglo XVI tenía también la acepción de estupidez y locura.

Una condena más clara de las órdenes religiosas aparece en la llamada
30 *Barca de los locos* (Louvre, París), considerada generalmente como perteneciente al período medio del Bosco. Muestra a un fraile y a dos

monjas o novicias festejando, en una barca, con un grupo de campesinos. La barca, de extraña factura, lleva un árbol a guisa de mástil y una rama sirve de timón. Un loco va sentado en los aparejos a la derecha.

Era inevitable que la presencia del loco indujera a los eruditos a relacionar la tabla del Louvre con *El barco de los locos* de Sebastian Brant, cuya popularidad evidencian sus seis ediciones y las numerosas traducciones, todas ellas en vida del autor. El Bosco conoció seguramente el poema de Brant, pero no tuvo necesidad de inspirarse en él, puesto que la barca era una metáfora usada comúnmente en la Edad Media. Una imagen popular era la nave de la iglesia, tripulada por prelados y clérigos, transportando a salvo su carga de almas hasta el puerto de la Gloria. En *Peregrinaje de la vida del hombre*, de Deguilleville, la nave de la religión lleva un mástil que simboliza el crucifijo, con castillos que representan las órdenes religiosas.

En 1486, en Haarlem, se publicó una traducción al neerlandés de esta
famosa obra, y es tentador suponer que el Bosco conoció la barca de
la vida monástica de Deguilleville, de la cual, por tanto, su barca sería
una parodia. El ondulante gallardete tiene una media luna turca en
lugar de la cruz, y se ve un búho escondido entre el follaje de la copa
del mástil. Tres representantes de la vida monacal han abandonado sus
deberes espirituales para unirse a los demás juerguistas. El fraile y una
de las monjas cantan lúbricamente y ella se acompaña de un laúd. Se
asemejan a las parejas de enamorados que se describen en los jardines
medievales del amor, con la música como preludio del sexo. La alu- *67*
sión al pecado de la lujuria se subraya con otros detalles extraídos del
Jardín del Amor —la fuente de cerezas y la jarra metálica de vino col-
gando de la borda de la barca— empleadas ya por el Bosco para el
mismo pecado en su *Mesa* del Prado. La Gula está evidentemente re- *27*
presentada no sólo por el campesino que corta el ganso asado atado al
mástil, sino también por el hombre que vomita al lado derecho de la
barca, y por el gigantesco cazo que otro miembro del alegre grupo usa
como remo. Al lado de la barca aparecen dos nadadores desnudos; uno
alarga su copa de vino para que se la vuelvan a llenar. El árbol como
mástil puede hacer referencia, según versiones autorizadas, al *Maypole*
o árbol de mayo de las fiestas folclóricas de primavera, un tiempo
considerado de licencia moral, tanto para laicos como para religiosos.

La naturaleza infame de la barca está señalada finalmente por el loco borracho de los aparejos. Durante siglos, el bufón o loco de la corte estuvo autorizado para satirizar la moral y las costumbres de la socie-

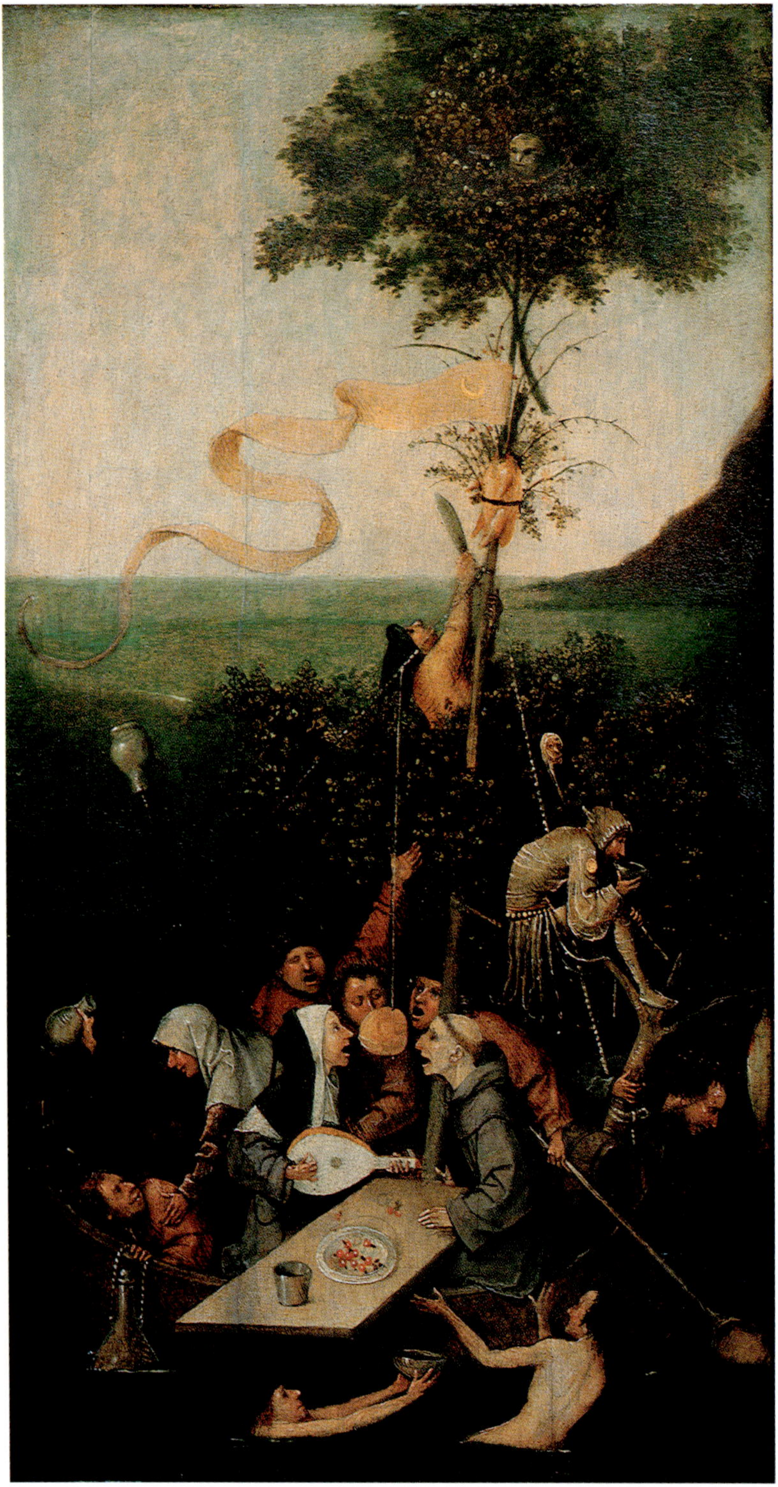

30 EL BOSCO
La barca de los locos

32 EL BOSCO
Muerte del avaro,
detalle de la il. 31

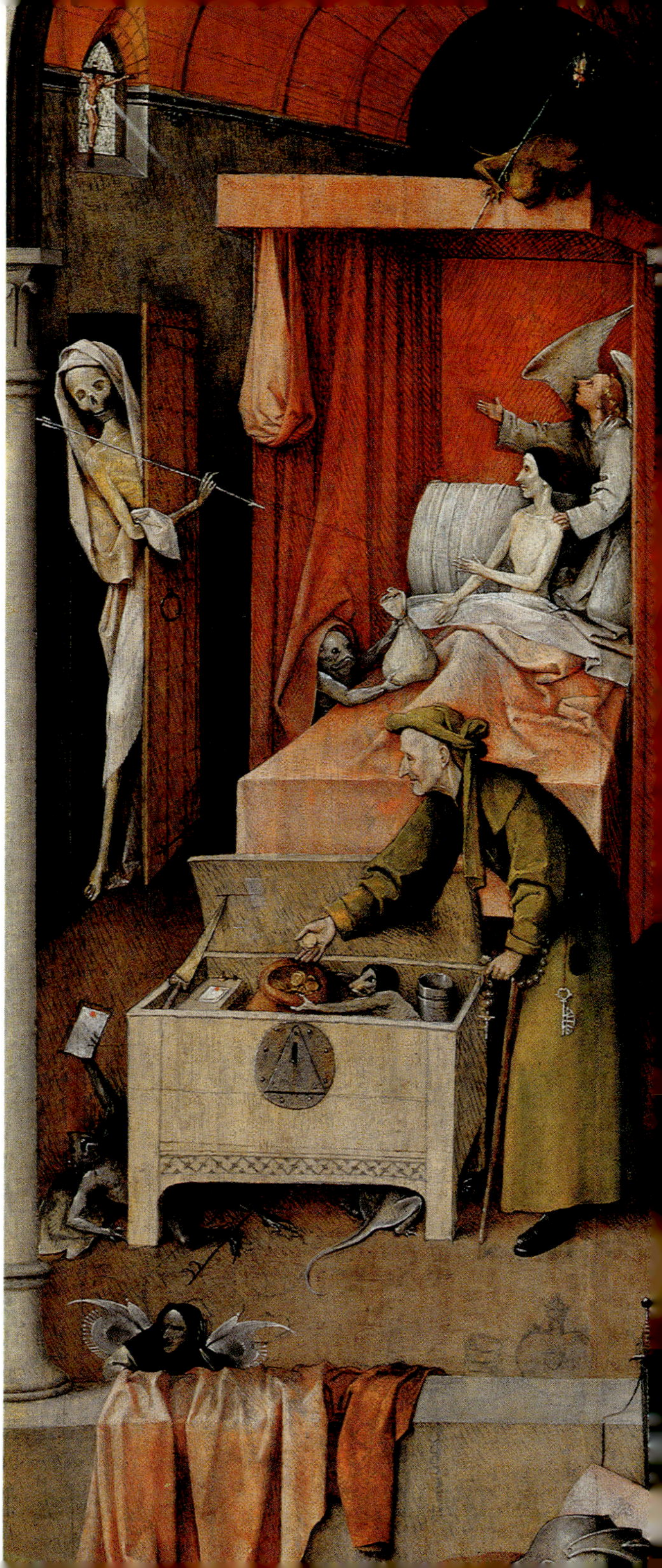

31 EL BOSCO
Muerte del avaro

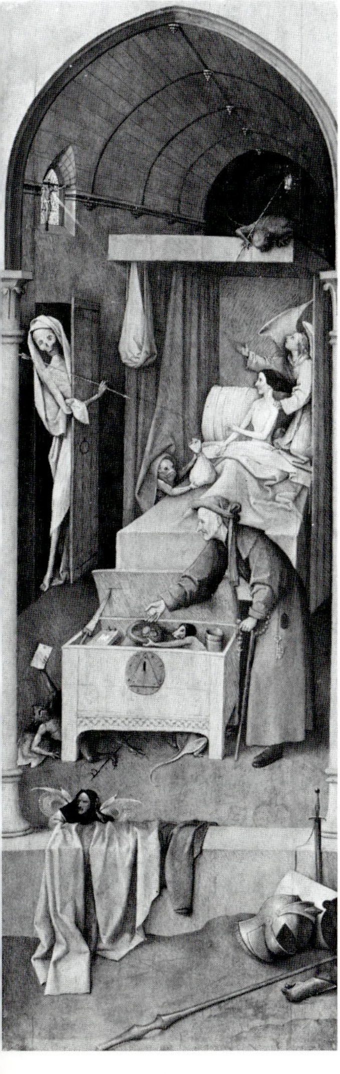

dad y como tal aparece en impresos y pinturas desde el siglo XV en adelante, distinguiéndose por su gorro adornado con orejas de burro y por llevar un bastón rematado por una pequeña réplica de la necedad de sus rasgos. Retoza entre crápulas y enamorados, como en la escena
22 de la Lujuria de la *Mesa* del Prado, señalando la locura de la conducta obscena de aquéllos. Sebastian Brant, como hemos visto, dedicó un libro a los locos y a la locura, tema que también fue tratado por otros autores de la época. En su *Elogio de la Locura*, aparecido en 1509, Erasmo lo hace con el típico comedimiento humanista. El bufón describe la debilidad y la estupidez humanas con una delicada ironía, implicando que, con frecuencia, la locura, después de todo, es la condición natural, no del todo indeseada, de la humanidad. Esta visión tolerante está ausente en los versos directos y cáusticos de *El barco de los locos*. Para Brant, la locura no es divertida, sino, al igual que el pecado, merecedora del Infierno; postura inflexible que también adopta el Bosco con su castigo a la moral relajada de frailes y monjas.

La Lujuria y la Gula se tenían desde hacía tiempo como vicios monásticos y durante el siglo XV, de manera creciente, estas y otras acusaciones recayeron sobre las órdenes religiosas. Esta época vio crecer rápidamente el número de monasterios, mantenidos algunos de ellos con el producto de sus propios telares u otros oficios. Es difícil establecer con certeza que, a pesar de las reformas emprendidas, las órdenes religiosas fueran más disolutas que antes, pero es evidente que su considerable riqueza y la competencia económica que hacían a los gremios las enfrentó con las autoridades civiles. En 's-Hertogenbosch, los ediles trataron de limitar las posesiones y actividades económicas de los claustros dentro de su jurisdicción. Estas medidas se habían tomado en otras ciudades, pero la situación debió de ser particularmente grave en 's-Hertogenbosch, dada su alta proporción de habitantes pertenecientes a órdenes religiosas. Es sobre este fondo que debemos ver la frecuente condena del Bosco a la inmoralidad de frailes y monjas, no sólo en *La barca de los locos* y en la *La piedra de la locura*, sino también, posteriormente, en *El carro de heno*.

La íntima relación entre Gula y Lujuria en el sistema moral de la Edad Media la expresa una vez más el Bosco, aunque sin referirse a la vida monástica, en el fragmento de un cuadro que se conserva en la
33 Universidad de Yale. La Gula se personifica en los nadadores de la parte superior izquierda, rodeando un gran barril de vino sobre el que monta a horcajadas un campesino de voluminosa tripa. Cerca de

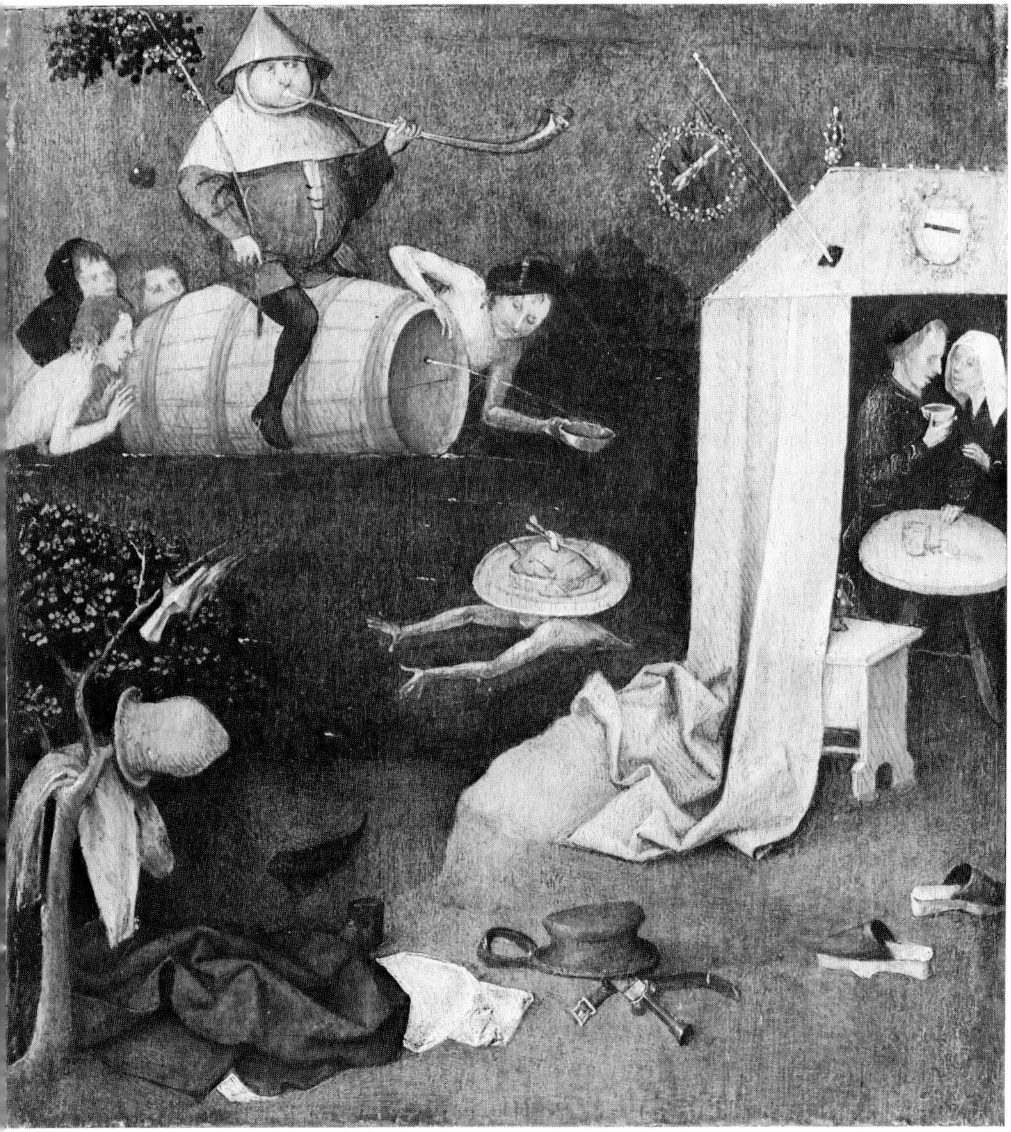

33 EL BOSCO *Alegoría de la Gula y la Lujuria*, fragmento

la orilla nada otro hombre, cuya visión está impedida por el pastel de carne que lleva sobre la cabeza. La escena continúa, a la derecha, con una pareja de amantes en una tienda, otro motivo que recuerda la escena de la Lujuria en la *Mesa* del Prado. Que estén bebiendo vino es lo apropiado: «*Sine Cerere et Libero friget Venus*» (Sin Ceres ni Baco, Venus se hiela). Esta sentencia de Terencio era muy popular en la Edad Media, y que la Gula y la Embriaguez conducen a la Lujuria era una lección que los moralistas nunca olvidaban en sus sermones.

Si se juzga por el estilo empleado, el fragmento de Yale, quizá parte de una composición mayor de los Siete Pecados Capitales, debió de ser pintado en la misma época que *La barca de los locos*. Ambos cuadros poseen el mismo toque pictórico, sobre todo en el tratamiento de la luz y en la paleta dominada por el rosa, el ocre y los verdes suaves (las tonalidades más cálidas de la tabla del Louvre se deben a la espesa capa de barniz). Los colores fríos del fragmento de Yale se repiten en la
31 *Muerte del avaro* (Washington, D.C.), cuyos rosas pálidos y tierras tostadas sólo se interrumpen en la figura vestida de verde al pie de la cama.

Que el hombre persista en su locura, aun en el momento de morir, cuando la eternidad de la Gloria y el Infierno penden de la balanza, es el tema de *La muerte del avaro*. El moribundo yace en una alcoba alta y estrecha, a la cual ya ha entrado la Muerte por la izquierda. Su ángel de la guarda lo sostiene e intenta que fije su atención en el crucifijo de la ventana alta, pero él está distraído por las posesiones terrenales que ha de dejar tras de sí; extiende casi mecánicamente una mano para asir la bolsa de oro que le ofrece un demonio a través de la cortina. Otro demonio, de alas delicadas, se apoya en la repisa del primer término, donde las ricas vestiduras y armaduras de caballero aluden, probablemente, al rango y al poder mundanos que el mísero ha de abandonar también. La batalla de ángeles y demonios por el alma del moribundo se da también en la *Mesa* del Prado (donde aparece la figura tradicional de la Muerte armada de una especie de flecha), y ambas escenas repro-
34 ducen una popular obra devota del siglo XV, el *Ars Moriendi* o *Arte de Morir*, impresa numerosas veces en Alemania y Países Bajos. Este curioso breviario describe cómo el moribundo es expuesto a una serie de tentaciones por los demonios reunidos alrededor de su cama y cómo, cada vez, un ángel lo consuela y le da fortaleza en su última agonía. En este libro, el ángel sale finalmente triunfante y el alma es llevada victoriosamente al Cielo, mientras los demonios caen abatidos en la deses-

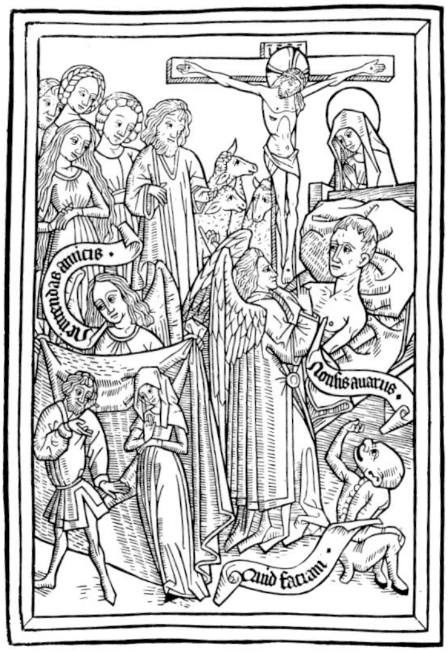

34 *El moribundo inspirado por un Ángel contra la Avaricia* de un libro alemán de grabados *c.* 1465-1470

peración. Pero en la pintura del Bosco, el resultado de la lucha no está claramente decidido. Hay un arca de dinero a los pies de la cama, donde un anciano, quizá el mismo avaro por segunda vez, deja caer una moneda de oro en la bolsa que sostiene un demonio. No parece prestar atención al rosario que cuelga de su cintura. Al presentar de modo tan destacado el arca del dinero, el Bosco pudo estar pensando en Mateo 6: 21, «Porque donde estuviere vuestro tesoro, allí estará vuestro corazón», y en la rebuscada aunque edificante leyenda, común en los sermones medievales, del avaro que muere impenitente y cuyo corazón se encuentra enterrado en su caja fuerte.

La Muerte, no menos que la Locura, fue una preocupación primordial al final de la Edad Media. Los poetas cortesanos de moda insisten en lo pasajero de la carne y de todas las cosas bellas de este mundo. Es también el tema de incontables tratados de formación moral, y el mismo interés mórbido aparece en los cadáveres descarnados que persiguen a sus víctimas en las escenas de la Danza de la Muerte o se inclinan sobre las tumbas esculpidas. «Era como eres ahora, serás lo que soy», parecen decir a los vivos, repitiendo una frase favorita de la época. Pero a esta obsesión por la muerte se le añade un gran horror: la creencia firme en que, tras la disolución del cuerpo, el alma continúa existiendo, con la posible condena eterna al Infierno. Y es la descripción de esta vida ultraterrena del alma y sus torturas lo que quizá constituya la aportación más significativa del Bosco a la pintura occidental.

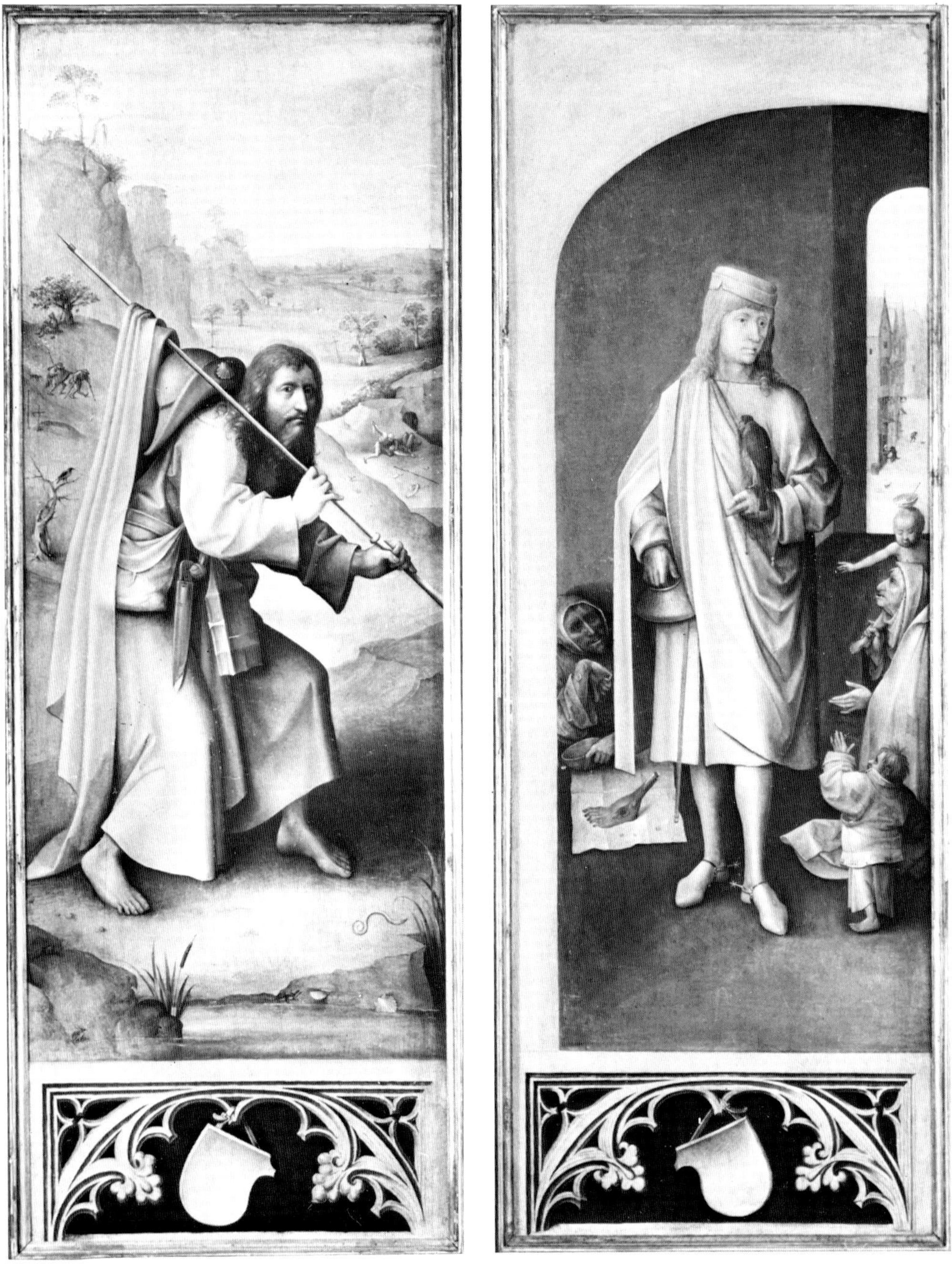

35 EL BOSCO *El Juicio Final*, alas exteriores del tríptico

CAPÍTULO IV

El Juicio Final

Mientras el pecado y la locura ocupan un lugar destacado en el arte del Bosco, su significado sólo puede apreciarse enteramente en el contexto de un gran tema medieval, el del Juicio Final. El día del Juicio marca el acto final de la larga y turbulenta historia de la humanidad que se inicia con la Caída de Adán y Eva y su expulsión del Edén. Es el día en el que los muertos saldrán de sus tumbas y Cristo vendrá por segunda vez a juzgar a todos los hombres según los merecimientos de cada uno. Como el mismo Cristo anunció (Mateo 25:34, 41), los benditos gozarán de la eterna gloria, preparada para ellos «desde la fundación del mundo», mientras que los malditos serán condenados al «fuego eterno, preparado para el diablo y sus ángeles». El tiempo cesará y empezará la eternidad.

La preparación para este Día Final fue una de las principales tareas de la Iglesia medieval. Enseñaba a los fieles el camino que los llevaría a formar parte de los benditos; advertía a los reincidentes y pecadores del horrible castigo que les esperaba si no se corregían. Que el temor al Infierno no es el mejor método para llevar una vida piadosa fue reconocido por el místico holandés del siglo XIV Jan van Ruysbroeck. Pero la opinión mayoritaria estuvo representada por Thomas de Kempis, quien escribió en su *Imitación de Cristo*: «Es bueno que, si el amor de Dios no te aparta del pecado, el miedo al Infierno, al menos, te sirva de freno». De este modo, los inacabables tormentos de los condenados se describieron, con espeluznantes detalles, en innumerables libros y sermones, al tiempo que las meditaciones sobre el Juicio Final y el Infierno eran parte importante de diversos ejercicios espirituales, entre ellos los de la *Devotio Moderna*.

A partir del siglo XII, el drama del Juicio final se talla en los pórticos de las iglesias y se pinta en los murales de los claustros y cementerios. Fue popular sobre todo en la Europa del norte, donde imágenes del tema aparecen en los ayuntamientos como severo recordatorio a magistrados y jueces. De igual forma, en la capilla del hospital de Beaune,
Roger van der Weyden representa su extraordinario *Juicio Final* para *37*
que los enfermos puedan ver su último destino.

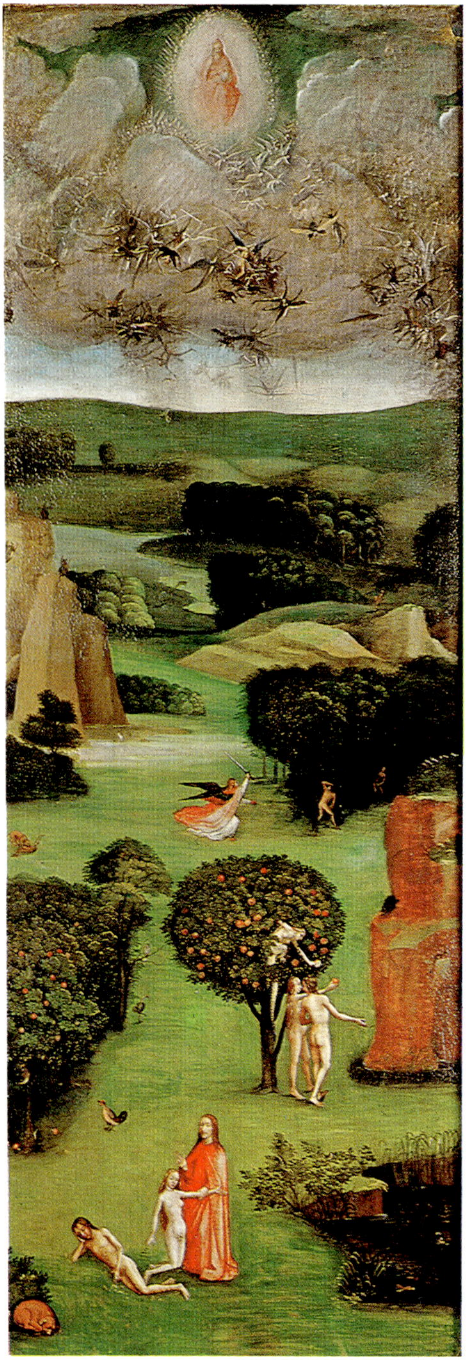

ala izquierda

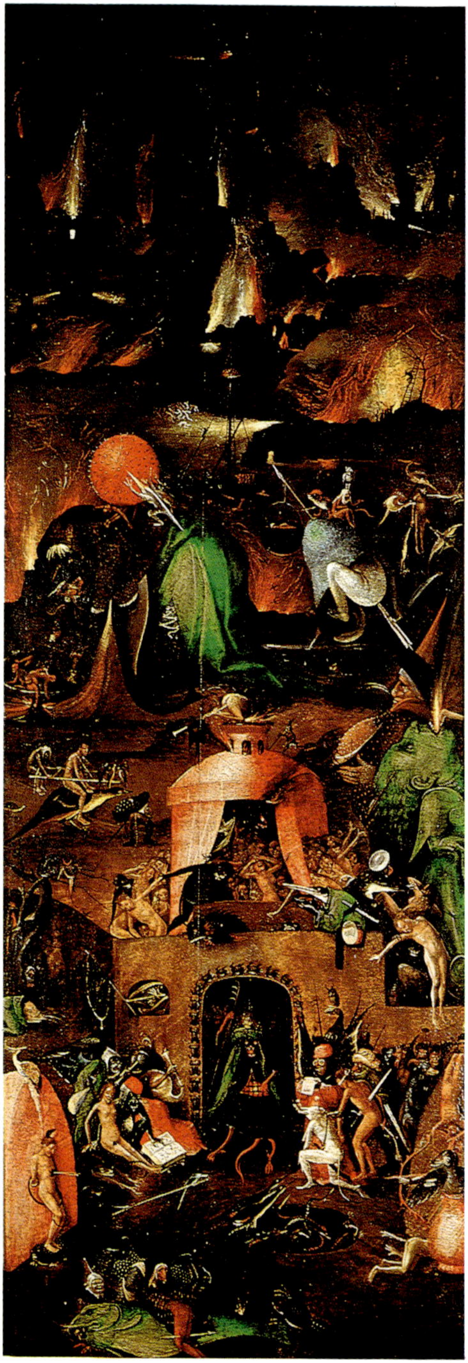

ala derecha

36 EL BOSCO *El Juicio Final*, tríptico

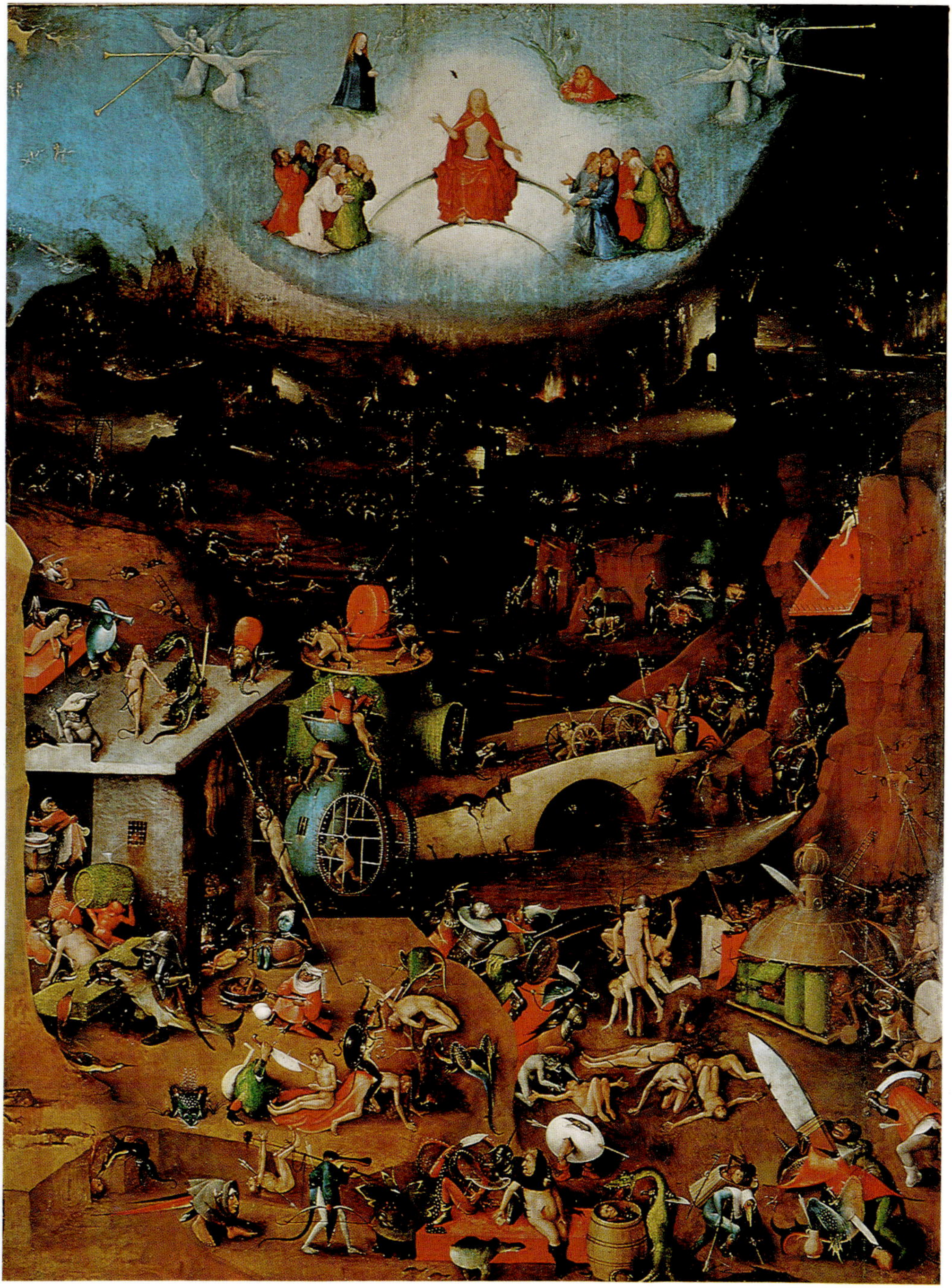

panel central

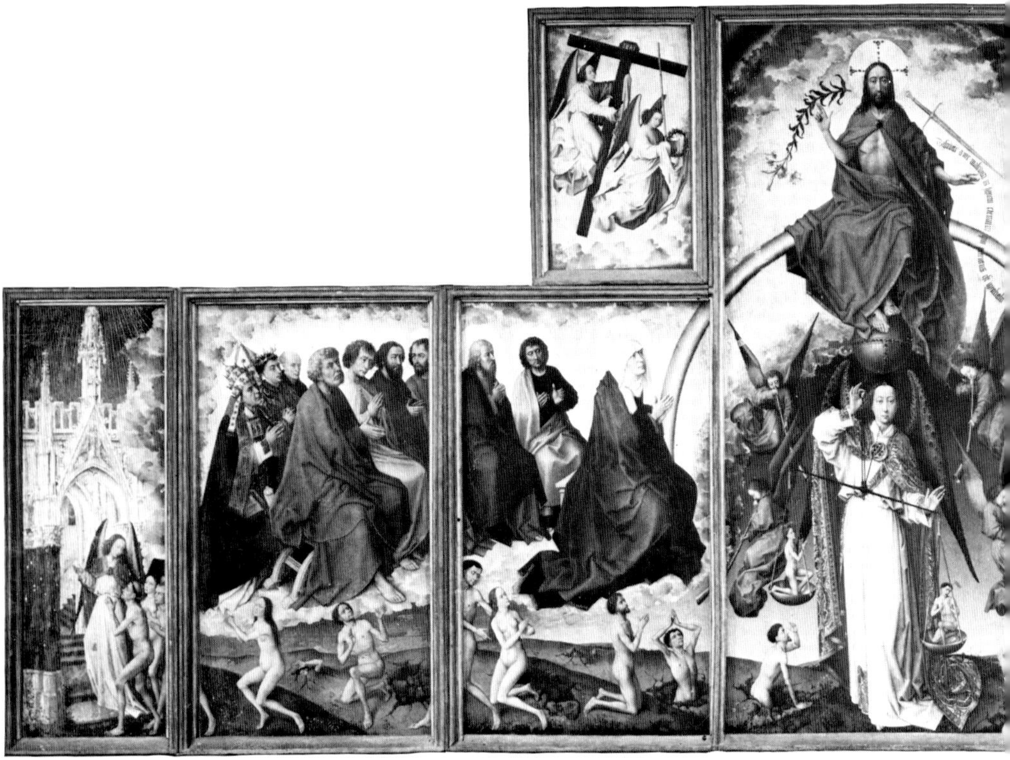

Los terrores del último ajuste de cuentas se intensificaron por la creencia en su inminencia. Siempre hay profetas que anuncian el próximo fin del mundo, pero el sentimiento del destino inmediato se agudizó sobre todo al final del siglo XV. Para Sebastian Brant, los pecados de la humanidad se habían multiplicado de tal forma que el Juicio Final tenía que estar ya muy próximo. Otros escritores describieron el mundo en el umbral de su etapa final, en la cual se han de cumplir las revelaciones que san Juan describe en el Apocalipsis. Las plagas, las inundaciones y otros desastres naturales se consideraron muestras de la ira divina y los acontecimientos políticos se examinaron temerosamente, buscando en ellos los signos del Último Emperador y del Anticristo. En 1499, un astrólogo alemán afirmó convencido que el mundo sería destruido por un segundo Diluvio el 25 de febrero de 1524. En 1515, Alberto Durero pintó una acuarela registrando su famoso sueño, en el cual la catástrofe final la originan enormes columnas de

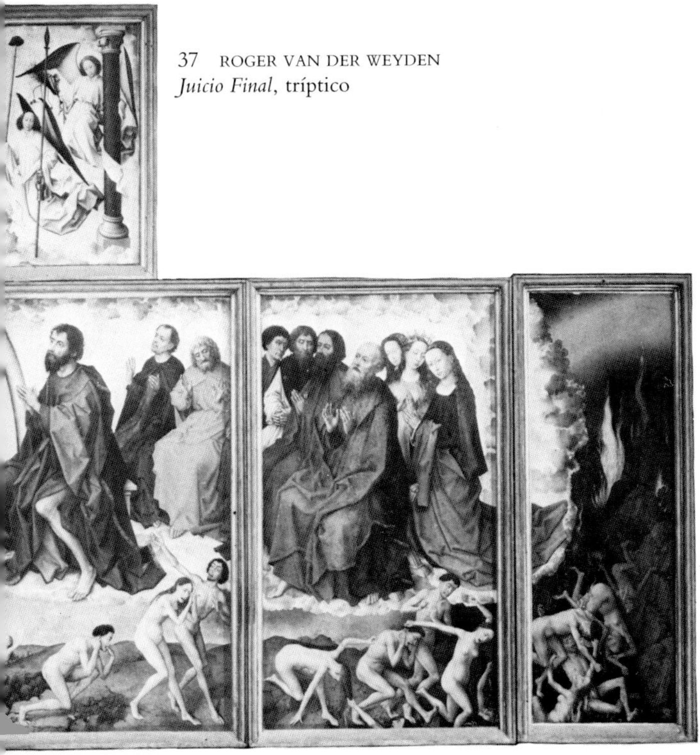

37 ROGER VAN DER WEYDEN
Juicio Final, tríptico

agua que se estrellan sobre la tierra; un poco antes, Leonardo da Vinci había dibujado ciudades enteras barridas por riadas devastadoras, y cuya estructura dinámica observó con imparcialidad científica.

Pero este temor característico de la época encontró su expresión más viva en el imponente tríptico del Bosco *El Juicio Final*, conservado en Viena, pintado seguramente en su etapa intermedia. La mayor de sus obras supervivientes, *El Juicio Final,* está precedido en el exterior de
sus alas por las figuras de Santiago el Mayor y san Bavo, pintadas en *35*
grisalla. A pesar del paisaje tenebroso y amenazador que sirve de fondo a Santiago, ni este cuadro ni su pareja nos preparan para las escenas apocalípticas que encierran. Dentro, a lo largo de los tres paneles, apa-
recen el Paraíso y las Postrimerías, empezando con la Caída del Hom- *36*
bre en el ala izquierda. La historia relatada en el segundo y tercer capítulos del Génesis se ha escenificado en un jardín ameno; vemos en el primer término la creación de Eva, seguida por las tentaciones de la

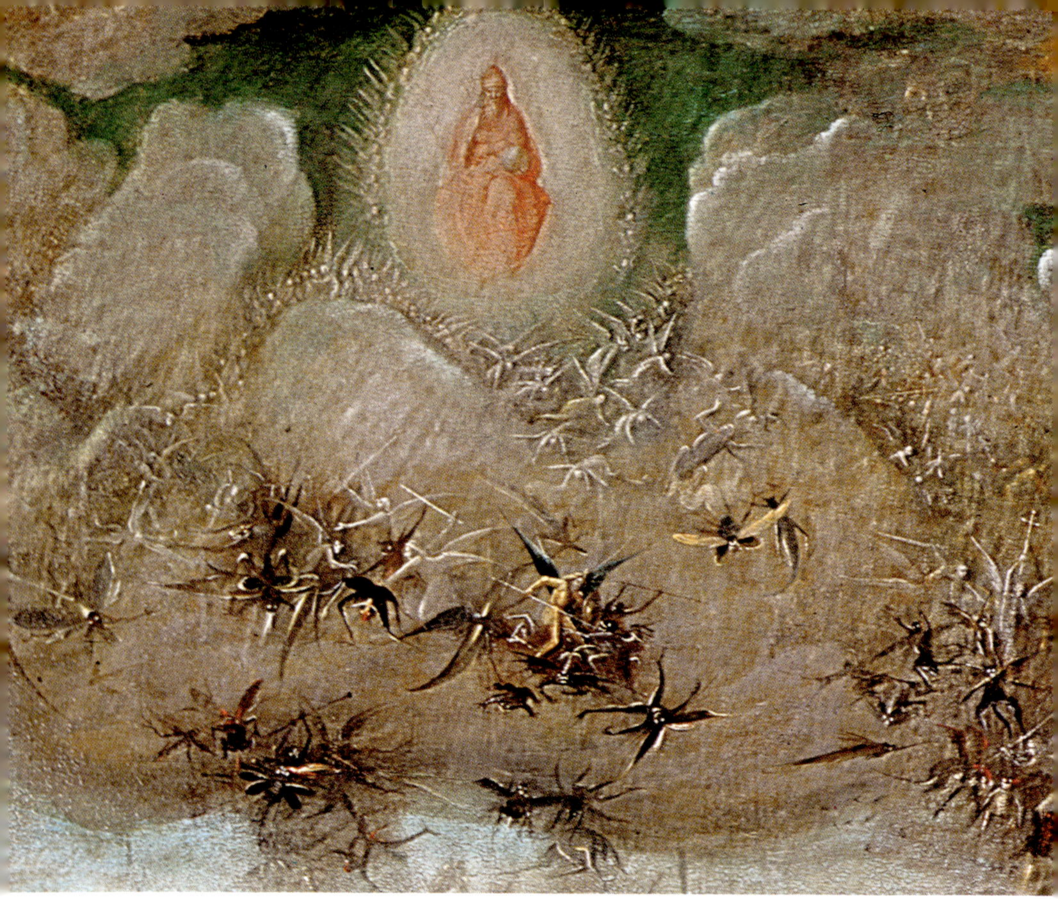

38 EL BOSCO *Caída de los ángeles rebeldes,* detalle de la il. 36.

Primera Pareja. En el término medio son expulsados del Paraíso por un ángel. Arriba, y en paralelo, se representa la expulsión del Cielo de
38 los ángeles rebeldes, transformados en monstruos a medida que caen a la Tierra. Aunque el Génesis no menciona la rebelión de Lucifer y sus secuaces, ésta aparece en las leyendas judías y el Cristianismo las incorpora en fecha temprana. Son los ángeles que pecaron y cuyo príncipe, envidioso de Adán, hizo que éste, a su vez, también pecara. Se creía, además, que Adán y Eva fueron creados por Dios para que ocuparan el sitio dejado vacante por los ángeles caídos. Así, en este panel, el Bosco describe la entrada del pecado en el mundo como razón de la necesidad del Juicio Final.

La inclusión de la caída de Adán y Eva en una representación del

Juicio Final es poco corriente; los otros dos paneles del tríptico de Viena parten de una iconografía más tradicional. Generalmente se reserva al Cielo el papel fundamental en el drama escatológico. Como 37
ocurre en el retablo de Roger van der Weyden, es el acto del juicio el que se destaca; los juzgados quedan relegados a lugares de importancia secundaria, y se describe tanto la felicidad de los salvados como las penas de los réprobos. En la versión del Bosco, sin embargo, la corte celestial aparece pequeña e insignificante en la parte superior del panel central, y son pocas las almas que figuran entre los salvados. La mayoría de los humanos ha sido arrastrada por el cataclismo universal que se abate sobre el paisaje profundo y lóbrego de la parte inferior.

Esta vasta pesadilla panorámica presenta a la Tierra en sus últimos estertores de muerte; destruida, no por las aguas, según las visiones de Durero y Leonardo, sino por el fuego que anuncia el himno del siglo XIII, el sombrío *Dies Irae*: «Día de Ira, aquel día en que el mundo quedará reducido a cenizas ardientes». El Bosco, probablemente, estuvo influido por el relato que de los últimos días hace el Apocalipsis de san Juan, y que alcanzó una renovada popularidad al final del siglo XV, en 1496-1497, cuando se publicó el libro de grabados en madera de Durero. El amplio valle que domina el panel central puede representar el Valle de Josafat, el cual, según diversas referencias del Antiguo Testamento (Joel 3: 2, 12), se consideraba tradicionalmente como el lugar del Juicio Final, con las murallas en llamas de la terrestre Jerusalén al fondo. En cualquier caso, la Tierra ya no se distingue del Infierno pintado en el ala derecha, del cual surgen los numerosos ejércitos de Satán para atacar a los condenados; la eternidad del tormento ha comenzado.

Los místicos pretenden que la mayor pena que sufren los condenados al Infierno es el conocimiento de estar privados para siempre de la visión de Dios. Pero, para casi todo el mundo, las penas del Infierno son corporales y tan intensas que, como dice un sermón medieval, las de esta vida parecerán, en comparación, un ungüento suave. También para el Bosco la agonía del Infierno es principalmente física; los pálidos y desnudos cuerpos de los condenados están mutilados, mordidos por serpientes, consumidos en hornos ardientes y aprisionados en diabólicas máquinas de tortura. La variedad de tormentos parece infinita. En el panel central, un hombre, ensartado en un espetón que hace girar una fea criaturilla de vientre hinchado, es asado lentamente; cerca, una diablesa hace lonchas de su víctima, como si fuera tocino, y las fríe en una sartén para acompañar los huevos que tiene a sus pies. En el ala 39

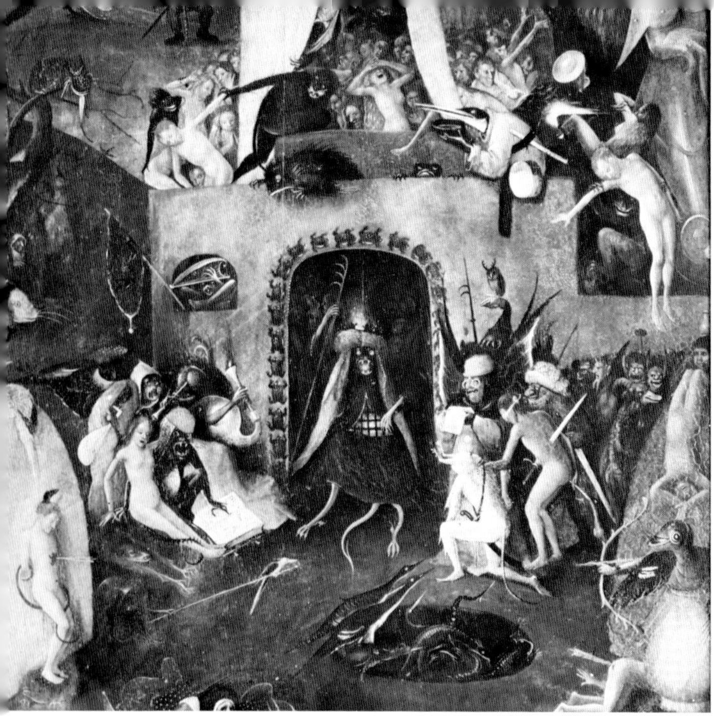

39 EL BOSCO
El concierto infernal, detalle de la il. 36, ala derecha

derecha hay un concierto infernal dirigido por un monstruo de cara ennegrecida y con un vientre brillante como un horno.

En el Infierno de la *Mesa* del Prado, cada Pecado Capital recibe su castigo; «no hay vicio que no reciba su propio merecido», dice Thomas de Kempis, reflejando una creencia común de la época. Es difícil determinar si el Bosco siguió consistentemente esta fórmula en *El Juicio Final*, aunque algunos de los castigos se pueden identificar con pecados específicos. Así, los avaros se cuecen en la gran caldera, apenas visible bajo una de las casas del panel central. Cerca, un goloso obeso se ve forzado a beber de un barril que sostienen dos demonios; la fuente de este dudoso refresco se ve en cuclillas en la ventana de arriba. La lasciva mujer del tejado sufre las atenciones de un monstruo parecido a un lagarto que culebrea por su espalda, amenizado por dos demonios músicos. En el peñasco de la derecha, pasado el río, demonios herreros martillean a otras víctimas sobre yunques, y a una la hierran como a un caballo; estas infortunadas almas son culpables del pecado de la ira.

Algunos de estos pecados y sus castigos están identificados por las inscripciones que aparecen en la escena del Infierno de la *Mesa* del Prado. Otros siguen las descripciones literarias tradicionales del Infierno, muy abundantes en la Edad Media, generalmente relatos de personas que supuestamente regresan de una visita a los abismos. El más conocido de éstos es, por supuesto, el *Inferno* de Dante, que influyó en generaciones de artistas italianos. Pero hubo otros, más conocidos en la Europa del norte, como la anónima *Visión de Tundale* y la descripción que hace Lázaro del Purgatorio después de su resurrección. También surgieron muchos cuentos en torno a la cueva irlandesa conocida como Purgatorio de San Patricio. Algunas de estas leyendas vuelven a aparecer en el *Diálogo sobre el particular juicio de Dios*, de Dionisio el Cartujo. En 1484 se publica en 's-Hertogenbosch una traducción al neerlandés de la *Visión de Tundale*.

Aunque el Bosco no sigue al pie de la letra ninguno de estos textos, es seguro que los conoce. Su influencia es patente en la descripción de algunos de los castigos, y también en la topografía general de su Infierno, con detalles como los pozos y hornos ardientes y los lagos y ríos donde se sumergen los condenados. También algunos de los monstruos proceden de la tradición literaria y de fuentes visuales. Los demonios vagamente antropomórficos, como los de la escena de la herrería del panel central, se dan en muchas versiones anteriores del Juicio Final. Igualmente son tradicionales los sapos, serpientes y dragones que se arrastran por las rocas o muerden las partes vitales de sus víctimas.

Pero en esta fauna más o menos convencional del Infierno, el Bosco introduce especies nuevas y terribles, cuyas complejas formas son de difícil descripción. Muchas son mezclas extrañas de elementos humanos y animales, a veces combinados con objetos inanimados. A este grupo pertenece el monstruo como un pájaro del panel central que ayuda a llevar un gigantesco cuchillo; su torso termina en cola de pez y
las piernas humanoides están embutidas en un par de jarras. A la dere- *43*
cha, un cesto invertido con piernas avanza armado con una espada. Cabezas sin cuerpo corretean sobre robustos pies; otras poseen cuerpos y extremidades que resplandecen en la oscuridad. Algunos diablos soplan instrumentos musicales por el trasero, lo cual recuerda al demonio pedorro descrito por Dante (*Inferno*, XXI, 139).

Criaturas parecidas han retozado durante siglos en los márgenes de
los manuscritos iluminados y estas formas grotescas debieron inspirar *40*
las invenciones del Bosco. Otras ideas proceden también de las mis-
mas fuentes. El hombre atravesado por una flecha y atado a un poste *45*
llevado por un demonio con pico de pato es una variación de un tema
favorito de los iluminadores de libros, mientras que el monstruo de *42*

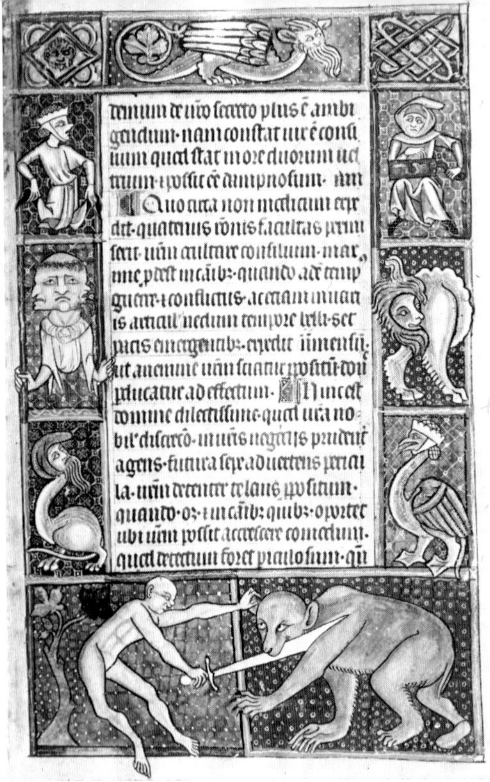

40 Página de manuscrito con dibujos de monstruos en los márgenes, inglés *c.* 1326-1327

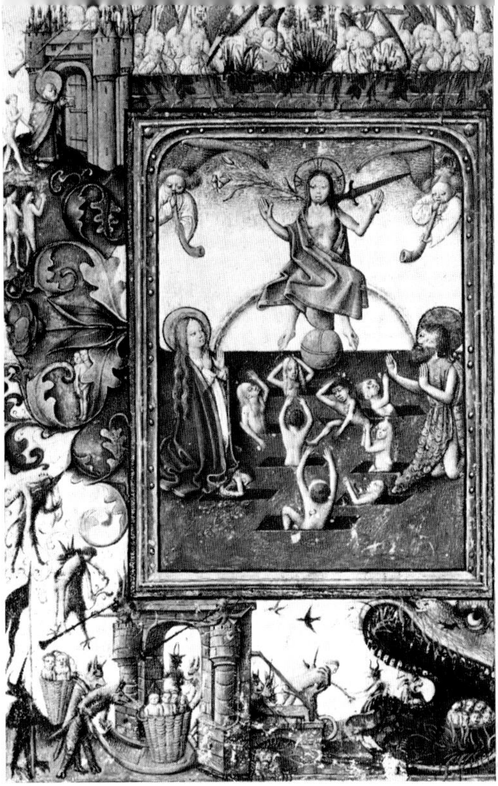

41 *Demonios llevando a los condenados al Infierno*, de las *Horas* de Yolanda de Lalaing, holandés, *c.* 1460

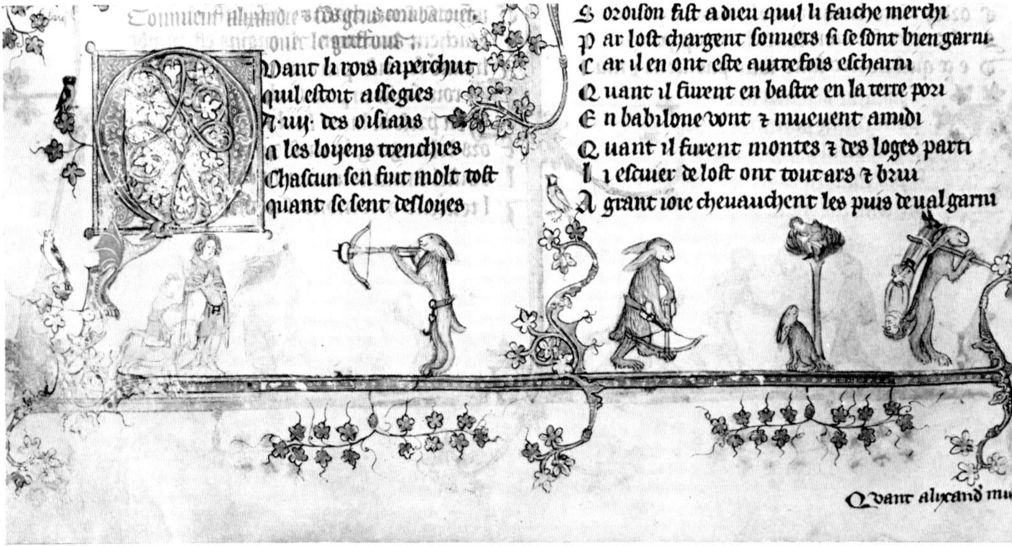

42 *Conejo-Cazador con su víctima*, detalle del *Romance of Alexander*, flamenco 1338-1344

45 EL BOSCO
Demonio cazador con su víctima, detalle de la il. 36, panel central ▶

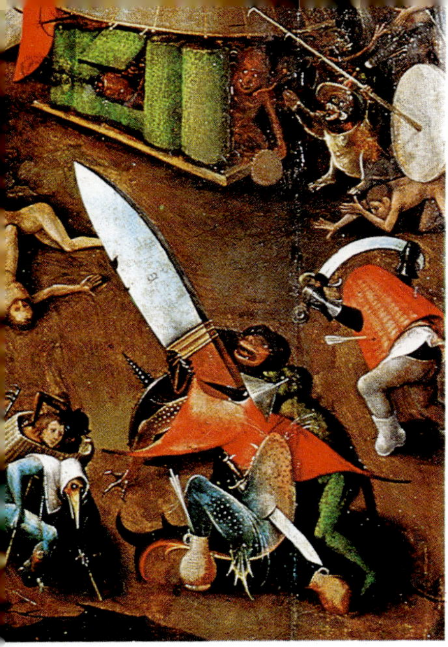

43 EL BOSCO *Grupo de monstruos*, detalle de la il. 36, panel central

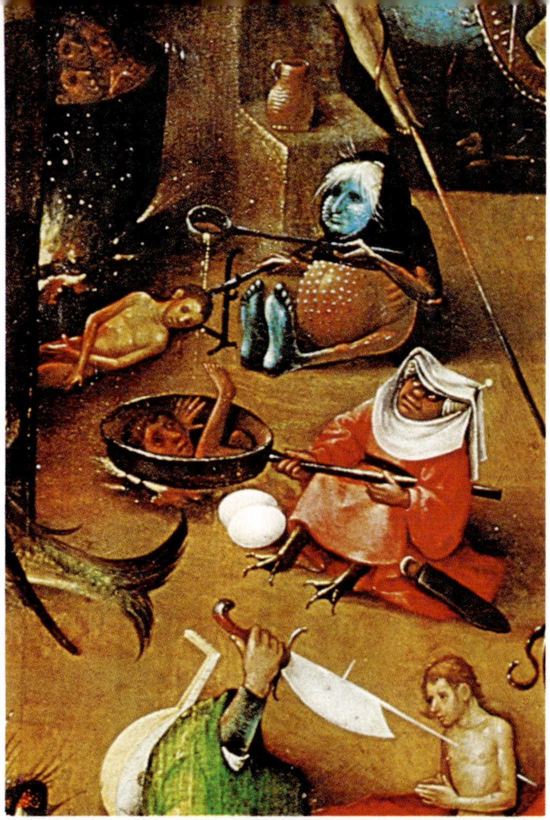

44 EL BOSCO *Demonio asando a su víctima en un asador*, detalle de la il. 36, panel central

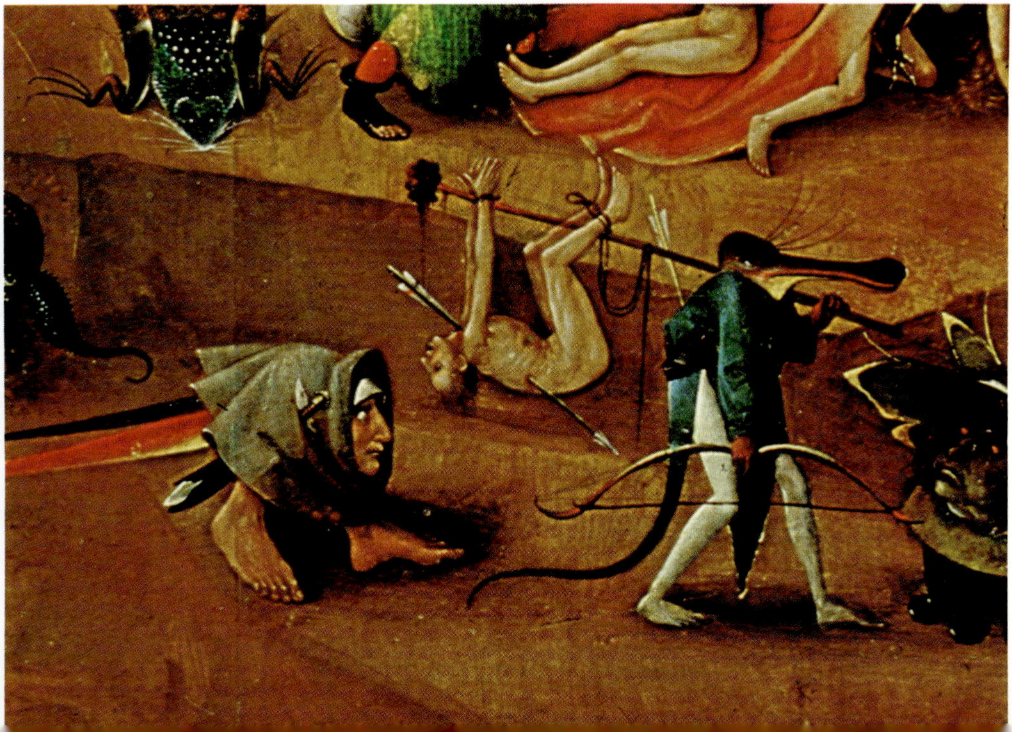

pies calcáneos con un cesto lleno de almas atado a la espalda, recuerda
41 a los demonios que aparecen en algunas escenas del Infierno en manus-
critos holandeses del siglo XV. Al parecer, el Bosco es el primero en
utilizar el repertorio decorativo de los iluminadores en cuadros pinta-
dos a gran escala, pero sobrepasa a sus modelos en la multiplicidad de
formas. Además, su repulsión aumenta a veces por su apariencia de
sentido táctil. Tenemos la sensación de tocar el vientre granujoso y
44 esponjoso del demonio que gira el asador en el panel central, o la for-
ma delgada y gelatinosa de la criatura serpenteante del primer término
acercándose a su víctima. Así, provocando recuerdos de todas las cosas repulsivas que hemos tocado o rozado alguna vez, el Bosco revela su maestría técnica; construye las superficies con finas y transparentes capas de pintura, con toques luminosos trazados con rápidas pinceladas. Ni siquiera el dragón que se dice construyó Leonardo en los últimos años de su vida pudo ser tan horrible como los horrores culebreantes del Bosco y, en el modo en que sus formas parecen cambiar ante nuestros ojos, el Bosco expresa, efectivamente, el concepto medieval del Infierno como una situación, donde las leyes de la naturaleza, de orden divino, se desintegran en el caos.

Pero, en el análisis final, nos es difícil experimentar el Infierno del Bosco como sus contemporáneos. Conocedores de los sufrimientos de los condenados por la *Visión de Tundale* y otros libros parecidos, y por numerosos sermones, tuvieron que sentir, al menos imaginativamente, la alternancia del calor y del frío extremos, la asfixia del humo en la garganta y la proximidad del hedor fétido. Oyeron los chillidos y silbidos de los demonios y, por encima de ellos, los gritos de los torturados. «¡Ay, ay, ay de nosotros, los más pecadores, miserables hijos de Eva!», es el lamento de los condenados en los sermones y libros medievales. Algunas de las víctimas del Bosco expresan claramente su desesperación como, por ejemplo, las almas reunidas en tropel bajo la tienda del ala derecha. Otras, es cierto, miran inexpresivamente ante sí, pero no debe suponerse que son insensibles al dolor. La Edad Media piensa de manera diferente. No sólo persiste la agonía de los condenados con la mayor intensidad, sino que hasta los más terriblemente mutilados vuelven a recomponer sus cuerpos para reiniciar su mutilación. Y este proceso continúa, no por un cierto tiempo, sino por toda la eternidad. La eternidad es un concepto difícil de ser aprehendido por una mente finita, pero el místico alemán del siglo XIV, Henry Suso, se acerca a expresar la eternidad del sufrimiento cuando hace decir a las almas condenadas, «Ay, si pudiéramos tener un buen deseo, sería éste: que hubiera una roca larga y ancha como la tierra, y con una circunferencia tan amplia que llegara hasta cada rincón del firmamento, y que hubiera una avecilla que viniera después de cien mil años a picar en la roca un trozo tan pequeño como la décima parte de una simiente de mijo, repitiendo este proceso una vez cada cien mil años, de modo que, en un millón de años, sacara de la roca una partícula del tamaño de un grano de mijo. Nosotros, los condenados, sólo pedimos que nuestro castigo termine cuando se consuma esa piedra —pero ni siquiera puede ser esto».

Este pensamiento debió de hacer reflexionar al pecador más empedernido.

El tríptico de Viena se refiere al Juicio Final que abarca a todos los hombres, acontecimiento con el que termina toda la historia humana. Pero en la *Visión de Tundale* y en otras fuentes que influyeron en el Bosco, los tormentos de los condenados se describen como si sucedieran en el presente, en el Purgatorio, y no en un tiempo inespecificado del futuro. Recogen la creencia en un juicio particular, un ajuste de cuentas privado, al que cada persona debe someterse inmediatamente después de morir; según sus méritos, será enviada a un lugar de tormento o bienaventuranza, y esperará hasta el Juicio Final. Extendida durante el final de la Edad Media, esta doctrina fue tratada por Dionisio el Cartujo en su *Diálogo sobre el juicio particular de Dios* y, como Albert Châtelet ha demostrado, inspiró dos tablas a Dirk Bouts. Éstas, 46

46 DIRK BOUTS
El paraíso Terrenal. Caída de los condenados

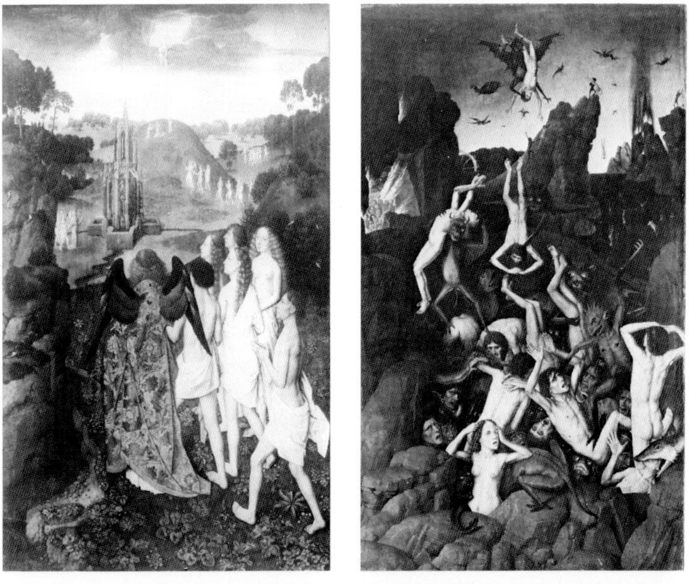

47, 48 a su vez, fueron el modelo para cuatro tablas del Bosco, llamadas *Paraíso* e *Infierno* y conservadas en el Palacio de los Dogos de Venecia.

Se cree que estas tablas formaron parte de las alas de un retablo del Juicio Final, pero lo más probable es que fueran obras independientes en su origen, destinadas a describir las recompensas y castigos del Juicio Particular. Las imágenes están muy desfiguradas por las restauraciones y por una capa de barniz oscuro y no hay un acuerdo general en que

47 EL BOSCO *Paraíso Terrenal*

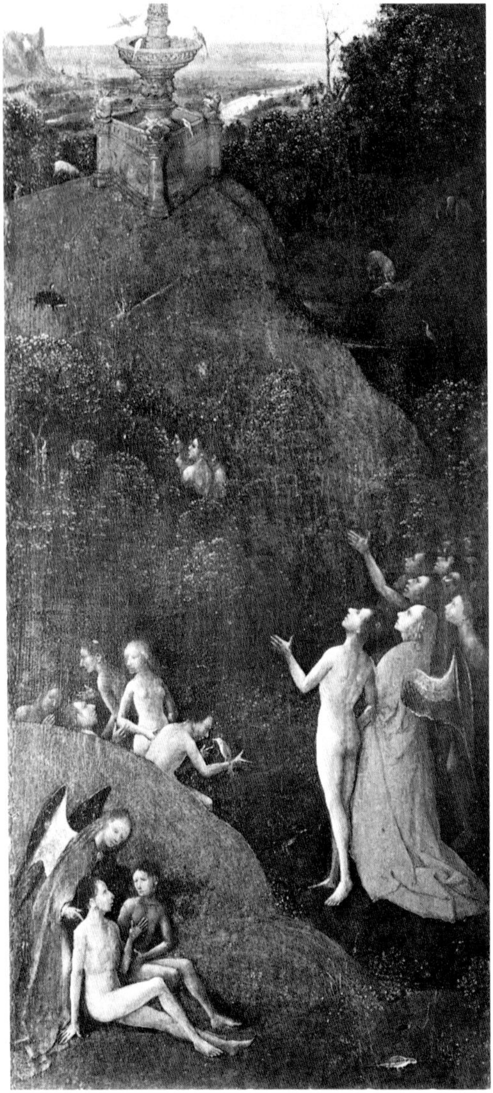

Ascenso de los bienaventurados

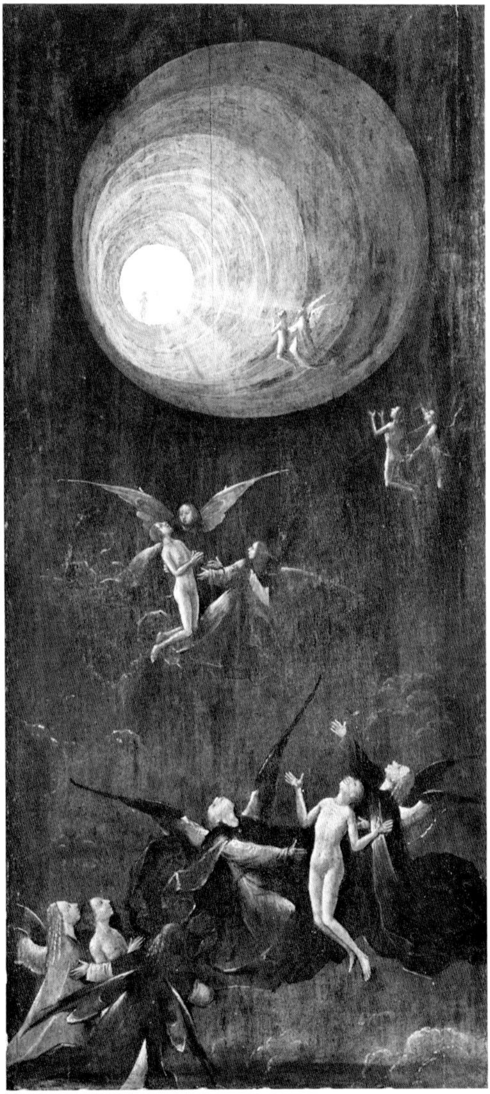

sean del Bosco; pero lo cierto es que sería difícil atribuirlas a otro artista. De las dos tablas del *Paraíso*, la de la izquierda muestra a los elegidos guiados por los ángeles hacia un paisaje escarpado, en el cual brota la Fuente de la Vida; es el Paraíso Terrenal, una especie de etapa intermedia donde los salvados se purifican de la última mancha de pecado antes de ser admitidos a la presencia de Dios. Hay un grupo de almas que ya miran esperanzadas hacia lo alto. Diversos jardines semejantes se des-

48 EL BOSCO *Caída de los condenados*

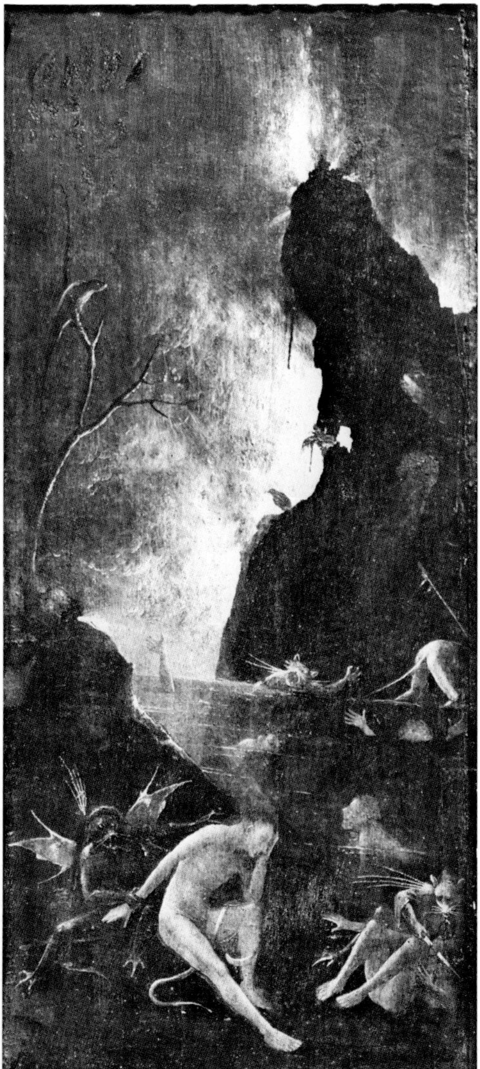

Infierno

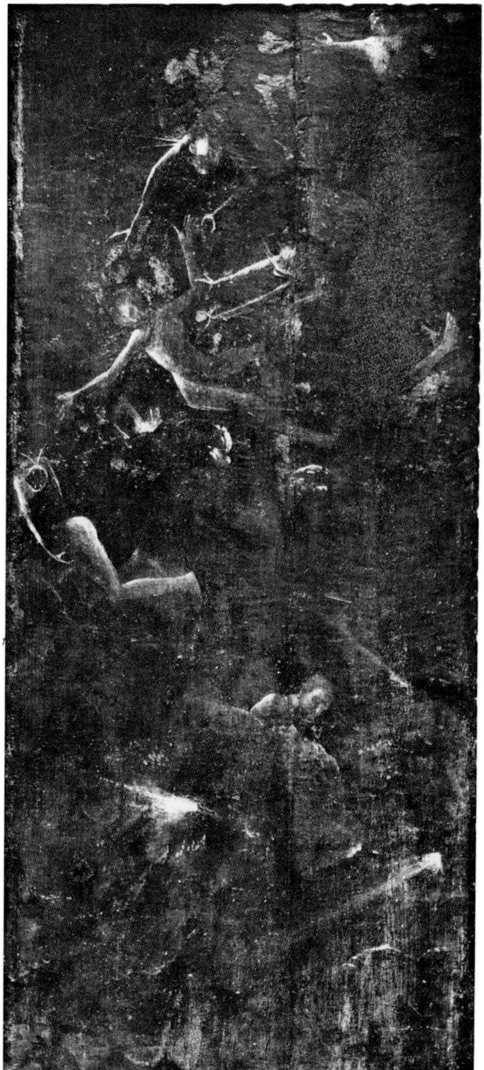

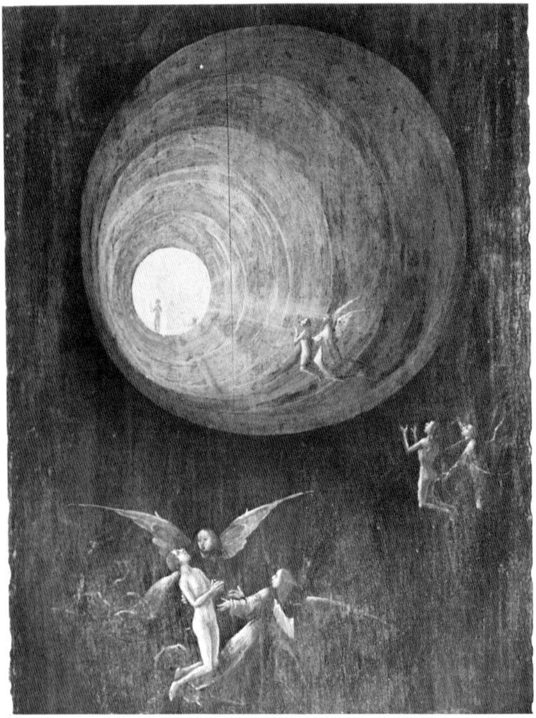

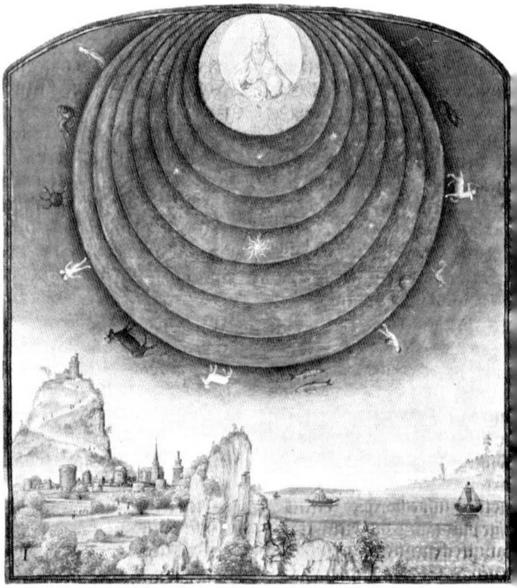

50 SIMON MARMION *Dios y las esferas celestiales*, miniatura en *Le livre des sept âges du monde*

49 EL BOSCO
Ascenso de los bienaventurados, detalle de la il. 47

criben en la *Visión de Tundale*, y el Paraíso Terrenal, colocado inmediatamente debajo del Cielo, aparece en numerosos autos sacramentales de la época. Se acostumbra a identificarlo con el Jardín del Edén, que se cree que todavía existe en la tierra, en alguna montaña lejana inaccesible al hombre, creencia que seguramente motiva el terreno escarpado en el que, tanto Bouts como el Bosco, sitúan el Paraíso Terrenal.

En su composición, el Bosco sigue muy de cerca el planteamiento del *Paraíso Terrenal* de Bouts, divergiendo sólo en un aspecto significativo. Mientras Bouts describe la entrada de los salvados en el Cielo, arriba en el firmamento, el Bosco reserva esta escena para un cuadro por separado y presenta en él su visión del goce celestial, sobrepasando absolutamente la concepción más terrena de Bouts. Despojándose de
49 los últimos vestigios de su corporeidad, las almas benditas flotan hacia arriba a través de la noche, apenas sostenidas por sus guías angélicos. Miran con arrobamiento extasiado la gran luz que irrumpe en medio
50 de la oscuridad de lo alto. Esta radiación en forma de túnel, con sus distintos segmentos, debe probablemente mucho a los diagramas zodiacales de aquel tiempo, pero en el pincel del Bosco se convierte en un

corredor luminoso, a través del cual los bienaventurados se acercan a aquella unión final y perpetua del alma con Dios que en la tierra sólo se experimenta en raros momentos de exaltación espiritual. «Aquí el corazón se abre de gozo y de deseo —nos dice Ruysbroeck— y se abren todas las venas, y todas las potencias del alma se colman de vida.» Suso describe cómo el alma trémula y embelesada es conducida por encima del noveno cielo, para allí contemplar «el resplandor inconmensurable, de total alcance, inamovible e incorruptible», y sumirse en la «soledad infinita y el abismo profundo» de la Divinidad desnuda. Con este poético lenguaje, el místico medieval trata de expresar la Visión Beatífica, pero ningún artista anterior al Bosco lo ha vestido visualmente con una fuerza comparable.

El ascenso de los bienaventurados al *coelum empyreum* se equilibra en la tercera tabla con la caída de los condenados al pozo del Infierno. El *48*

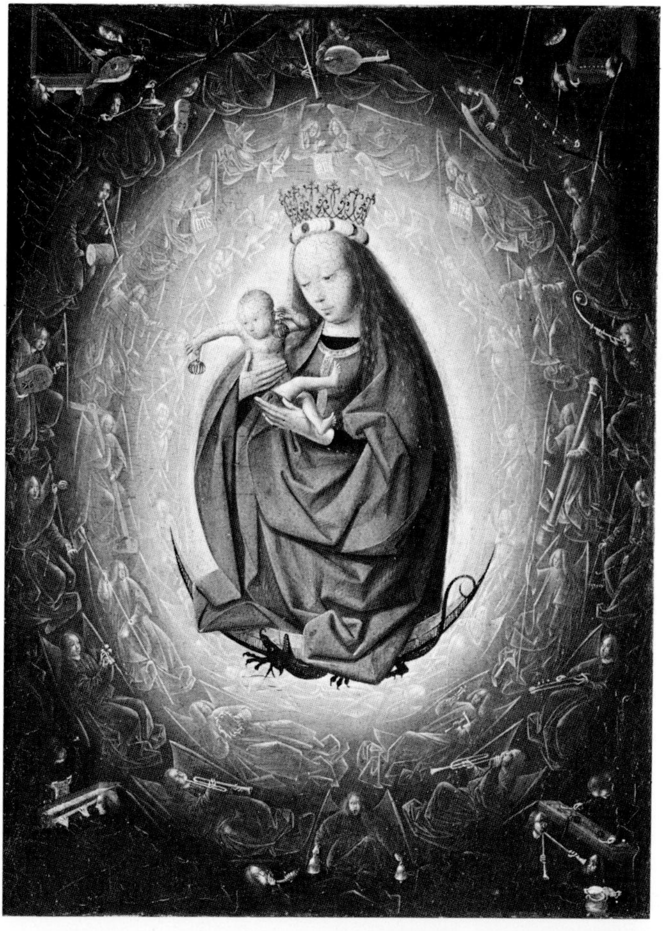

51 GEERTGEN TOT SINT JANS
Madonna y Niño

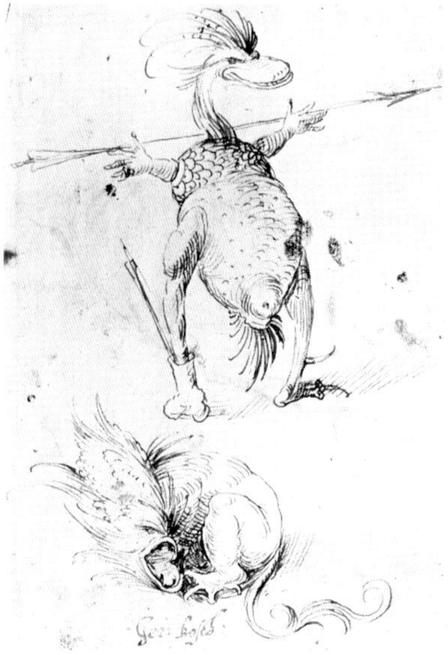

52 EL BOSCO *Dos monstruos*

Bosco siguió la versión de Bouts, pero, una vez más, transforma las imágenes prosaicas de su modelo. Los condenados son arrojados violentamente a la oscuridad, arrebatados por los demonios y abrasados por el fuego infernal que brota de las fisuras de las rocas. En la tabla final, el Purgatorio, una montaña escarpada desprende llamas sobre un cielo ardiente, mientras las almas se debaten desesperadas abajo en el agua. No todos los tormentos son físicos: ignorando al demonio con alas de murciélago que tira de ella, un alma se sienta a la orilla en actitud pensativa, abrumada por el remordimiento. El Infierno, no menos que el Cielo, se ha interpretado en el sentido espiritual de los místicos.

Con el uso de la luz para expresar lo más inefable de la Divinidad, Bosch se acerca a Geertgen tot Sint Jans y a los grandes maestros alemanes de principios del siglo XVI. En el cuadrito encantador de Geert-
51 gen, *Madonna y Niño*, en Rotterdam, los diminutos músicos celestiales brillan incandescentes, abrasados por su amor al Cristo Infante. No menor éxtasis hay en la mágicamente iluminada *Natividad* de Altdorfer, de *c.* 1513, y en el júbilo de los ángeles en los paneles de la Navidad del retablo de Isenheim, terminado por Mathis Grünewald hacia la fecha en que muere el Bosco.

Por la brevedad y simplicidad de su imaginería, las dos tablas del *Infierno* de Venecia son casos únicos en la obra del Bosco. En los demás había retratado la fauna del Infierno con una variedad casi infinita.

En un grupo de dibujos atribuidos al Bosco con razonable certeza, los monstruos proliferan con multitud de formas, sin que haya dos iguales: piernas que surgen de grotescas cabezas, formas vesiculares obscenas provistas de hocicos y patas, otras que son sólo cabezas o ancas. Esta afición del Bosco por los monstruos la compartían sus contemporáneos, fascinados por cuanto fuera grotesco o antinatural. Durero, en un grabado, registró para la posteridad un cerdo de ocho patas nacido en 1496, mientras que Sebastian Brant publicaba grabados que anunciaban nacimientos monstruosos y prodigios parecidos. A menudo se tomaban por presagios de desastres inevitables que Dios enviaba como castigo a la humanidad pecadora. Pero en sus estudios, realizados con trazos rápidos y seguros de la pluma o el pincel, el Bosco ya no es el moralista medieval, sino el artista que imita al propio Creador, generando nuevas formas «cuyo aspecto —como más adelante definiría Durero los frutos del genio artístico— no había sido visto nunca antes por hombre alguno». *52, 53*

53 EL BOSCO *Estudios para la Tentación de san Antonio*

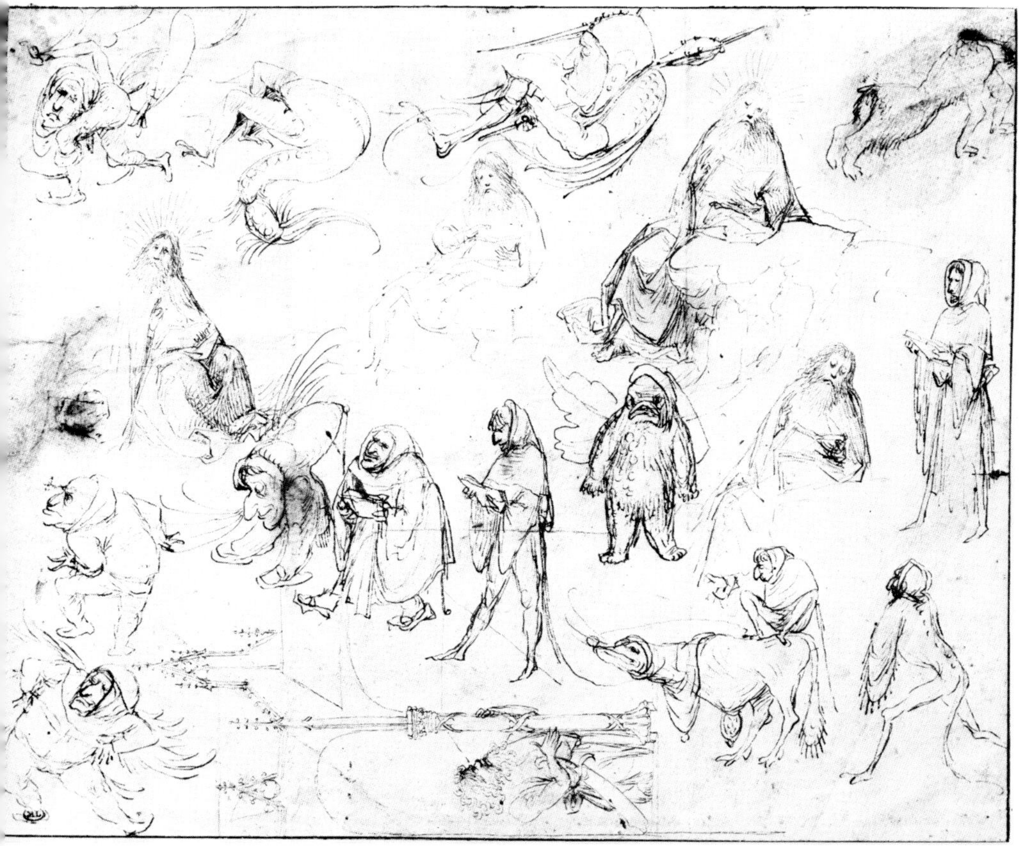

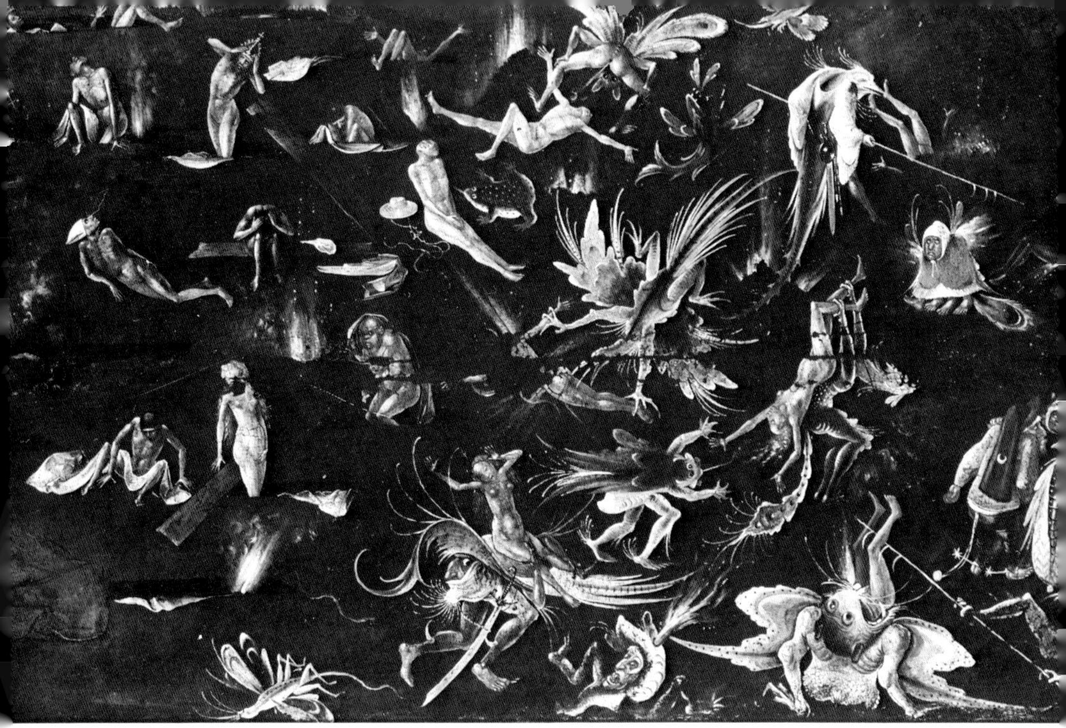

54 EL BOSCO Fragmento de un *Juicio Final*, detalle

Esta misma actitud no es menos evidente en el fragmento de Mu-
54 nich, tristemente dañado, de un *Juicio Final*. Se ha creído que formó parte del retablo encargado en 1504 por Felipe el Hermoso, pero lo más probable es que se pintara después, hacia el final de la vida del Bosco. Un trozo de vestido, visible en la esquina inferior izquierda, es cuanto queda de una figura que debió de ser pintada a una escala mayor que las demás del fragmento. Quizá pertenezca a un san Miguel gigantesco en el acto de pesar las almas, tal como aparece en el tríptico de Roger van der Weyden en Beaune. Detrás y a la derecha del vestido, los resucitados salen lentamente de sus tumbas, entre ellos un rey y unos clérigos, todos reconocibles por sus tocados. Los rodean monstruos con aguijones, cuyas alas sutiles, largos filamentos oscilantes y antenas, destacan con su brillo sobre el fondo tenebroso. Cuesta admitir que estas criaturas de luminosidad delicada, semejantes a joyas, sean las encargadas de torturar a los condenados. El Infierno, por una vez, se ha convertido en una delicia estética.

CAPÍTULO V

Triunfo del Pecado

En las escenas tradicionales del Juicio Final, los resucitados suelen aparecer divididos, en número aproximadamente igual, entre salvados y condenados. Esta visión del futuro de la humanidad, ante el tribunal de la justicia divina, parece casi frívolamente optimista si la comparamos con la lúgubre interpretación del tríptico de Viena. Para el Bosco, el pecado y la locura son la condición natural de la humanidad y el fuego del Infierno es su destino común. Esta visión acusadamente pesimista de la naturaleza humana se refleja en otros dos trípticos del Bosco, *El carro de heno* y *El Jardín de las Delicias*, ambos de fecha probablemente posterior al *Juicio Final* de Viena, pero relacionados por su formato.

Hay dos versiones del tríptico de *El carro de heno*, una en El Escorial
y otra en el Prado de Madrid. Ambas están en mal estado a causa de las *60*
muchas restauraciones y no hay acuerdo entre los expertos sobre cuál
es la original. En ambos casos, las alas exteriores, a las que volveremos
más adelante, parecen obra de una mano poco hábil del taller. Como
en el *Juicio Final* de Viena, el ala interior izquierda muestra la Creación
y la Caída del Hombre (pero invirtiendo la secuencia de los episodios
desde el primer término hasta el fondo) y la expulsión de los Ángeles
Rebeldes; el ala derecha la ocupa el Infierno. Pero el panel central pre-
senta una imagen nueva: un gran carro de heno que avanza pesada-
mente por un vasto paisaje, seguido de los grandes de este mundo
montados a caballo, entre ellos un emperador y un papa (identificado *55*
como Alejandro VI). Las clases bajas —campesinos, burgueses, mon-
jas y clero— recogen o se disputan los haces de heno que caen del
carro. A diferencia del tema en la *Mesa* del Prado, Cristo, poco visible
y resignado, contempla esta actividad frenética desde la gloria dorada
de arriba. Salvo el ángel orante encima del carro, nadie advierte la
Divina Presencia. Pero, sobre todo, nadie advierte que el carro está
siendo arrastrado por unos demonios hacia el Infierno y la condenación. *57*

Este curioso vehículo podría recordarnos la nave que Brant emplea en su *Barco de los locos*, pero la carga de heno del carro del Bosco no es

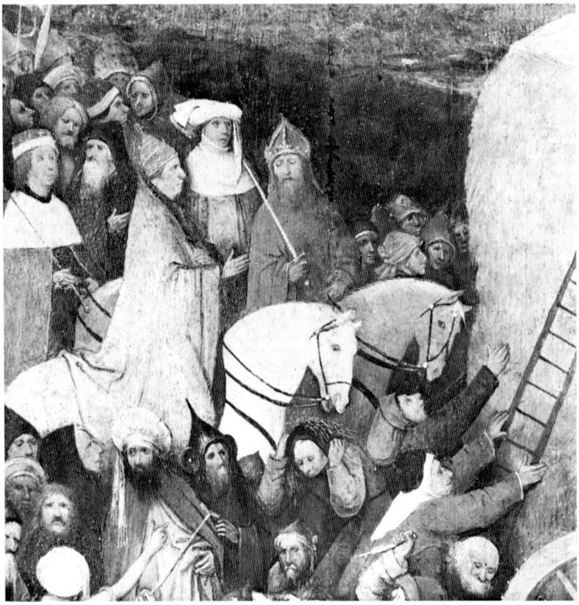

55 EL BOSCO *Papa y emperador a caballo con su séquito*, detalle de la il. 60, panel central

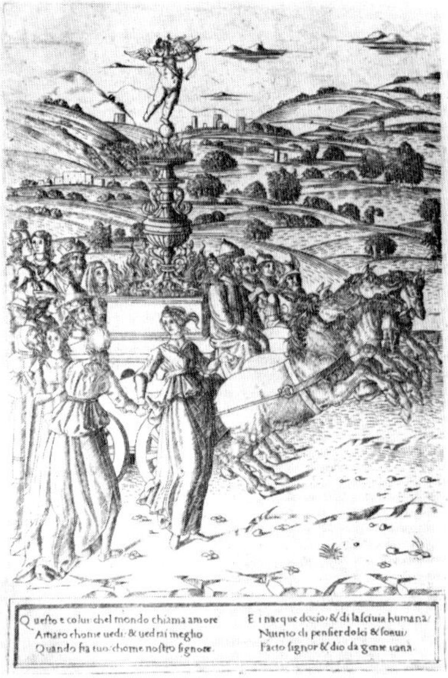

56 *Triunfo del Amor*, de los *Triunfos* de Petrarca, *c.* 1460-1470

sólo un medio expedito para ir al Infierno; de hecho, ilustra un aspecto específico de la debilidad humana, de la cual el heno era un símbolo tradicional. Una canción neerlandesa de alrededor de 1470 nos dice que Dios ha apilado las cosas buenas sobre la tierra como en un montón de heno, para provecho de todos los hombres, sólo que cada uno quiere todo para él. Ahora bien, como el heno es de poco valor, también simboliza lo vano de toda ganancia en este mundo. Éste, ciertamente, es el significado de los carros de heno alegóricos que aparecen en varios grabados flamencos después de 1550. Un carro de heno también formó parte en 1563 de una procesión en Amberes; de acuerdo con un relato de la época, estaba conducido por un diablo llamado Mentiroso, e iba seguido de hombres de todas clases recogiendo el heno, mostrando que los bienes terrenales son *al hoy* (todo heno). «Al final, es *al hoy*» dice el estribillo de una canción de la misma época.

Si bien la noticia de estos carros de heno es de unos años después de la muerte del Bosco, probablemente inspirados por su tríptico, éste debía tener el mismo significado. El hecho de que el carro de heno de 1563 fuera un carro de carnaval ha inducido a algunos eruditos a sugerir que el Bosco estaba influido, a su vez, por el mismo tipo de des-

57 EL BOSCO *Demonios arrastrando el carro de heno al Infierno*, detalle de la il. 60, panel central ►

files. Sea como sea, la disposición general de su carro de heno, con sus muchos participantes, recuerda las procesiones alegóricas, sobre todo los *Triunfos* de Petrarca, que aparecen en tantos grabados y tapices de 56
los siglos XV y XVI. El Bosco pudo tener en mente estos ejemplos cuando compuso su propio Triunfo del Pecado.

Al igual que la *Mesa de los Pecados Capitales*, *El carro de heno* muestra a la humanidad entregada al pecado, apartada por completo de la ley de Dios e ignorante del destino que le espera. En esta imagen, sin embargo, el Bosco se detiene en uno de los Pecados Capitales: el deseo de los bienes terrenales, la Avaricia, cuyas subcategorías se elaboran en los grupos de figuras adyacentes, de forma muy parecida a como aparecen en los antiguos devocionarios de Virtudes y Vicios. Como se nos advierte en el *Sueño del Rey*, escrito por Laurent Gallus en 1279, la Avaricia conduce a la discordia, a la violencia e incluso al asesinato, todo lo cual se describe gráficamente en el espacio abierto delante del carro. Si los príncipes y prelados avanzan complacientes tras el carro, manteniéndose apartados de la disputa, es porque el montón de heno está, por así decirlo, en posesión de ellos; son, pues, culpables del pecado de Soberbia. La Avaricia también lleva al hombre al fraude y al

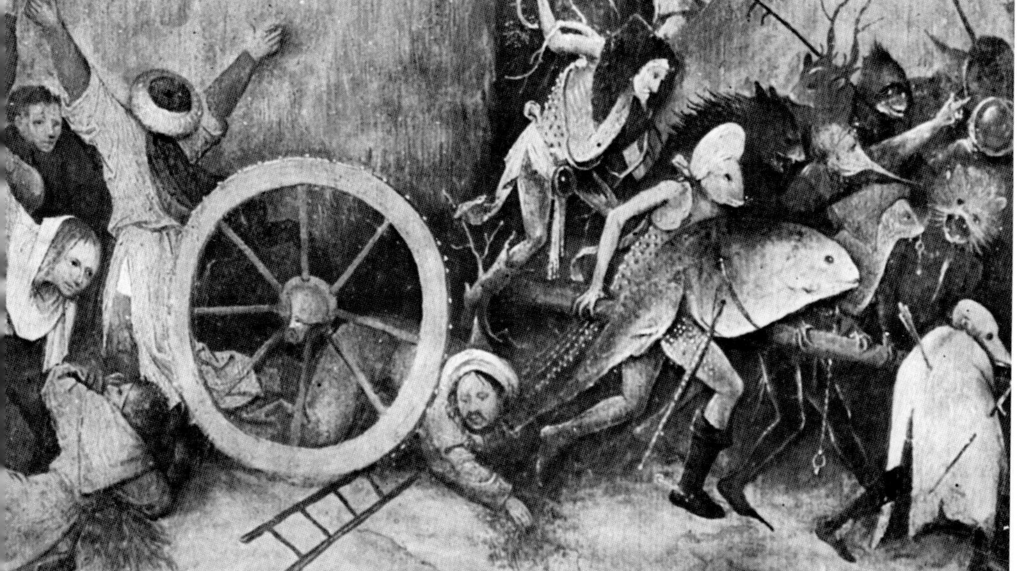

engaño; el hombre de alto sombrero, acompañado por un niño, es probablemente un falso mendigo, como los protegidos por la Vieja Avaricia en el *Peregrinaje de la vida del hombre* de Deguilleville. El médi-
58 co charlatán del centro ha puesto su mesa con cartas y tarros para impresionar a su víctima; la bolsa, a su lado, llena de heno, alude a sus ganancias mal obtenidas. Varias monjas, abajo y a la derecha, meten heno en un gran saco, vigiladas por una abadesa sentada, cuya amplia cintura revela su inclinación a la gula.

El significado de otros grupos no está muy claro, y también puede
59 extrañarnos la presencia de los amantes encima de la carga de heno. Que ilustran el pecado de la Lujuria lo sabemos por la aparición de personajes semejantes en la *Mesa* del Prado, y puede argüirse que la búsqueda de los placeres de la carne implica el gasto y no la acumulación de los bienes terrenales. Ya en el siglo V Prudencio se había referido a la estrecha relación entre la Lujuria y la Avaricia, las cuales, con frecuencia, aparecen unidas en esculturas medievales. Tal como explica el autor anónimo del *Espejo del Cristiano*, citando a san Gregorio: «Ha hecho un tabernáculo a los demonios que trabajan en este mundo por la riqueza y la fama y, después de haberlas conseguido, se entrega a la lascivia, de modo que la lascivia puede dilapidar cuanto la codicia ha reunido». Quizá pueda observarse una distinción social entre la pareja rústica que se besa en los arbustos y la más elegantemente vestida

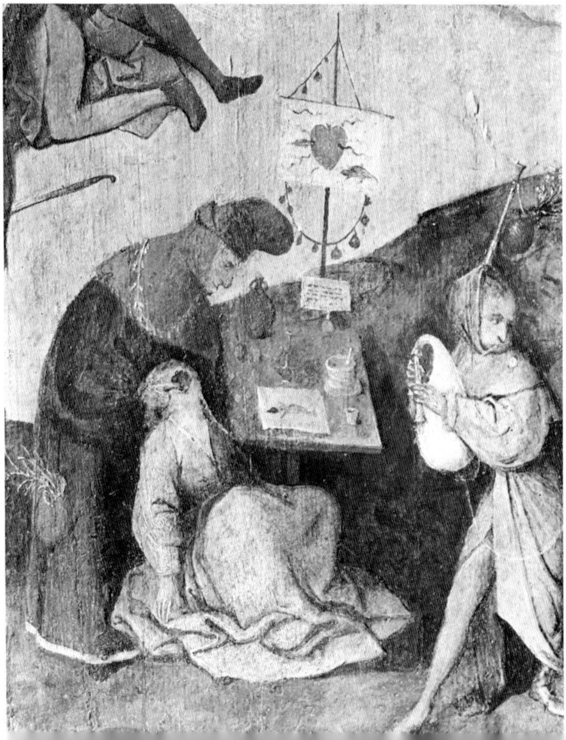

58 EL BOSCO
El médico charlatán, detalle de la il. 60, panel central

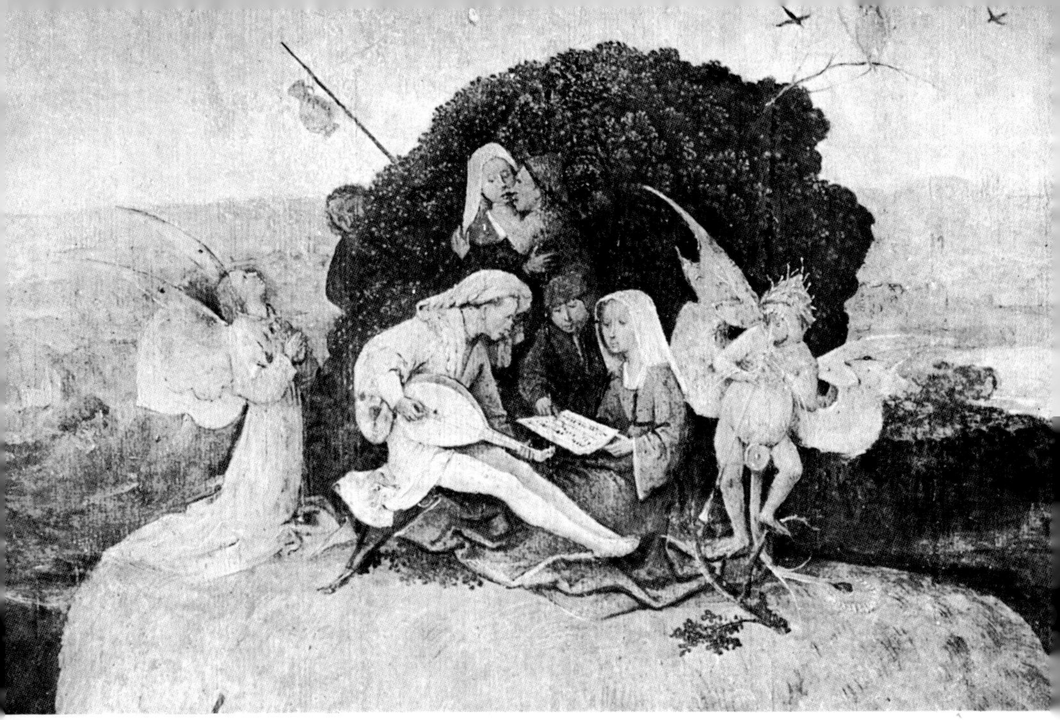

59 EL BOSCO *Amantes encima del carro de heno*, detalle de la il. 60, panel central

que toca la música. Su música es, sin duda, la de la carne, porque el diablo, que está al lado y sopla su tonada por la nariz en una flauta, ya ha distraído a la pareja del ángel orante de la izquierda.

Tales detalles sirven para reforzar el tema básico, el triunfo de la Avaricia. La propia imagen del carro de heno tiene otra función metafórica. En el siglo XVI, el heno poseía también connotaciones de falsedad y engaño y «llevar en el carro de heno» a alguien era burlarlo o estafarlo. Cuando leemos que el demonio que llevaba el carro de heno en 1563 se llamaba «Mentiroso», y vemos que el demonio músico subido en el carro del Prado es azul, el color tradicional del engaño, todas las implicaciones de la carga de heno del Bosco se hacen claras. No sólo que las riquezas y honores del mundo no tienen un valor intrínseco, sino que también son los útiles que Satán y sus huestes emplean como cebo para llevar a los hombres a su destrucción.

La composición del Infierno del ala derecha de *El carro de heno* está entre el panorama discursivo de *El Juicio Final* de Viena y la simplici-

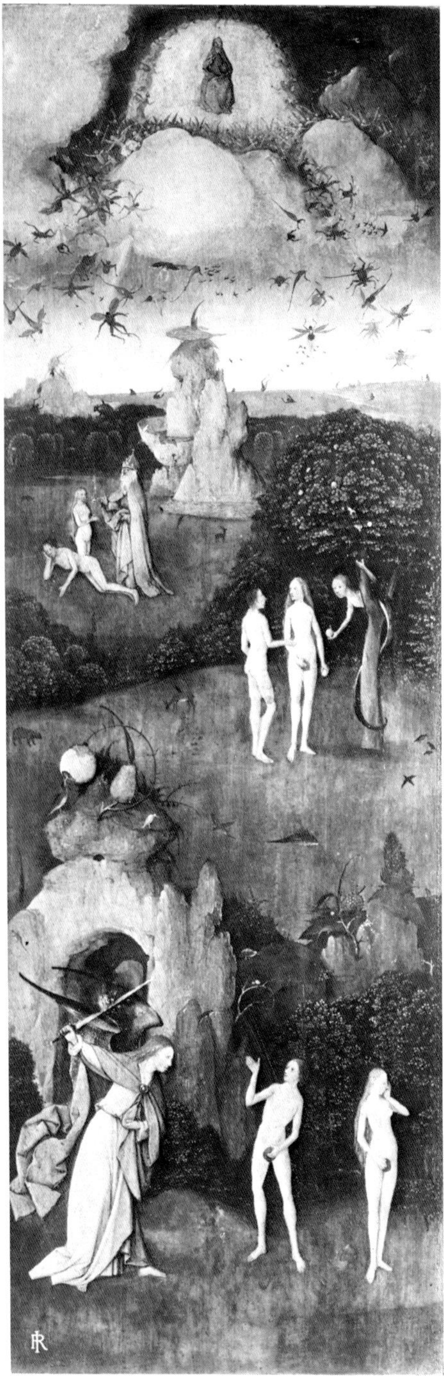

ala izquierda

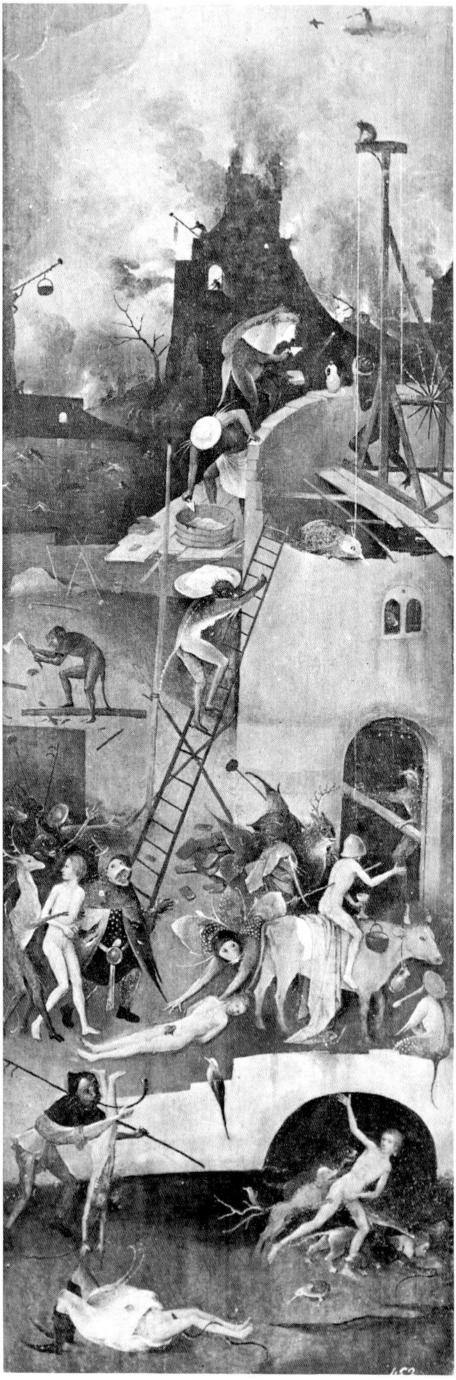

ala derecha

 EL BOSCO tríptico de *El carro de heno*

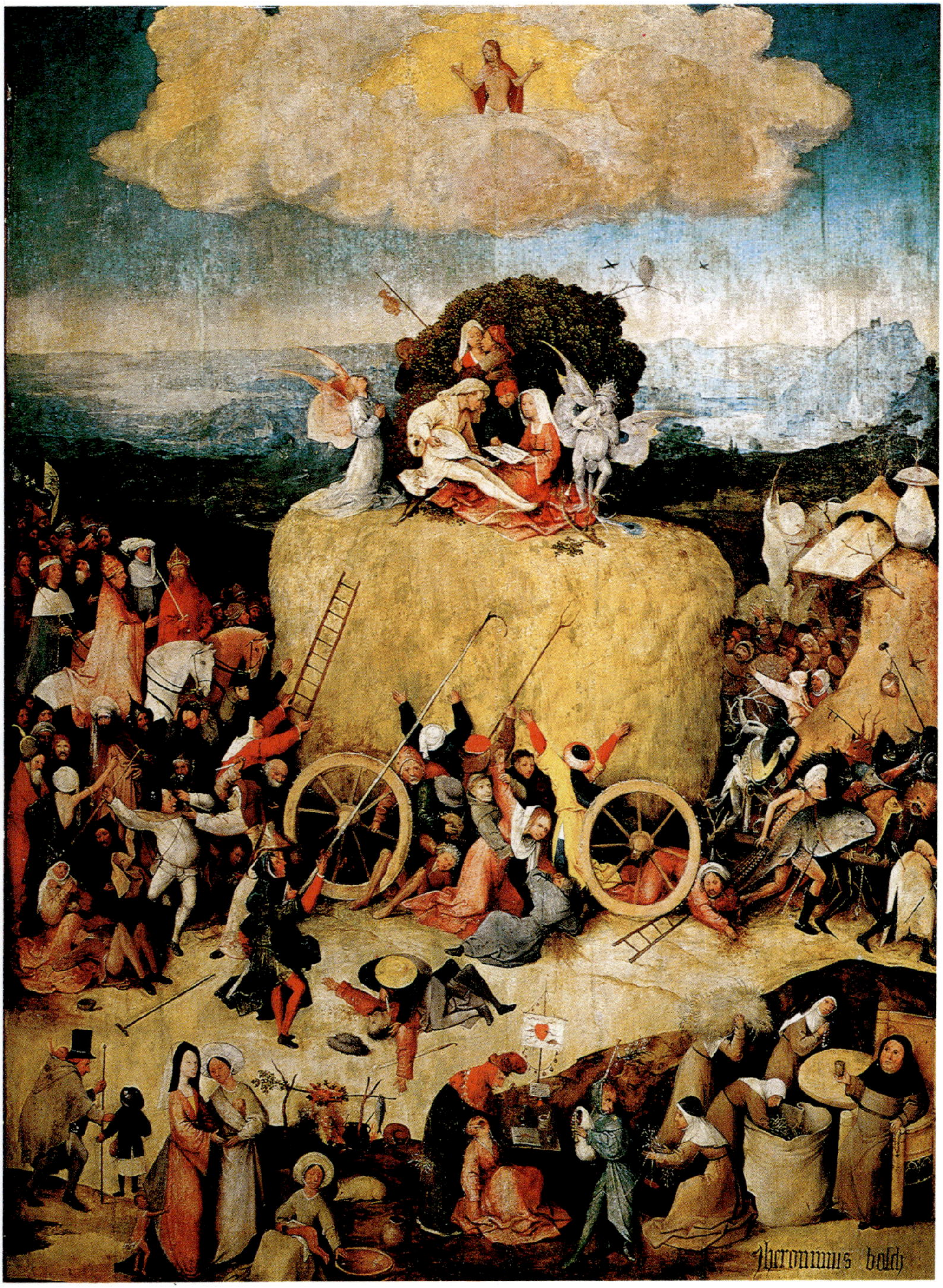

panel central

dad monumental de la tabla del *Infierno* de Venecia. Reminiscencias de esta última son también la silueta de las altas ruinas incendiadas sobre el fondo llameante y las almas condenadas luchando desesperadamente en el lago de abajo, si bien el primer término está dominado por un
61 motivo novedoso, la torre circular, cuyo proceso de construcción se muestra en detalle. Un demonio sube por una escalera y lleva mortero fresco a los demonios albañiles del andamio de arriba, mientras un compañero suyo de piel oscura iza una viga del suelo con una polea. El significado de tanta actividad no está claro. Las torres abundan en las descripciones medievales del Infierno, pero los diablos suelen estar muy ocupados con sus víctimas para poder dedicarse a tareas arquitectónicas. Sin embargo, san Gregorio cuenta una visión del Cielo, en la cual las casas se construyen con ladrillos de oro, donde cada ladrillo representa una «limosna» o acto caritativo de alguien en la tierra, y la casa es para alojar a las almas benditas. Quizá el Bosco haya querido representar la contrapartida de estas mansiones celestiales, en las cuales la avaricia, y no las limosnas, sirve de ladrillo. En su comentario sobre

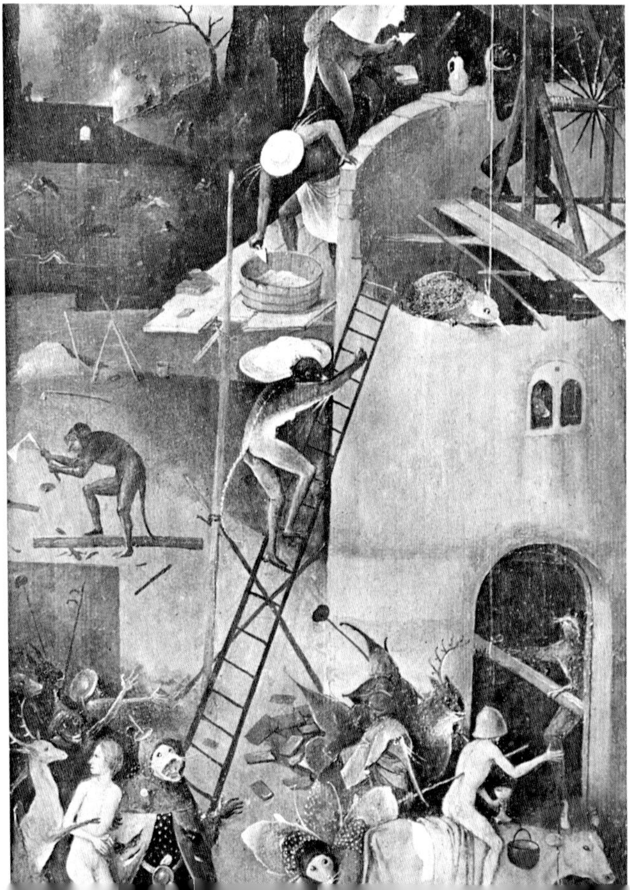

61 EL BOSCO
La torre del Infierno, detalle de la il. 60, ala derecha.

El carro de heno de 1605, Sigüenza expresa una idea parecida cuando dice que la torre se construye para quienes van al Infierno; las piedras son las «almas de los réprobos condenados». Por otro lado, la torre del Bosco puede ser una parodia de la Torre de Babel, con la cual los hombres quisieron llegar a las puertas del Cielo. Si así fuera, simbolizaría la Soberbia, el pecado que causó la caída de los Ángeles Rebeldes y que, como ya hemos visto, está representada por el príncipe y el prelado mundanos y sus séquitos, todos tras el carro de heno.

Otros castigos pueden relacionarse con los pecados del panel central. Sobre el puente que conduce a la torre infernal, un grupo de demonios martiriza a una pobre alma desnuda, subida en una vaca. Esta figura está inspirada seguramente en la visión de Tundale, quien, durante su visita al Infierno, se ve obligado a llevar una vaca por un estrecho puente, como castigo por haber robado ganado a un vecino. En el puente se encuentra con quienes han robado en iglesias y cometido otros actos sacrílegos, detalle que puede estar sugerido por el cáliz eucarístico que lleva en la mano la figura del Bosco. El hombre en el suelo, con un sapo que muerde sus genitales, sufre el destino de los lascivos, mientras su codicia se ve castigada adecuadamente por un monstruo en forma de pez. Sobre él, un demonio cazador hace sonar el cuerno y lleva a su presa humana colgada como a un conejo de un palo. Varios perros preceden a su amo y acosan a una pareja debajo del puente. Aunque este episodio difícilmente puede relacionarse con un pecado específico, en la literatura medieval aparecen con frecuencia los perros infernales, y el mismo Satán es descrito como cazador de almas, y como tal aparece en el margen de un manuscrito inglés del siglo XIV. *62*

Por complejas que sean las ramificaciones, el significado básico de *El carro de heno* es bien sencillo. Aunque no conociéramos el empleo metafórico del heno en el siglo XVI, podemos captar fácilmente el he-

62 *Tres almas arrastradas al Diablo por perros infernales,* detalle de las *Horas de Taymouth,* manuscrito inglés, primera mitad del siglo XIV

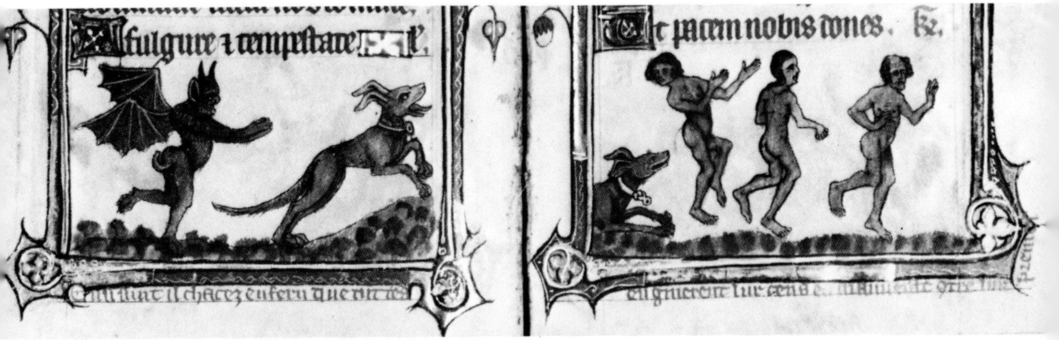

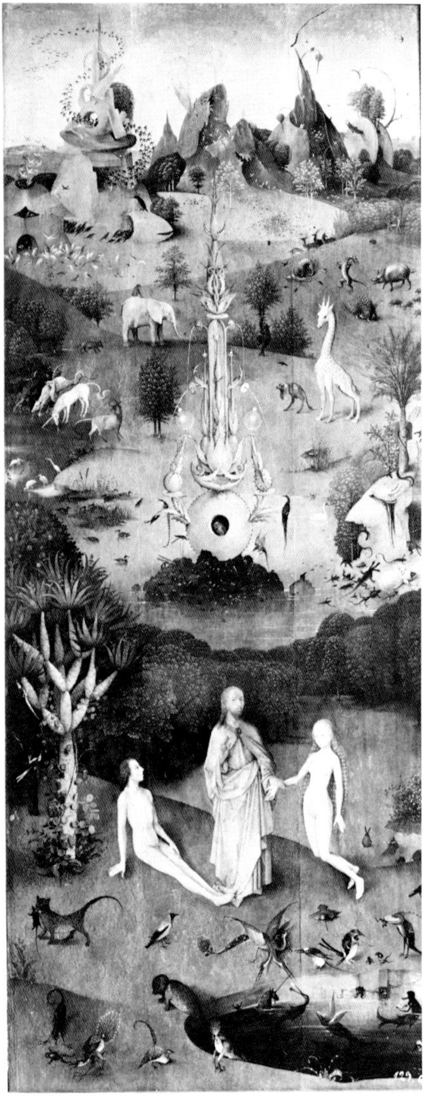

ala izquierda

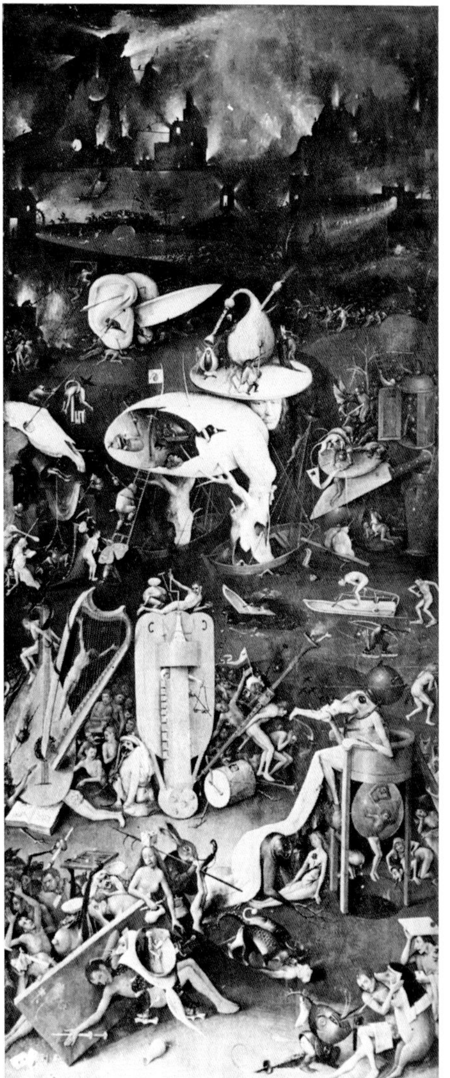

ala derecha

63 EL BOSCO *El Jardín de las Delicias*, tríptico

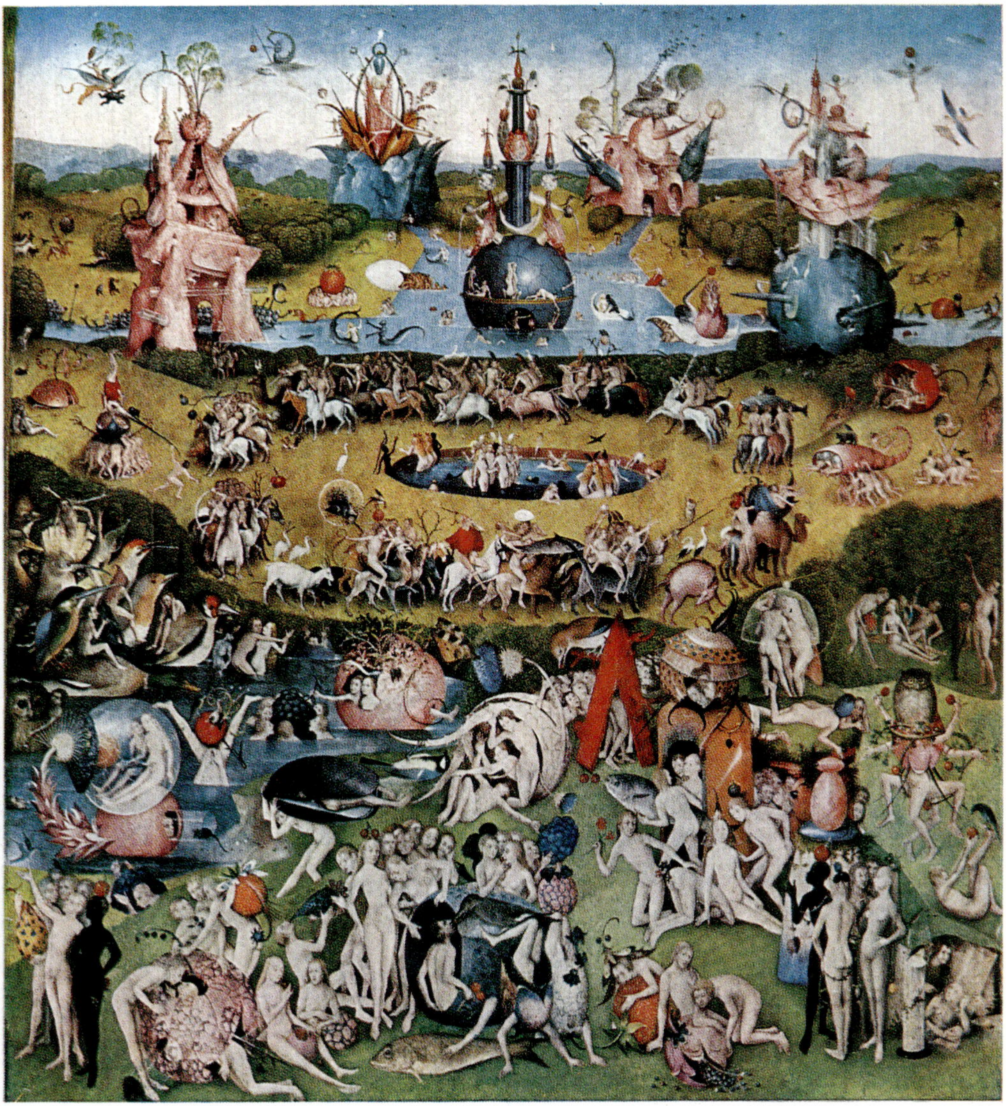

panel central

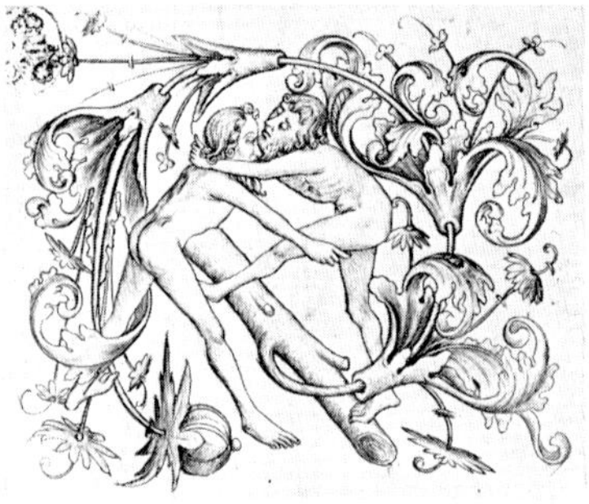

64 MAESTRO DE LA PASIÓN DE BERLÍN *Dos hombres luchando en una ornamentación floral*, siglo XV

cho de que el Bosco comenta un aspecto ingrato de la naturaleza humana. Pero esto no es aplicable al tríptico conocido indistintamente
63 como *El Jardín de las Delicias* o *Paraíso Terrenal*.

A primera vista, el panel central nos sitúa ante un idilio, único en la obra del Bosco: la amplia vista de un jardín, lleno de hombres y mujeres desnudos que mordisquean frutos gigantescos, rodeados de pájaros y bestias, retozando en el agua y, sobre todo, entregados abiertamente y sin recato a ejercicios amorosos. Un círculo de jinetes gira como un gran carrusel alrededor de un estanque, con doncellas en el centro, y varias figuras hienden el aire con delicadas alas. Este tríptico está mejor conservado que la mayoría de los grandes retablos del Bosco; el tono libertino del panel central queda bien realzado por la luminosidad clara y uniforme, la ausencia de sombras y los colores brillantes de alto registro. Los cuerpos pálidos de los moradores, acentuados por alguna figura ocasional de piel oscura, brillan como flores exóticas sobre la hierba y el follaje. Tras las alegres y coloridas fuentes y los pabellones del lago, al fondo una suave línea de colinas se funde en la distancia. Las figuras diminutas y las grandes e imaginativas formas vegetales parecen tan inocuas como los ornamentos medievales que sin duda las
64 inspiraron. Cuando nos situamos ante este cuadro es difícil no estar de acuerdo con Fraenger, cuando dice que los amantes desnudos «gozan pacíficamente del jardín sereno en vegetativa inocencia, al unísono con animales y plantas, y la sexualidad que los inspira es pura alegría, pura bienaventuranza». En efecto, parece como si estuviéramos ante la infancia del mundo, la Edad Dorada descrita por Hesíodo, cuando hombres y bestias vivían juntos y en paz, y la tierra daba frutos abundantes y sin esfuerzo. O, dicho en términos más actuales, el jardín del Bosco es una especie de amor universal.

Pero hay que rechazar que todos estos amantes desnudos sean una apoteosis de la sexualidad inocente. El acto sexual, que el siglo XX ha aprendido a aceptar como una parte normal de la condición humana,

en la Edad Media era visto, casi siempre, como prueba de la caída del hombre de su estado angelical; en el mejor de los casos como un mal necesario; en el peor, como un pecado mortal. Que el Bosco y sus patronos compartían este punto de vista lo sabemos, claro es, por los contextos en que aparecen estos amantes en sus otras obras, y esto se confirma cuando comprobamos que su jardín, como el carro de heno, está situado entre el Edén y el Infierno, el origen del pecado y su casti- *22, 59*
go. Así como *El carro de heno* describe la ganancia o la Avaricia, *El Jardín de las Delicias* describe la vida sensual o, más específicamente, el pecado mortal de la Lujuria.

Algunos aspectos de este pecado se muestran sin ambages, por ejemplo, en la pareja encerrada en una burbuja, abajo a la izquierda, o en la que se esconde dentro de un mejillón; otros parecen entregados a *65*
perversiones sexuales, como el hombre que primero hunde la cabeza en el agua y tapa sus partes pudendas con las manos o, abajo a la derecha, el joven que mete unas flores por el recto de su compañero. Pero, junto a estas representaciones más bien obvias, tambien se alude a la carne en términos metafóricos o simbólicos; por ejemplo, las fresas, que de modo tan destacado aparecen en el paisaje, probablemente simbolizan la insustancialidad de los placeres carnales; ésta es la inter-

65 EL BOSCO *El Jardín de las Delicias*, detalle de la il. 63, panel central

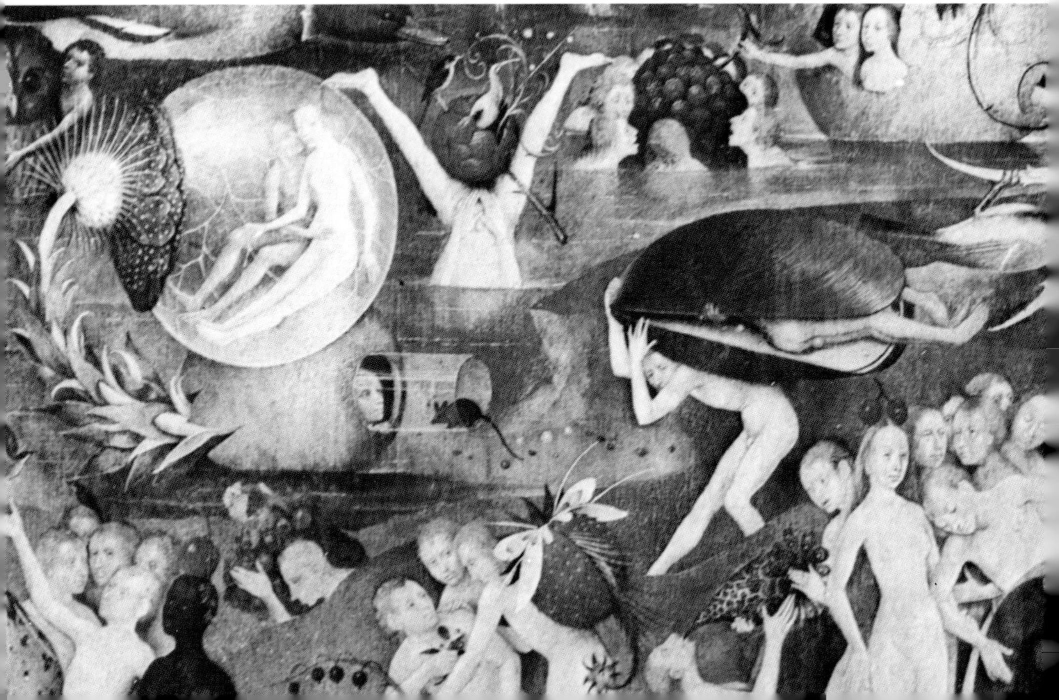

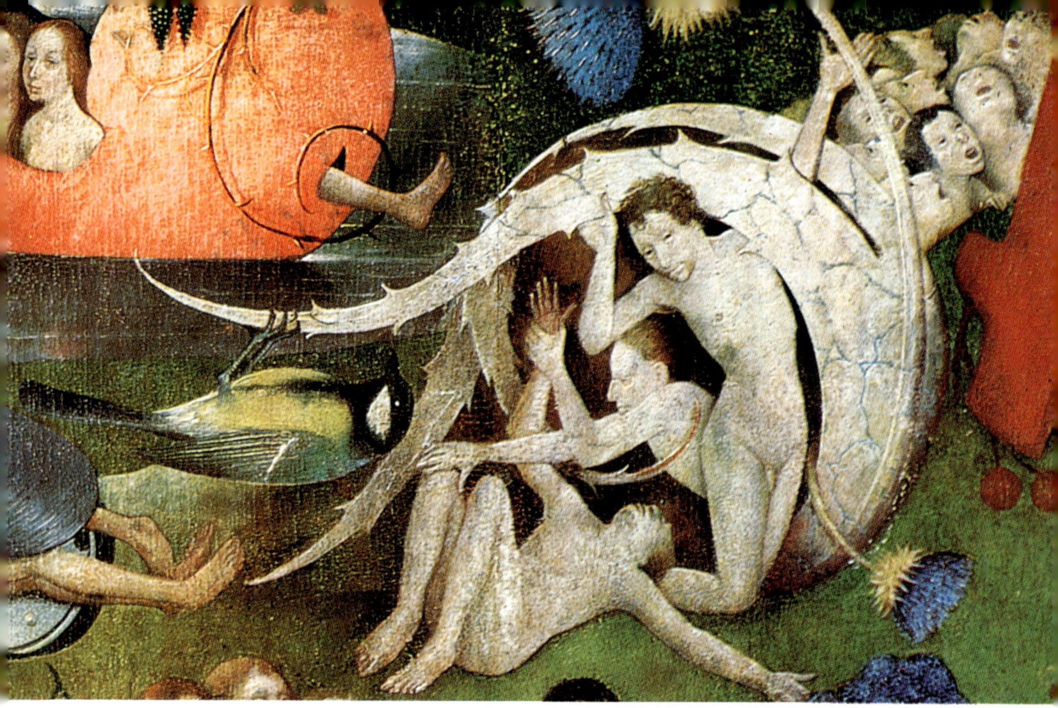

pretación de Sigüenza cuando habla de la «vanidad, gloria y gusto pasajeros de las fresas [cuya] fragancia se disipa apenas sentida». La fresa desempeña aquí el papel del heno en *El carro de heno*.

El tríptico de *El Jardín de las Delicias* ha sido estudiado cuidadosamente por Dirk Bax, cuyo profundo conocimiento de la antigua literatura neerlandesa le ha permitido identificar muchas de las formas del panel central —frutos, animales, estructuras de minerales exóticos— como símbolos eróticos tomados de canciones y dichos populares de la época del Bosco. Por ejemplo, muchos de los frutos que toman o mordisquean los amantes sirven como metáforas de órganos sexuales; el pez que se muestra dos veces en el primer término tenía una acepción fálica en los viejos refranes neerlandeses. El grupo de jóvenes que recoge frutas en el término medio posee también connotaciones eróticas: «robar fruta» (o flores) era un eufemismo para referirse al acto sexual. Más interesante, quizá, sean las grandes frutas ahuecadas o pie-
66 les de fruta, dentro de las cuales se introducen algunas figuras. Bax lo ve como un juego de la palabra holandesa medieval *schel* o *schil*, con el doble significado de «corteza» de un fruto y «riña» o «controversia». Por tanto, estar en un *schel* era contender con un adversario, y esto incluía el combate más placentero del amor. Por otro lado, la corteza,

◀ 66 EL BOSCO *Figuras desnudas en el interior de un fruto*, detalle de la il. 63, panel central

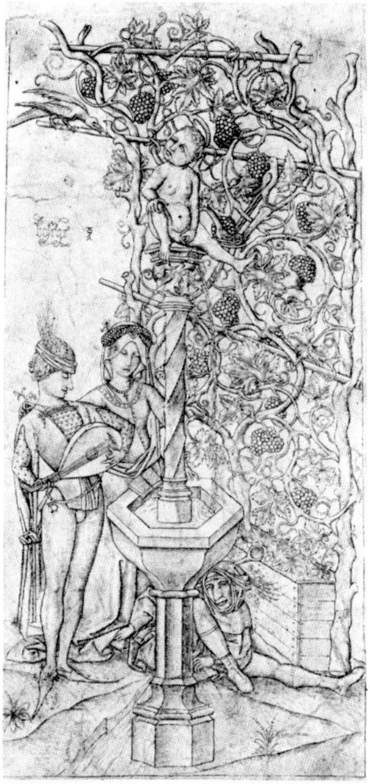

67 ALART DU HAMEEL
Pareja de amantes y un loco junto a una fuente

por sí sola, significaba vacuidad. El Bosco no podía elegir un signo más apropiado para el pecado, puesto que, después de todo, fue una fruta la que ocasionó la caída de Adán.

Aunque algunos detalles de la interpretación de Bax han sido cuestionados por otros eruditos, casi toda ella es bastante acertada, y señala tanto la complejidad de la iconografía del Bosco como la gran variedad de sus fuentes. Pero repetir todos los hallazgos de Bax sobre este tema haría de este libro una enciclopedia de folclore neerlandés; no menos importante para la comprensión del cuadro son los temas básicos que el Bosco emplea como marco para su multitud de figuras y formas simbólicas.

En primer lugar, es significativo que el Bosco concibiera su imagen del placer carnal como un gran parque o jardín extenso. El jardín había sido durante siglos el escenario de amantes y del acto amoroso. El más famoso de los jardines de amor medievales fue el descrito en el *Romance de la Rosa*, un largo poema alegórico del siglo XIII; traducido a muchas lenguas, también a la neerlandesa, inspiró numerosas imitaciones en el arte y la literatura posteriores. Estos jardines del amor contienen siempre bellas flores, pájaros de melifluo canto y una fuente en el centro, alrededor de la cual se reúnen los amantes para pasear o

cantar, como puede verse en muchos tapices y grabados de la época del Bosco, y es indudable que éste conocía esta tradición. Un jardín
67 del amor reducido aparece en un grabado de su cofrade Alart Du Hameel, y el mismo Bosco usó elementos parecidos en una de sus prime-
22 ras escenas de la Lujuria en la *Mesa* del Prado. Es evidente que en *El Jardín de las Delicias* ha incorporado más elementos de la iconografía tradicional, como la fuente y los pabellones que dominan el lago en el fondo. Estas brillantes formas, curiosamente labradas, son, de hecho, apenas más fantásticas que las fuentes y edificios construidos en oro, cristal, coral y otras materias preciosas, descritos literariamente en otros «Jardines del Amor».

Así, aunque *El Jardín de las Delicias* debe mucho a los jardines del amor convencionales, los moradores de éstos suelen mostrar una conducta bastante más discreta; raramente juegan desnudos o hacen el amor en el agua. Sin embargo, la relación del amor y del acto sexual con el agua estaba firmemente establecida en tiempos del Bosco. En las escenas de «trabajos del mes», mayo, el mes del amor, se ilustra con amantes abrazados en una bañera. Los grabados astrológicos suelen mostrar a los «hijos de Venus» como parejas mixtas bañándose *al fresco*, mientras que «nadar en el baño de Venus», tal como nos dice Bax, era una expresión neerlandesa del siglo XVI para estar enamorado. Incluso las representaciones de la Fuente (o el Estanque) de la Ju-

68 MAESTRO DE LAS BANDEROLAS *Estanque de la Juventud*

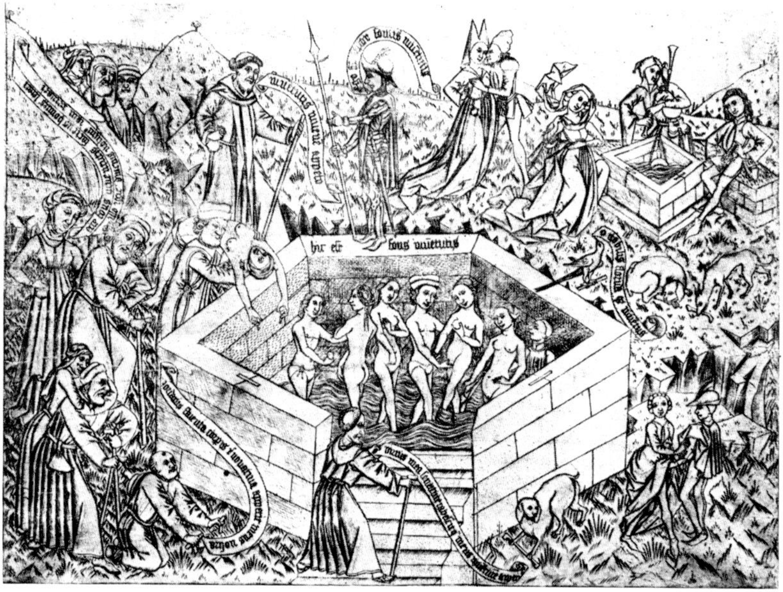

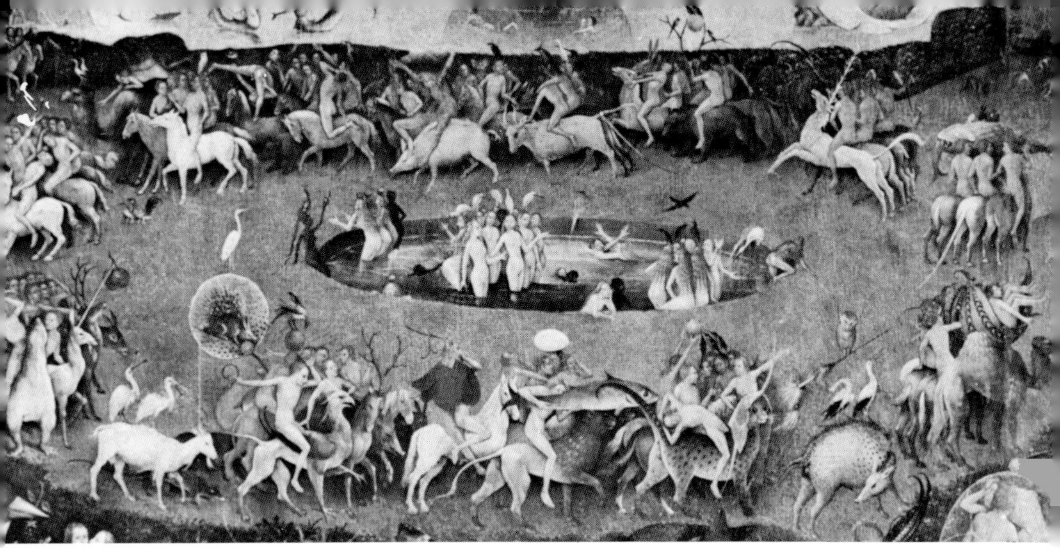

69 EL BOSCO *Carrusel de los hombres y estanque de las mujeres*, detalle de la il. 63, panel central

ventud tomaban frecuentemente un giro erótico; esto puede verse en un grabado alemán de *c*. 1460, donde los bañistas emplean su renovado vigor en juegos amorosos. Si bien el Bosco no muestra en términos estrictos una Fuente de la Juventud, ya que nadie va a rejuvenecer, este grabado u otros parecidos pueden haber inspirado los juegos acuáticos al aire libre de *El Jardín de las Delicias*. *68*

Al Jardín del Amor y a la Fuente de Venus se le puede añadir un tercer tema principal en *El Jardín de las Delicias*. En el lago, el baño es promiscuo, pero en el término medio los sexos están cuidadosamente separados. El estanque circular está ocupado únicamente por mujeres, *69* mientras los hombres cabalgan alrededor, a lomos de animales de distintas especies. La locura de los jinetes acróbatas, uno dando un salto mortal sobre su montura, sugiere que están excitados por la presencia femenina; una mujer ya está saliendo del agua. Evidentemente, el Bosco muestra así la atracción sexual entre hombres y mujeres, y no deja de ser significativo que el estanque y el carrusel ocupen el centro del jardín, como fuente y etapa inicial de cualquier otra actividad. Para los moralistas medievales, que no eran muy galantes en estos temas, la mujer era quien tomaba la iniciativa de llevar al hombre al pecado y a la lascivia, siguiendo el precedente establecido por Eva. El poder de la mujer solía representarse situándola en medio de un círculo de admiradores. Así, en un grabado de Israhel van Meckenem, del final del *70* siglo XV, un grupo de hombres hacen cabriolas alrededor de una jo-

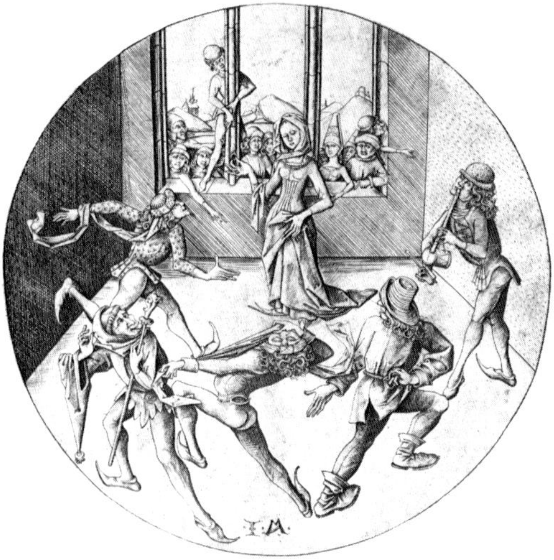

70 ISRAHEL VAN MECKENEM
Danza de Morris

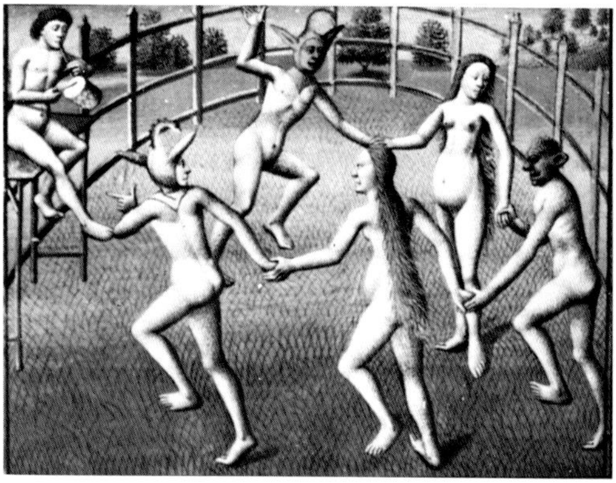

71 *Juegos obscenos de los antiguos romanos*, de *La ciudad de Dios* de san Agustín, *c.* 1478

ven; probablemente se trate de la Danza de Morris, un antiguo rito de la fertilidad, y la presencia del loco indica la intención moralizadora del grabado. Por medio de danzas parecidas, los locos demuestran su sumisión a la «Señora Venus» en varias comedias carnavalescas alemanas a principios del siglo XVI, y Brant también describe a las víctimas del amor en una danza frenética. El movimiento circular y la agitación de los danzantes de Van Meckenem anticipan el carrusel en *El Jardín de las Delicias*, pero el Bosco ha aumentado el número de participantes de
72 ambos sexos, y los hombres, en lugar de danzar, cabalgan. Tradicionalmente, los animales han simbolizado los apetitos más bajos o irracionales y las personificaciones de los Pecados solían describirse a lomos de varias bestias; por último, el acto de cabalgar se ha empleado comúnmente como una metáfora del acto sexual.

De este modo, el Bosco, para su imagen del placer sensual, combina varios temas eróticos de la Edad Media dentro del marco del Jardín del Amor, al igual que hiciera Brant con el barco para unificar sus sátiras sobre la locura humana. Pero el Bosco no fue el único artista en acudir al tradicional jardín del amor para simbolizar la Lujuria. En un manus-
71 crito del siglo XV de *La ciudad de Dios*, de san Agustín, la condena que el autor hace de las costumbres lascivas en la antigua Roma, se ilustra con desnudos danzando en un jardín.

En un análisis final, el significado de *El Jardín de las Delicias* no es

inconsistente con los demás temas moralizantes del Bosco. Como en *La barca de los locos, La muerte del avaro* y *El carro de heno*, también presenta un espejo donde se puede reflejar la locura del hombre. Aun así nos cuesta trabajo aceptar el hecho de que estos amantes despreocupados sean culpables del pecado mortal de la Lujuria. Como Fraenger, podemos objetar que es difícil que la intención del Bosco fuera condenar lo que pintó con formas y colores tan fascinantes. El hombre medieval, sin embargo, era más desconfiado de la belleza material. Se le enseñaba que el pecado se presenta bajo las formas más atractivas, y que tras la amabilidad física y las sensaciones más agradables suele acechar la muerte y la condenación. El mundo visible, en fin, no era distinto a aquellas figuritas de marfil, populares en la época del Bosco, que por un lado mostraban la talla de dos amantes abrazados o de una *74*
mujer voluptuosamente desnuda, y por el otro un cadáver descarnado. En otras palabras, lo que el Bosco nos muestra es un falso paraíso, cuya belleza pasajera conduce a los hombres a la ruina y a la condenación, un tema corriente en la literatura medieval. Lo encontramos, por ejemplo, en la leyenda de Venusberg, el reino subterráneo del amor

72 EL BOSCO *Jinetes masculinos*, detalle de la il. 63, panel central

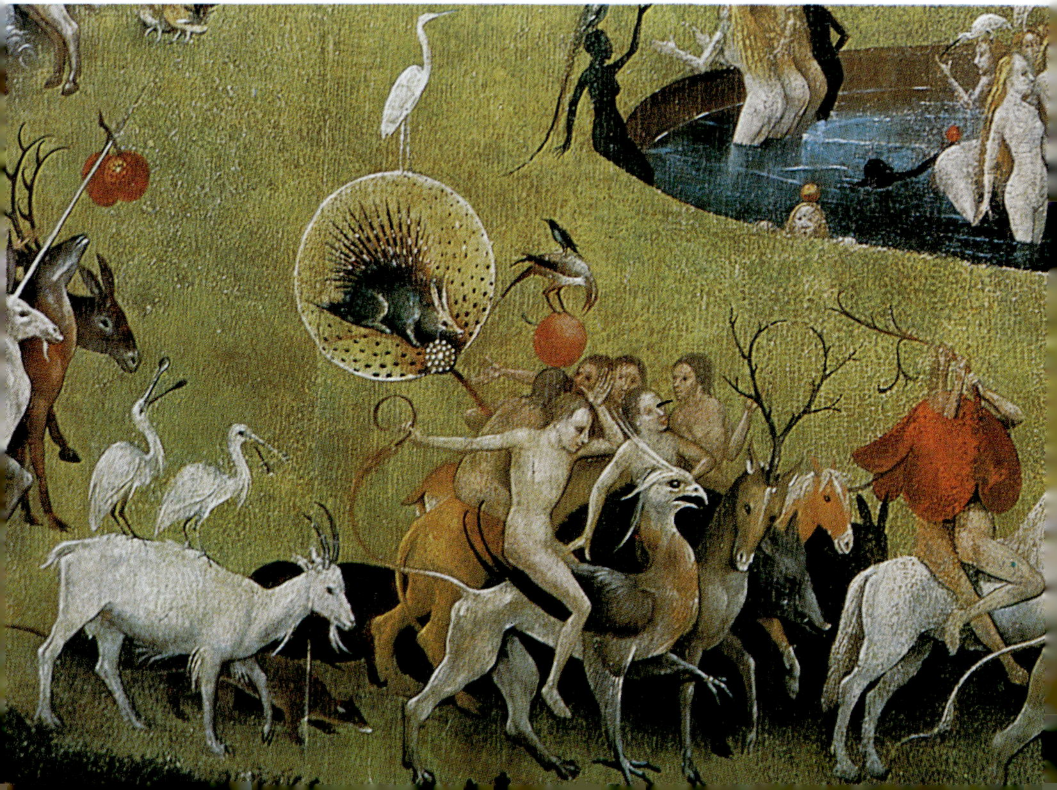

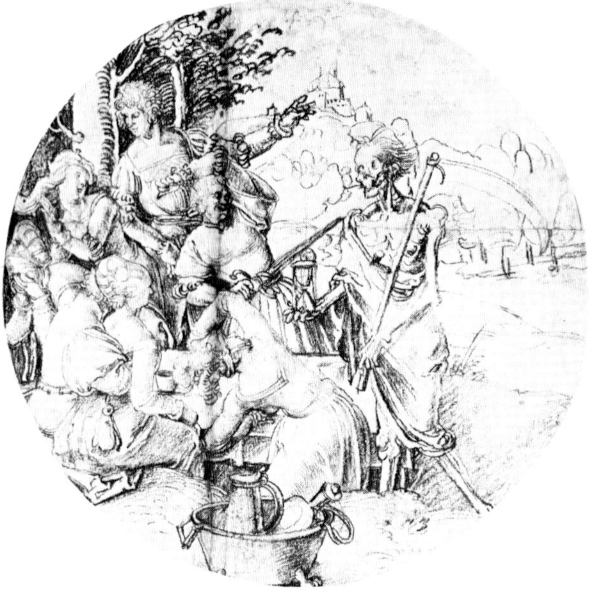

73 Atribuido a ALBERTO DURERO
Amantes en un jardín sorprendidos por la Muerte

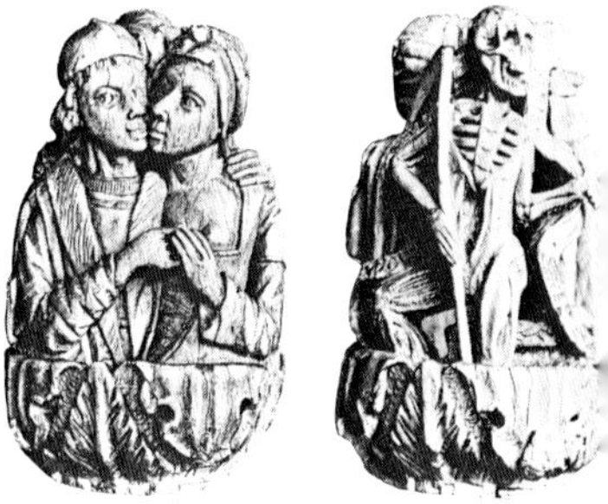

74 *Amantes abrazados*,
francés, final del siglo XV

donde Tannhäuser se detuvo a riesgo de perder su alma. En la segunda parte que Jean de Meun añadió al *Romance de la Rosa*, el jardín de la rosa se compara explícita y desfavorablemente con el auténtico jardín del Cielo. El jardín del Cielo es eterno, pero en el jardín de los amantes, las «danzas acabarán y los danzantes no podrán seguir»; todo decaerá y se derrumbará, porque la Muerte espera a todos. Idea parecida
73 a ésta inspiró algunas imágenes del siglo XVI, con amenos jardines donde gozan los amantes, sin advertir que, tras ellos, los contempla la Muerte.

Volviendo a la versión que el Bosco hace de este tema venerable, Bax ha sugerido que la pilosa pareja, visible a la entrada de la cueva, en la esquina inferior izquierda del jardín, son Adán y Eva después de su expulsión del Edén, cuando, según relatos apócrifos, se refugiaron en una cueva y se vistieron con pieles de animales. La cabeza del hombre detrás de Adán sería la de Noé, quien refundará la raza humana después del Diluvio. Ciertamente, sólo se pueden entender todas las implicaciones de *El Jardín de las Delicias* cuando contemplamos el Jardín del Edén y las demás escenas del tríptico.

75 La Creación del mundo se despliega en las alas exteriores, en tonos apagados de gris y verde-gris. El Creador aparece en una cima entre nubes, en la esquina superior izquierda. En los frescos del techo de la

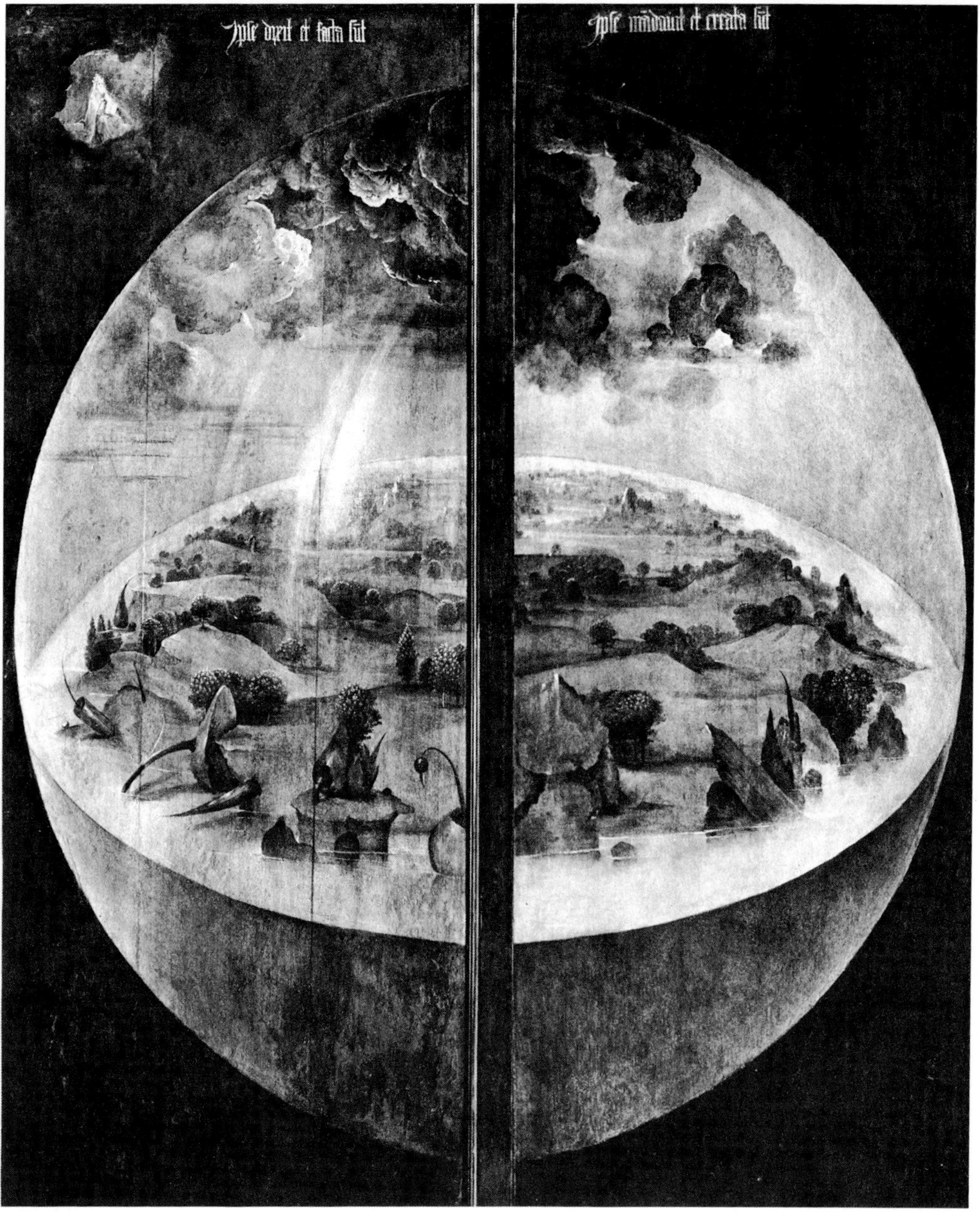

75 EL BOSCO *El Jardín de las Delicias*, alas exteriores del tríptico

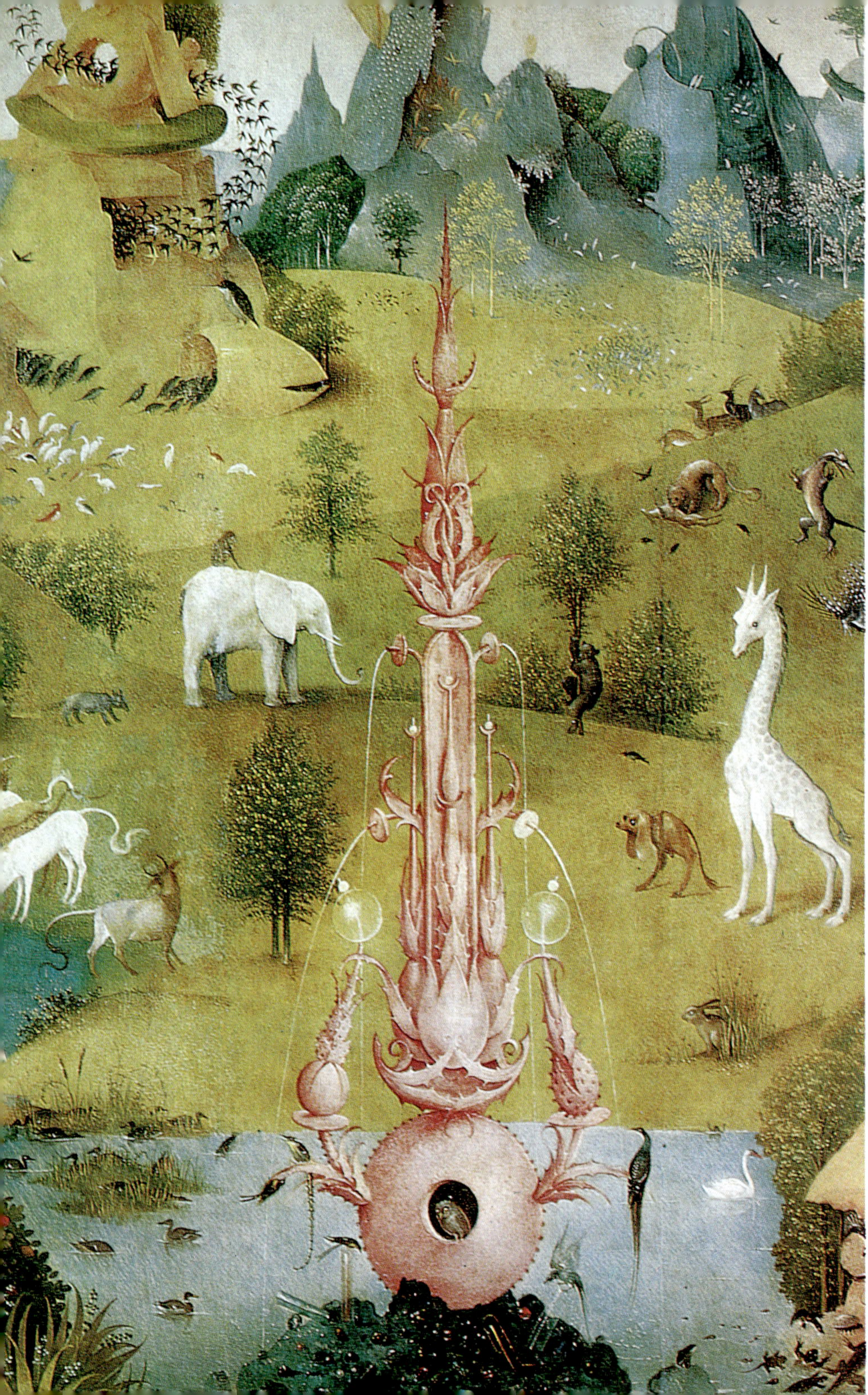

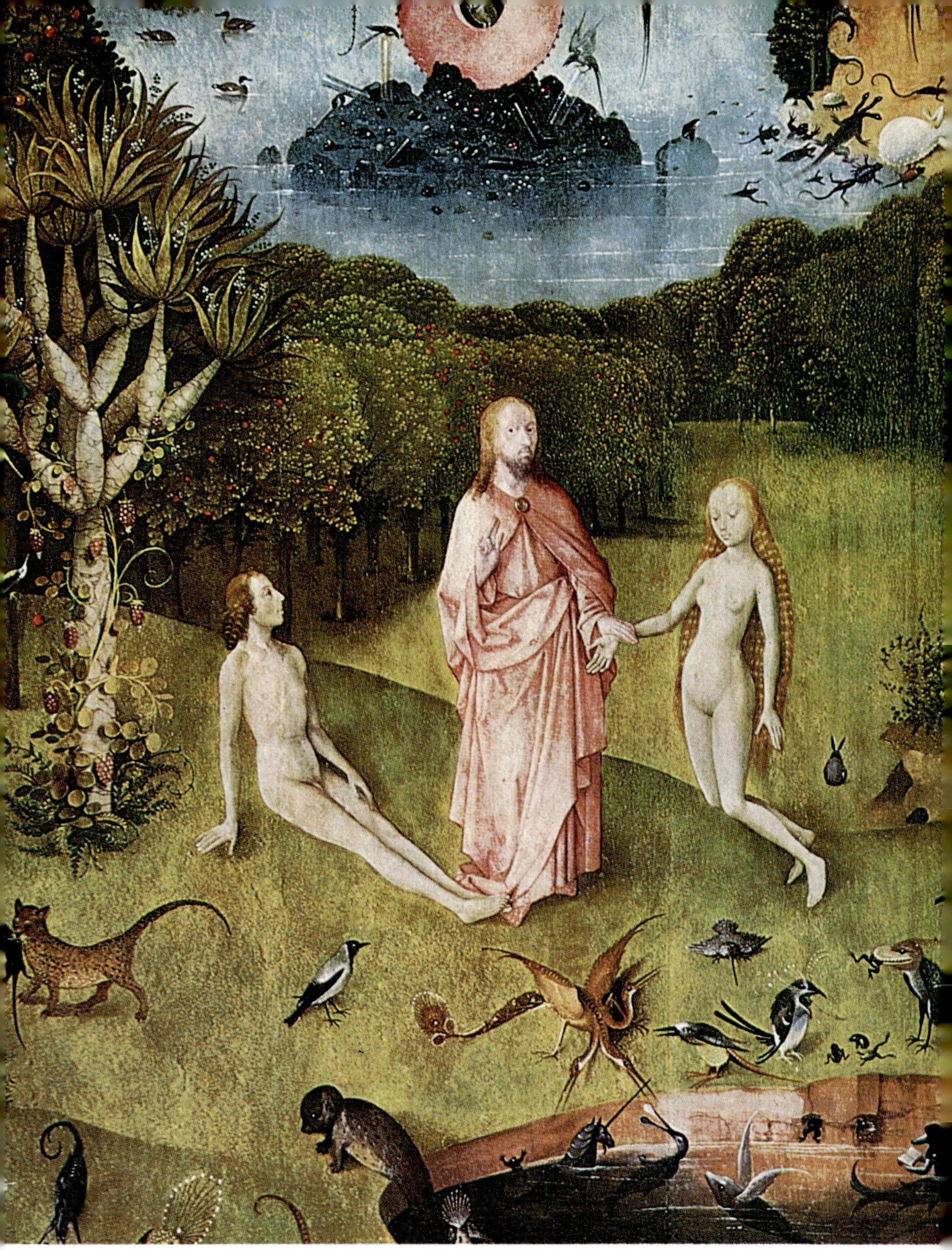

77 EL BOSCO *Dios presentando a Eva ante Adán*, detalle de la il. 63, ala izquierda

◀ 76 EL BOSCO *La fuente de la vida*, detalle de la il. 63, ala izquierda

Sixtina, aproximadamente de la misma fecha, Miguel Ángel representa a Dios como una especie de escultor sobrehumano que da forma con sus propias manos al caos primigenio. El Bosco, por el contrario, sigue el concepto cristiano más tradicional de mostrar a Dios como creador con la Palabra; aparece entronizado y pasivo, sosteniendo un libro, mientras el *fiat* divino se toma del Salmo 33: 9 en una inscripción cercana al borde superior: «Porque Él dijo, y fue hecho; Él mandó y existió». La luz está separada de la oscuridad en el centro del ala y, dentro de la esfera iluminada, las aguas han sido divididas encima y debajo del firmamento. Nubes oscuras de lluvia se arraciman sobre la tierra firme que emerge lentamente de las brumosas aguas inferiores; ya brotan los árboles del húmedo suelo, así como curiosas formas, mitad vegetal, mitad mineral, anticipo de la exótica flora de los paneles interiores. Es la Tierra al tercer día de su creación.

En el reverso del ala izquierda, los grises dan paso a los colores brillantes y se completan los últimos tres días de la Creación. La tierra y los mares se pueblan de enjambres de criaturas vivientes; vemos una jirafa, un elefante y otros animales del todo fabulosos, como un uni-
76 cornio. En el centro se alza la Fuente de la Vida, una esbelta estructura rosada que semeja un delicado tabernáculo gótico. Las gemas preciosas que brillan en el lodo, a sus pies, y algunos de los animales más fantásticos, reflejan probablemente las descripciones medievales de la India, cuyas maravillas habían cautivado a los occidentales desde los tiempos de Alejandro Magno y donde la creencia popular situaba el Paraíso perdido del Edén.

En el primer término de este paisaje antediluviano, no vemos la Tentación y la Expulsión de Adán y Eva, como en *El carro de heno*,
77 sino su unión con Dios. Tomando a Eva de la mano, la presenta al recién despertado Adán, quien mira a su costilla recreada con una mezcla —así lo parece— de sorpresa y anticipación. El mismo Dios es mucho más joven que su contrapartida de barba blanca en las alas exteriores; representa a la Divinidad bajo la forma de Cristo, la segunda persona de la Trinidad, hecha carne por la Palabra de Dios (Juan 1: 14). El casamiento de Adán y Eva por un Dios joven suele verse en manuscritos neerlandeses del siglo XV, y se muestra en el momento de bendecirlos, diciendo las palabras del Génesis 1: 28: «Fructificad y multiplicad, y henchid la tierra, y sojuzgadla, y señoread en los peces de la mar, y en las aves de los cielos, y en todas las bestias que se mueven sobre la tierra». El mandato de Dios de «fructificad y mul-

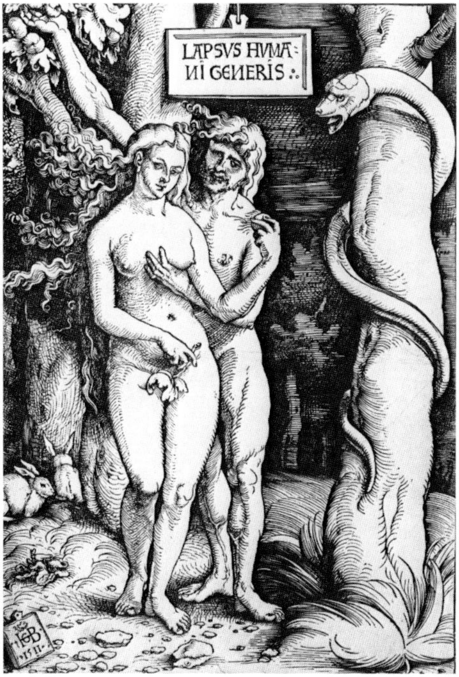

78 HANS BALDUNG GRIEN
Caída del Hombre, 1511

tiplicad», que más adelante también dará a Noé, quizá pudiera interpretarse de modo indulgente para los actos licenciosos que se muestran en el panel central; pero, como ya sabemos, en la Edad Media se pensaba de otra manera. Se creía que, antes de la Caída, Adán y Eva habían copulado sin placer, únicamente con el propósito de tener hijos. Después de la Caída, sin embargo, todo esto cambió; mucha gente creía, de hecho, que el primer pecado cometido después de comer del fruto prohibido había sido el del placer carnal, una interpretación que se refleja en algunas representaciones eróticas de la Caída a principios del siglo XVI. *78*

A este respecto, es significativo que no haya ningún niño en el jardín del panel central, y que sus habitantes, lejos de sojuzgar la tierra, estén de hecho eclipsados por los frutos y las aves gigantes. Por tanto, el jardín no nos muestra el cumplimiento del mandato de Dios a Adán y Eva, sino su perversión. El Hombre ha cambiado el auténtico paraíso por el falso; ha dado la espalda a la Fuente de la Vida para beber de la fuente de la carne, la cual, como la fuente del jardín de la *Rosa*, envenena y produce la muerte.

Al sueño erótico del jardín de los placeres le sigue la pesadilla del ala derecha. Es la visión del Infierno más violenta del Bosco. Los edificios

79 pág. siguiente EL BOSCO *Monstruo con cabeza de pajaro*, detalle de la il. 63, ala derecha

80 pág. 95 EL BOSCO *Hombre-Árbol y edificios ardiendo en el Infierno*, detalle de la il. 63, ala derecha

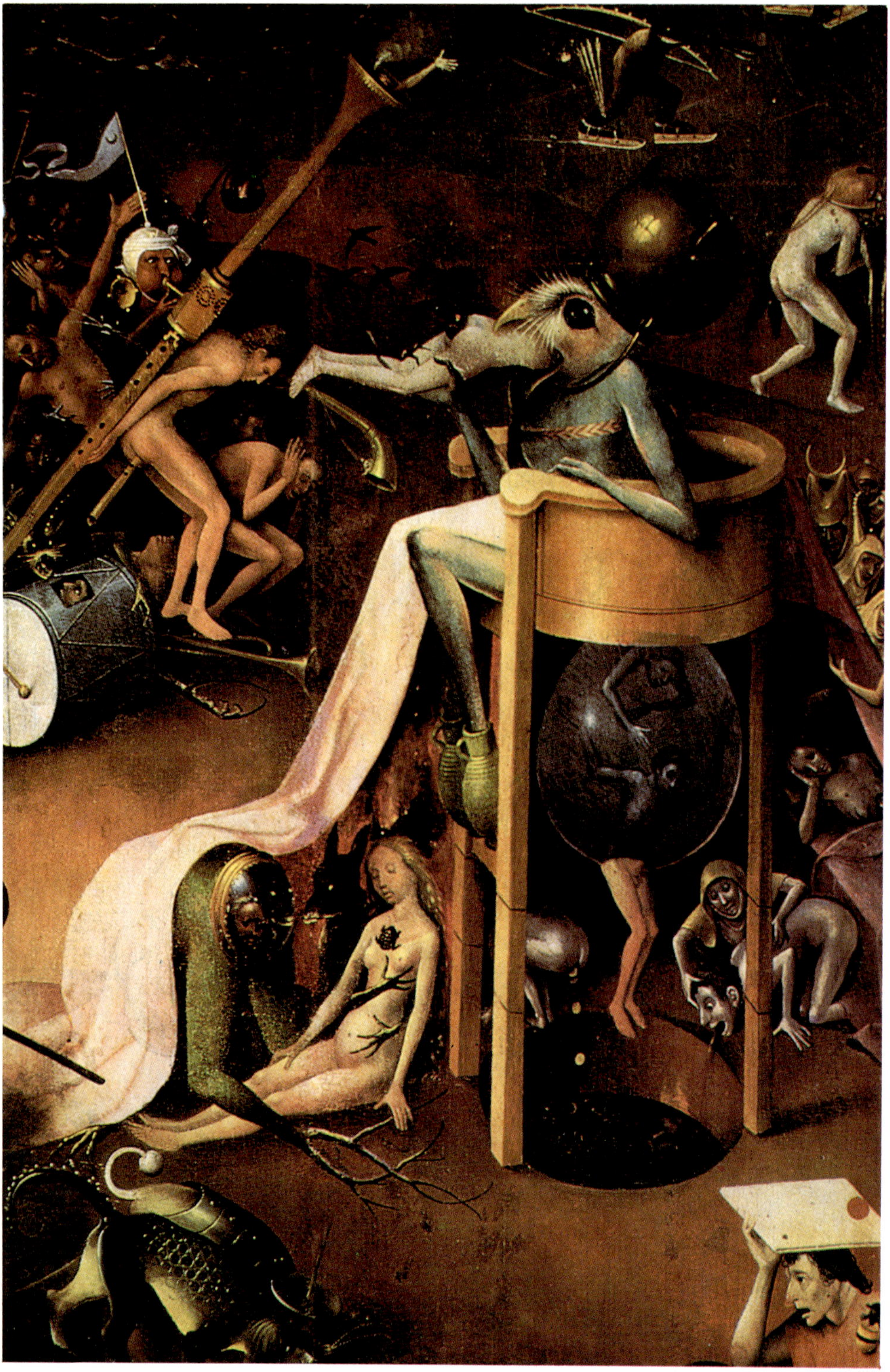

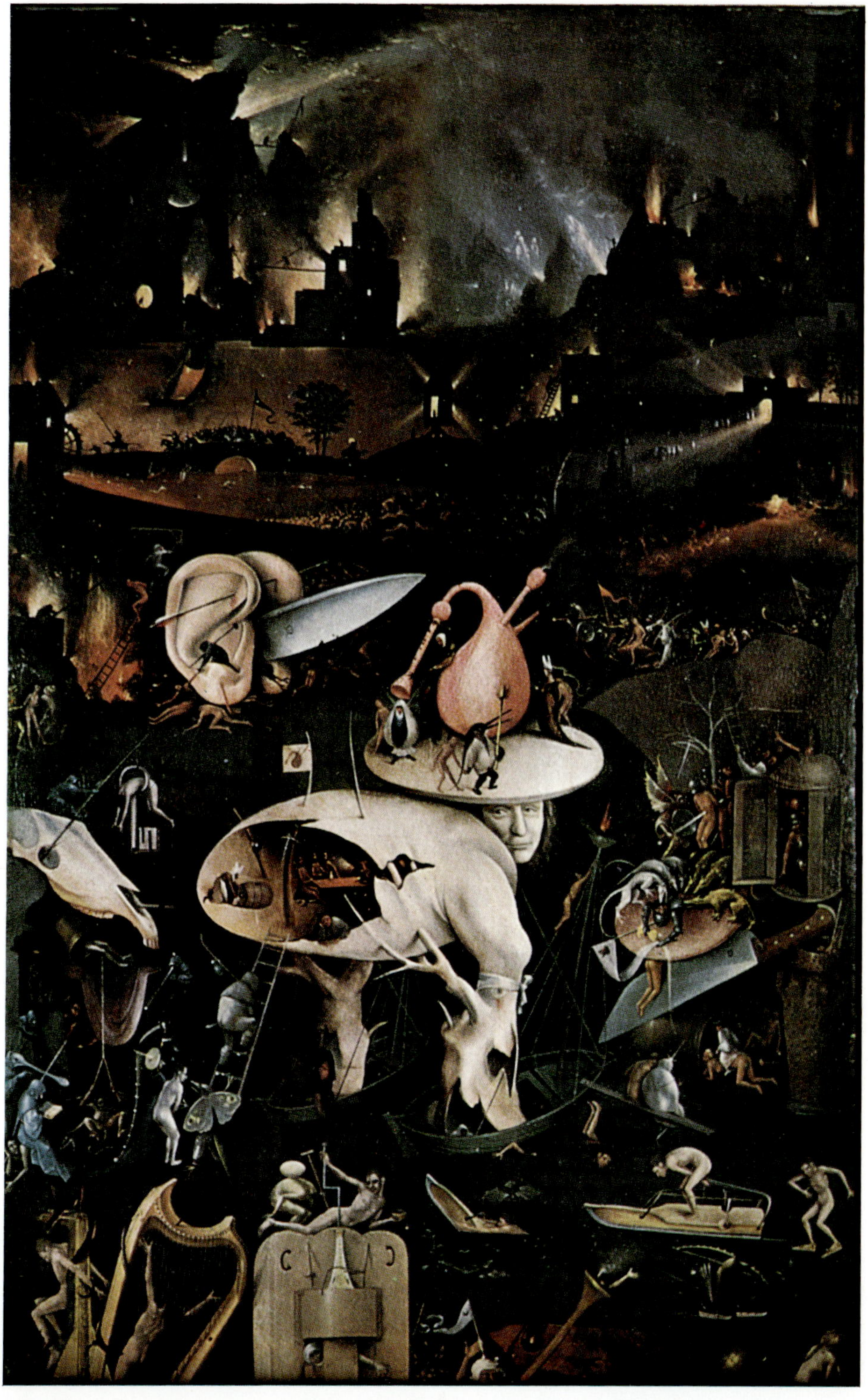

80 no sólo arden, explotan sobre el lóbrego fondo, y el reflejo de las
llamas convierte las aguas en sangre. En el primer término, un conejo
lleva a su víctima sangrante colgada de un palo, motivo que se repite
en todos los infiernos del Bosco, pero esta vez la sangre brota del
vientre como impulsada por una explosión de pólvora. El cazado con-
vertido en cazador expresa a las claras el caos del Infierno, donde las
relaciones normales del mundo están trastrocadas. Esto se muestra de
modo más dramático en los objetos inocuos de uso cotidiano que han
aumentado en proporciones monstruosas y sirven de instrumentos de
tortura; son comparables a los frutos y pájaros gigantescos del panel
82 central. Una figura desnuda ha sido atada por los demonios al mástil
de un laúd, otra está presa de las cuerdas de un arpa, mientras una
tercera está embutida en un gran cuerno. En el término medio, un
80 hombre se mantiene titubeante en un patín enorme sobre el lago hela-
do; se dirige directamente al agujero en el hielo que tiene ante sí y
donde un compañero ya se debate en las heladas aguas. Este episodio

81 EL BOSCO *Los condenados castigados en el Infierno: los jugadores*, detalle de la il. 63, ala derecha

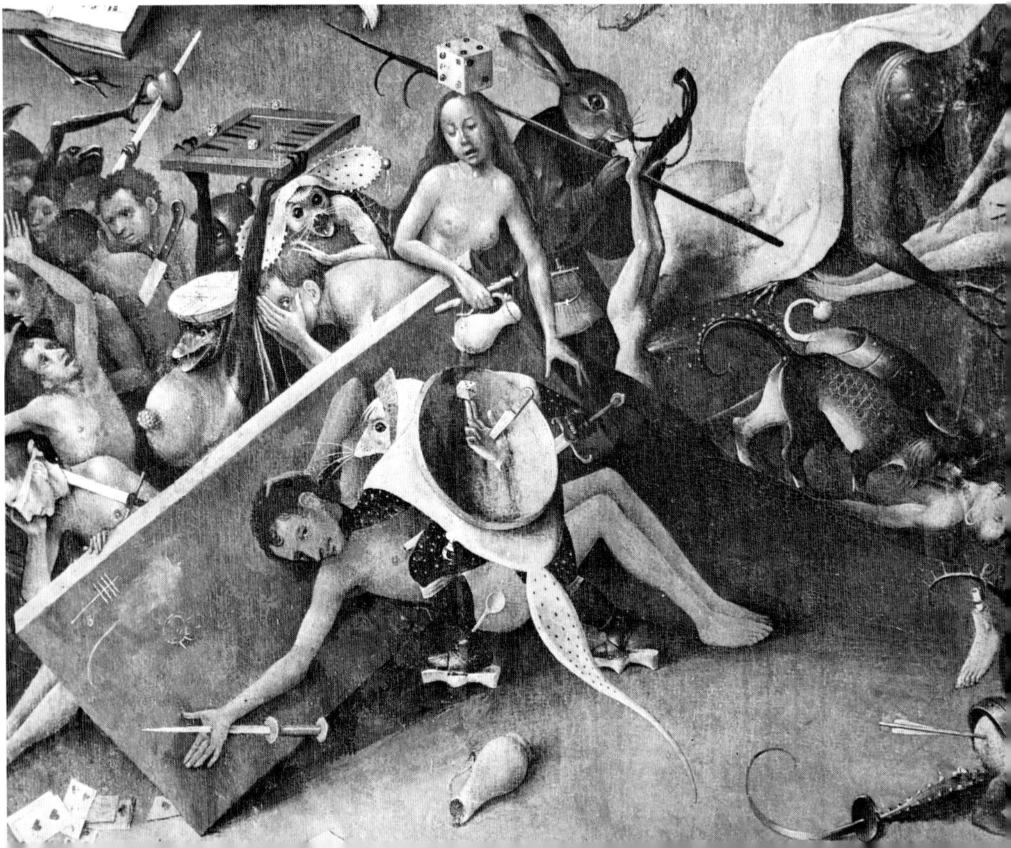

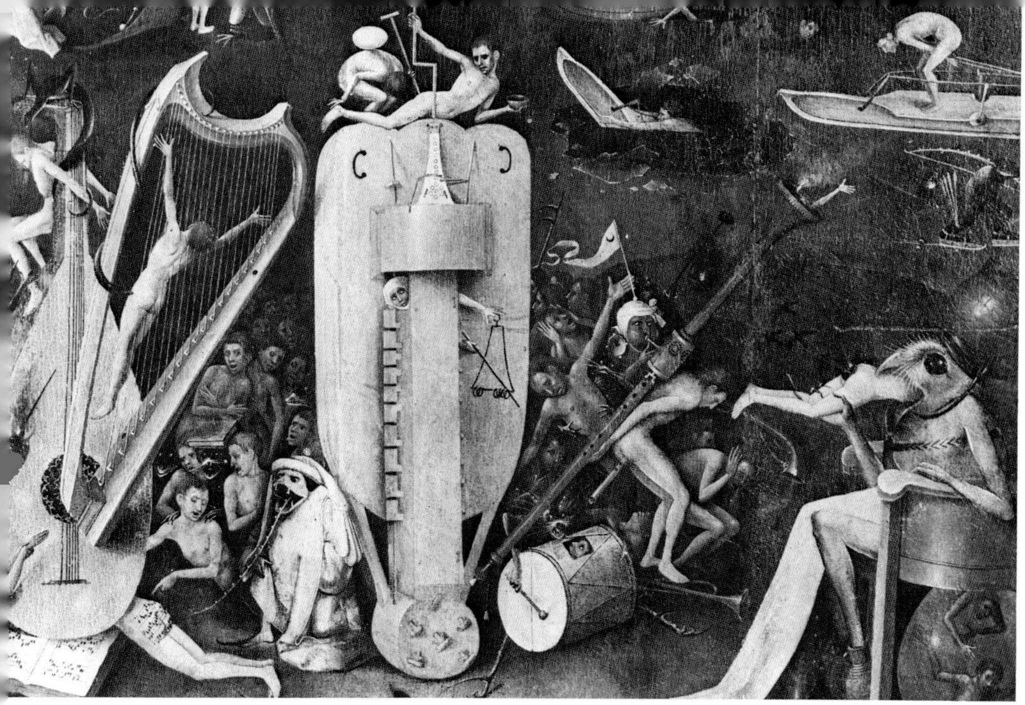

82 EL BOSCO *Los condenados torturados sobre instrumentos musicales*, detalle de la il. 63, ala derecha

refleja la antigua expresión de «patinar sobre una capa fina de hielo», referida a una situación precaria. Un poco más arriba, un grupo de víctimas ha sido arrojado a una lámpara ardiente, que las consumirá *80*
como polillas; en el lado opuesto, otra alma se balancea en el ojo de una llave. Detrás, un enorme par de orejas avanza como si fuera un *80*
carro acorazado infernal, inmolando a sus víctimas por medio de un gran cuchillo. La letra M grabada en el cuchillo, que también aparece *80*
en cuchillos de otros cuadros del Bosco, se ha creído que correspondía a la marca de un cuchillero que desagradaba al artista, pero lo más probable es que se refiera a *Mundus* o, posiblemente, al Anticristo, cuyo nombre, según algunas profecías medievales, empezaría con esa letra.

El punto focal del Infierno, que ocupa una posición análoga a la de la Fuente de la Vida en el ala del Edén, es el llamado Hombre-Árbol, *80*
cuyo torso en forma de huevo descansa en un par de troncos podridos de árbol, terminados en unas barcas a guisa de zapatos. Sus cuartos traseros están rotos y revelan en su interior una escena de taberna infernal; su cabeza sostiene un gran disco sobre el cual los demonios y

sus víctimas caminan alrededor de una gran gaita. La cara está vuelta sobre un hombro para mirar, medio melancólico, la disolución de su propio cuerpo. Un hombre-árbol parecido, aunque concebido con menos fuerza, lo esbozó el Bosco en un dibujo que se conserva en el Albertina de Viena. El significado de esta figura enigmática y trágica no se ha explicado satisfactoriamente, pero el Bosco nunca creó una imagen que evocara tan bien como ésta la cualidad insustancial y cambiante de un sueño.

Más sólido, por contraste, es el monstruo con cabeza de pájaro, algo
79 más abajo y a la derecha, que engulle ávidamente las almas condenadas, y las defeca luego en una vasija transparente desde la que caen a un pozo. Recuerda a un monstruo de la *Visión de Tundale*, que devora las almas de los clérigos lascivos de modo similar. Hay otros pecados alrededor del pozo. Los demonios visitan al perezoso en su cama; el glotón se ve obligado a regurgitar el alimento; la dama orgullosa tiene
79 que admirar sus encantos reflejados en el trasero de un diablo. Se pensaba que la Lujuria, como la Avaricia, era causa de otros pecados mortales: en efecto, como primer pecado cometido en el jardín del Edén, se la tenía por reina y origen de todos los demás. Por lo tanto no debe sorprendernos, como a algunos eruditos, que veamos otros pecados —además de la Lujuria— en el Infierno de *El Jardín de las Delicias*. El
80 caballero derribado por una jauría de perros, a la derecha del Hombre-Árbol, lo más probable es que sea víctima de la Ira, y quizá también de Sacrilegio, porque lleva un cáliz en el puño cerrado, igual que el desnudo que cabalga en una vaca de *El carro de heno*. El grupo tumultuoso, más abajo y a la derecha, sufre de los excesos relacionados con el
81 juego y las tabernas.

Pero no por eso están ausentes las referencias a la Lujuria; está castigada en la esquina inferior derecha, donde una cerda amorosa trata de
63 persuadir a su compañero de que firme el compromiso legal en su regazo. Quizá sea un fraile, porque la cerda lleva toca de monja. Un monstruo con armadura espera cerca con un tintero colgado de su pico.
82 También se alude a la Lujuria en los enormes instrumentos musicales y el canto coral, a la izquierda del primer término. Estas escenas, como la de la gaita sobre la cabeza del Hombre-Árbol, se han interpretado como un ataque a los músicos ambulantes que frecuentaban las tabernas y cantaban para inducir a los otros a la Lascivia. Pero los instrumentos musicales tienen por sí mismos connotaciones eróticas. La gaita, a la que Brant califica de instrumento de estúpidos, también es

símbolo de los genitales, y tocar el laúd significaba hacer el amor. Además, los moralistas medievales solían llamar a la Lujuria la «música de la carne», concepto que también se refleja en el músico de largo hocico que toca para los amantes en *El carro de heno* del Prado. Es una
música discordante que contrasta con la armonía del orden divino. Qué diferente del angélico concierto de Geertgen es la dura cacofonía de la música del Bosco, donde los instrumentos, capaces tan sólo de dar un placer pasajero en la vida, sirven ahora para infligir un dolor eterno.

El Jardín de las Delicias nos muestra a un Bosco en la cima de sus facultades como artista moral. Ninguna otra obra pintada por él expresa la misma complejidad de pensamiento con imágenes tan vivas. Por esta razón, más que por ninguna otra, es por la que situamos este tríptico hacia el final de su carrera, con seguridad después de 1500. En su mensaje didáctico, en su descripción de la humanidad entregada al pecado, *El Jardín de las Delicias* pertenece sin duda alguna a la Edad Media. De igual modo, su gama iconográfica, que abarca toda la historia, revela la misma ansia de universalidad que encontramos en las esculturas de las fachadas de una catedral gótica o en los ciclos contemporáneos de autos sacramentales. Pero también refleja el gusto renacentista por las alegorías de gran originalidad cuyo pleno significado está reservado a una audiencia limitada. A este respecto, *El Jardín de las Delicias* puede compararse, por ejemplo, a la *Primavera* de Botticelli o a la *Melancolía I* de Alberto Durero.

Por los temas, es poco probable que *El Jardín de las Delicias* y *El carro de heno* estuvieran destinados a una iglesia o un monasterio, aun cuando su formato de tríptico había sido el tradicional de los retablos de altar neerlandeses. Más bien suponemos que las alegorías del Bosco, como las de Botticelli, fueron pintadas por encargo de patronos laicos. De hecho, hay pruebas de que *El Jardín de las Delicias* fue propiedad de Enrique III de Nassau, un entusiasta coleccionista de arte; en 1517, poco después de la muerte del Bosco, el italiano Antonio de Beatis visitó el palacio de Enrique en Bruselas, donde vio y describió un cuadro que debe ser el tríptico que ahora nos ocupa. Antes de esto, sin embargo, varias obras del Bosco habían sido adquiridas por miembros de la nobleza borgoñona. Los retóricos flamencos y los círculos cortesanos de Bruselas y Malinas eran aficionados a las alegorías abstrusas y eruditas, casi todas de naturaleza moral, como puede verse en muchos tapices flamencos de principios del siglo XVI. No es difícil comprender, por tanto, que este ambiente fuera tan receptivo para el arte del Bosco.

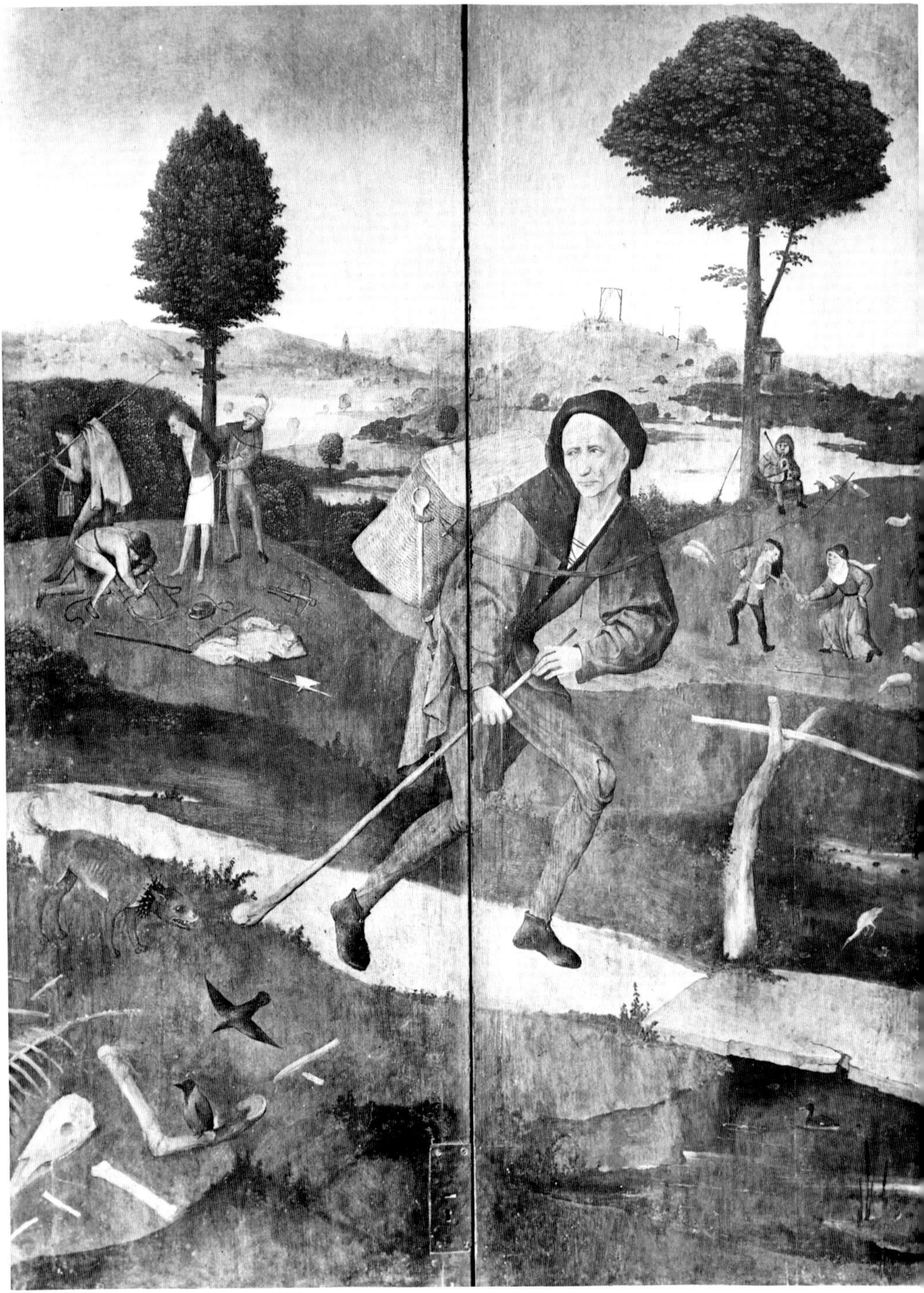

83 EL BOSCO *El caminante*, alas exteriores de la il. 60

CAPÍTULO VI

El peregrinaje de la vida

El carro de heno y *El Jardín de las Delicias* muestran a la humanidad atrapada por sus enemigos ancestrales, el Mundo, el Demonio y la Carne. La precaria situación del alma humana en esta vida fue representada de nuevo, aunque en términos de algún modo diferentes, en los paneles exteriores del tríptico de *El carro de heno*. Estos paneles son de calidad inferior al resto del tríptico y fueron terminados probablemente por ayudantes del taller, pero el Bosco debió de haber diseñado la composición. *83*

El primer término está dominado por un hombre que ya no es joven, famélico y vestido de andrajos; lleva una cesta de mimbre sujeta a la espalda; viaja por un paisaje amenazador. Un cráneo y varios huesos yacen esparcidos en el suelo; un feo perro intenta mordisquearle los talones; el puentecillo que está a punto de atravesar es de frágil apariencia. Al fondo, unos bandidos han robado a otro viajero y lo están atando a un árbol; a la derecha, unos campesinos bailan al son agudo de una gaita. En la distancia, una multitud se agolpa alrededor de una enorme horca, no lejos de una alta picota rematada por una rueda, en la que se exponen los cuerpos de los criminales ejecutados.

Un paisaje también lleno de violencia aparece detrás de Santiago, en el exterior del *Juicio Final* de Viena; nos recuerda que el apóstol es el patrón de los peregrinos, a quien se invoca como protección de los peligros del camino. Pero, en la Edad Media, el hombre es un peregrino en sentido espiritual. No es más que un extraño en la tierra, un exiliado en busca de su perdida patria. Esta viva imagen de la condición humana es tan antigua como el propio cristianismo; san Pedro ya había descrito a los cristianos en términos parecidos y los escritores posteriores repiten con incontables variaciones la misma imagen. Suso, por ejemplo, ve a los hombres como «mendigos miserables que caminamos errantes y desdichados en nuestro penoso destierro». En el *Peregrinaje de la vida del hombre*, de Deguilleville, la peregrinación se muestra como marco de la vida y las tentaciones espirituales de un monje; el autor de la *Imitación de Cristo* amonesta al lector para que «se

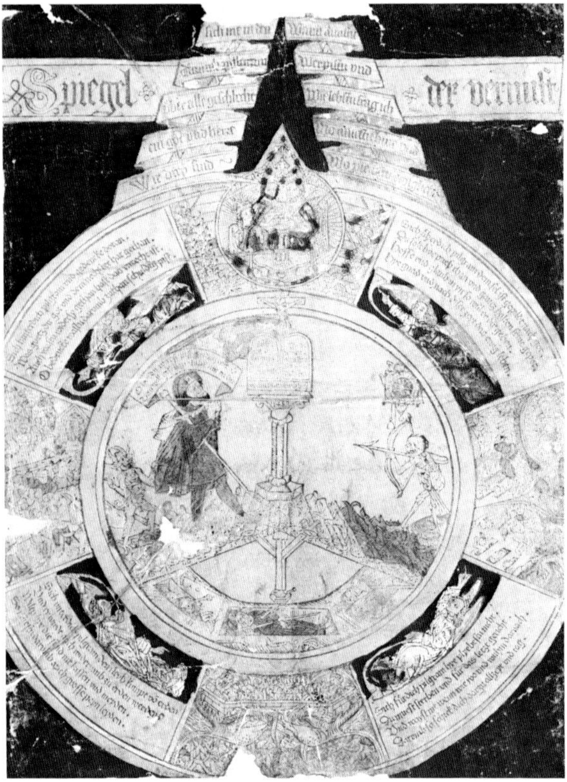

84 *Espejo del entendimiento humano*, alemán, 1488 (?)

mantenga como extraño y peregrino en la tierra, ajeno a los afanes de este mundo». La imagen del peregrino era igualmente familiar en Brant, Erasmo y otros escritores de la época del Bosco.

Lo que esta idea significa al final de la Edad Media se compendia en un grabado en madera alemán al que ya nos hemos referido, *Espejo del*
84 *entendimiento*, de *c.* 1488. Provisto de cayado y zurrón, el peregrino camina en el círculo central por un sendero de la vida particularmente espinoso, acechado por el Demonio desde atrás y amenazado por la Muerte por delante; un ángel dirige su atención hacia los diez mandamientos arriba; los bordes contienen otras materias referidas a la salvación.

El Bosco prescindió de las complicadas explicaciones del grabado, pero los paneles exteriores de *El carro de heno* poseen sin duda una significación semejante: el peregrino que hace su camino a través del inseguro mundo, cuyos peligros se muestran en el paisaje. Algunos de éstos son físicos, como los ladrones o el perro gruñón, aunque éste

85 EL BOSCO *El caminante* ▶

quizá simbolice también a los detractores y calumniadores, cuyas lenguas malignas son comparadas a menudo con perros ladradores. Los campesinos que bailan, comportan, sin embargo, un peligro moral; como los amantes en lo alto del carro de heno, han sucumbido a la música carnal. Al expresar el predicamento espiritual de toda la humanidad, el peregrino representa a Cualquier Hombre y su versión holandesa y alemana Elckerlijc y Jedermann, cuyos peregrinajes espirituales constituyen el tema de los dramas morales contemporáneos.

En una pintura circular conservada en Rotterdam, el Bosco reelabo- *85*

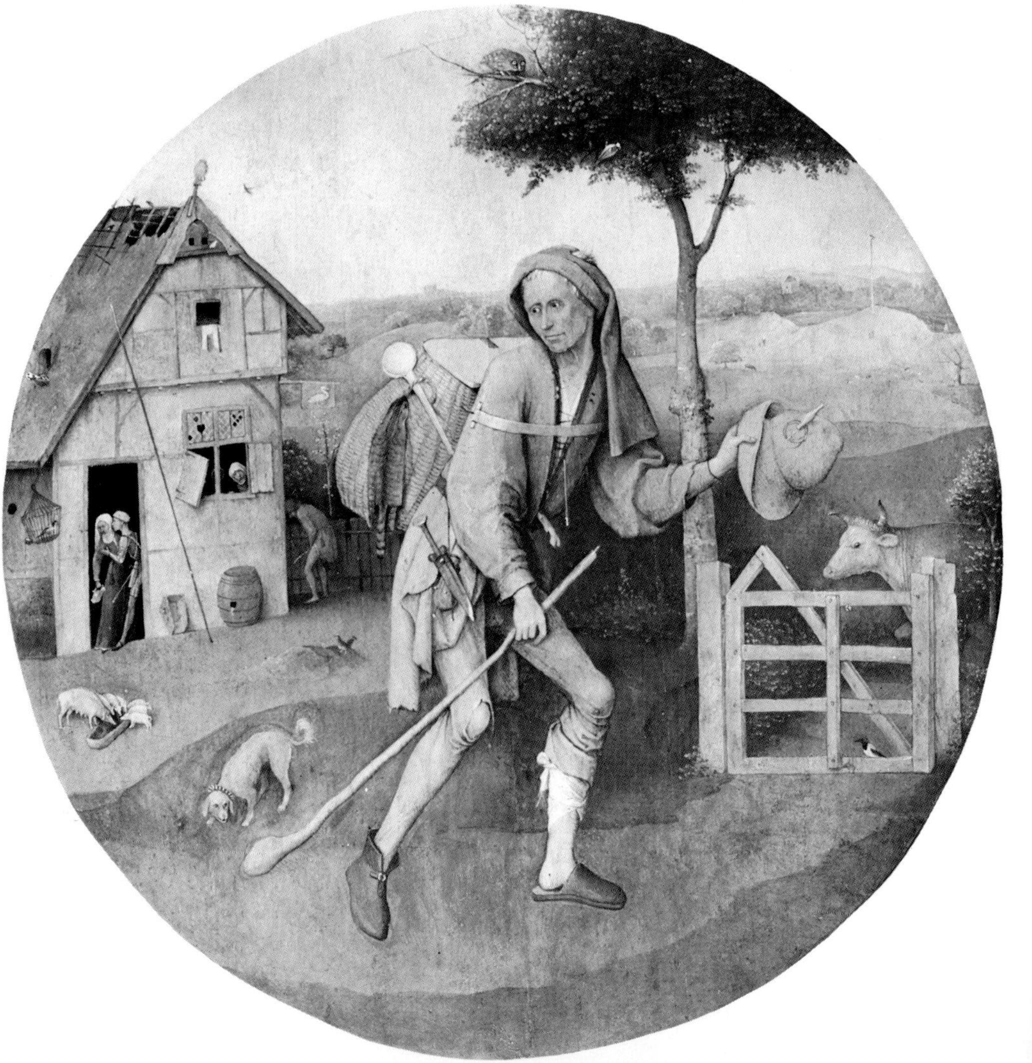

ra, casi una década después, la figura del caminante del Prado, esta vez situándolo en uno de sus paisajes más delicadamente concebidos. Las ondulantes dunas de arena de la derecha y las tonalidades apagadas de gris y amarillo, son una transcripción sensible a la pintura del paisaje lluvioso holandés. Hay poco fundamento para creer, como hacen algunos estudiosos, que la tabla representa un episodio de la parábola del hijo pródigo. La gran figura del primer término es muy parecida al peregrino de *El carro de heno*, y se diferencia en que es más pobre y andrajoso. Pero hay algunas diferencias sutiles. Salvo el perro gruñón, que es una posible alusión a la calumnia, los peligros del mundo son fundamentalmente espirituales. Están encarnados sobre todo por la
86 taberna a la izquierda, cuyo estado ruinoso está en consonancia con los
17 harapos del caminante. Como en la obra temprana de *Las bodas de Caná*, la taberna simboliza el Mundo y el Demonio en términos genéricos; su dudosa naturaleza se revela por el hombre orinando de la derecha y la pareja que se abraza en el umbral. Otra ocupante de la casa curiosea por una de las ventanas destartaladas.

86 EL BOSCO *La casa de mala fama*, detalle de la il. 85

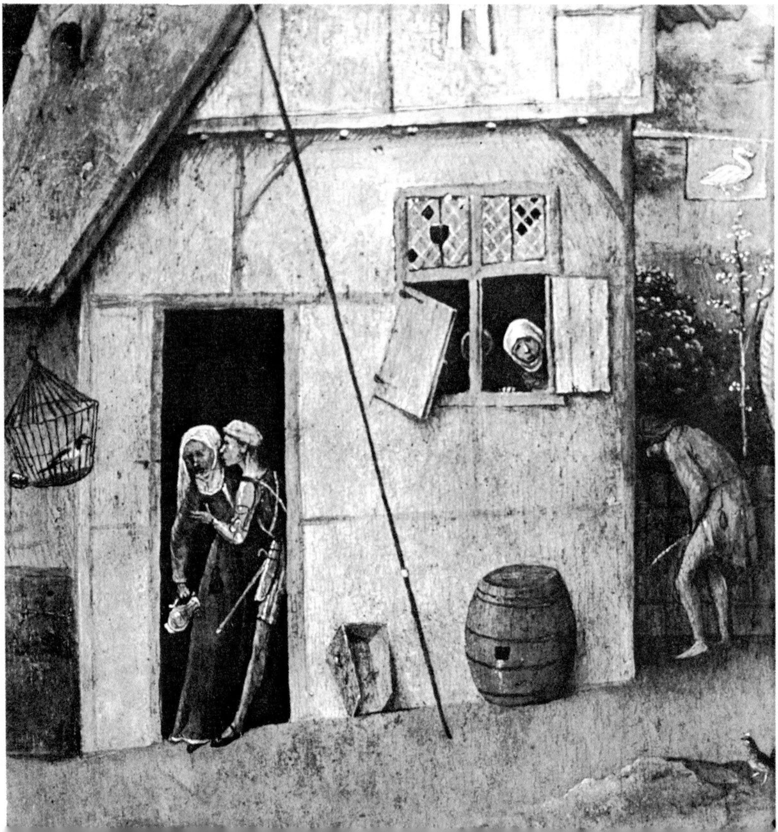

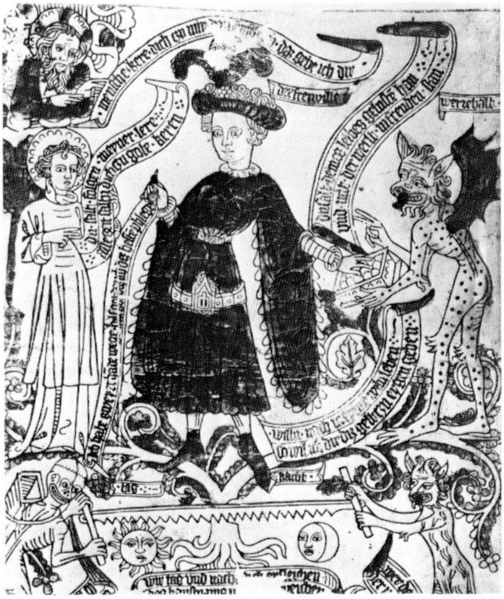

87 *Joven eligiendo entre el Bien y el Mal*, alemán, 1470-1480

El cliente a quien la segunda mujer espera bien pudiera ser el mismo viajero. Como Bax ha observado perspicazmente, no sale de la taberna, sino que pasa por delante, y ahora se detiene en el camino, como tentado por su promesa placentera. Bax sugiere, además, que las ropas del viajero y los diversos artículos que lleva son un comentario simbólico de su pobreza, las inclinaciones pecaminosas que lo han llevado a su estado presente y su disposición a sucumbir de nuevo a la tentación. Aunque esto puede ser cierto, el estado espiritual del caminante también se muestra en términos no menos simbólicos. El Bosco ha transformado el gesto a la defensiva del peregrino de *El carro de heno* en un gesto de duda, con la cara vuelta a la taberna y una expresión de casi ansiedad.

En el capítulo noveno de su *Manual para el caballero cristiano*, Erasmo describe una lucha espiritual semejante. La carne es comparada a la ramera, la mujer extranjera mencionada en Proverbios 9: 14,15, que se sienta a la puerta de su casa y llama al que pasa. El alma se detiene en un cruce de caminos, dudosa entre la carne y el espíritu. El *Manual* de Erasmo, publicado por primera vez en 1503, pudo ser conocido por el Bosco, pero la elección entre la Virtud y el Vicio era un tema frecuente en el arte del período. En Italia aparece en el muy conocido tema humanista de Hércules en el cruce de caminos de la Virtud y el Vicio, y
en un grabado alemán de *c.* 1470, un joven vestido remilgadamente se 87
muestra dudoso entre un ángel y un diablo, motivo que anticipa el grupo de figuras subido al carro de heno del Bosco.

En la tabla de Rotterdam, el Bosco no presenta tan explícitamente la alternativa moral, pero puede deducirse. Si bien el caminante vuelve la mirada hacia la taberna, su camino lo lleva a una puerta y al sereno paisaje holandés que hay tras ella. A diferencia de la violencia del paisaje de las alas de *El carro de heno*, el fondo no muestra ningún incidente sospechoso y, salvo el búho posado en una rama seca, encima de la cabeza del caminante, no se evidencian símbolos del pecado. Es probable que podamos ver en la puerta y los campos una referencia a Cristo, quien, en Juan 10: 9, habla de sí mismo como la puerta, «el que por mí entrare será salvo; y entrará, y saldrá, y hallará pastos».

En *El carro de heno*, el peregrino aparece como una figura neutra, ni buena ni mala. En la tabla de Rotterdam, el Bosco crea una imagen más profunda, mostrando al peregrino atenazado por su crisis espiritual. Pero que el peregrino pase de largo delante de la taberna y atraviese la puerta, es tan dudoso como en el caso de la lucha entre el ángel y los diablos en la *Muerte del avaro*.

La ambigüedad de *El caminante* de Rotterdam ejemplifica perfectamente el pesimismo del tiempo del Bosco en cuanto a la condición humana. La actitud predomina en un par de tablas pequeñas, acaso alas de un retablo, también en Rotterdam. En el reverso, el Bosco pintó
88-91 cuatro pequeñas escenas monocromas, que mostraban a la humanidad asediada por demonios. Ocupan una casa y expulsan a sus moradores, derriban de su caballo a un labrador y sorprenden a un descuidado viajero. En la cuarta escena, sin embargo, el alma cristiana encuentra refugio: se arrodilla ante Cristo, mientras una compañera, como las almas de los justos descritas en Apocalipsis 6: 11, recibe un vestido blanco de un ángel.

En la época en la que vivió el Bosco, la creencia en los demonios adquirió un nuevo auge. Erasmo pudo burlarse de los demonios del Infierno tomándolos como meros duendes e ilusiones vacuas, pero casi todos los contemporáneos del Bosco creían que los demonios intervenían activa y maliciosamente en los asuntos humanos, directamente o a través de sus agentes, las brujas y hechiceros. Estas creencias fueron recogidas en el infamante *Malleus Maleficarum* o *Martillo de Brujas*, de Jacob Sprenger y Heinrich Kramer, publicado en Nuremberg en 1494. Con precisa terminología escolástica, el *Malleus Maleficarum* examina la naturaleza de las brujas y sus relaciones con el Diablo, así como los medios para reconocerlas y castigarlas.

El libro, de inmensa popularidad, influyó mucho en los juicios de

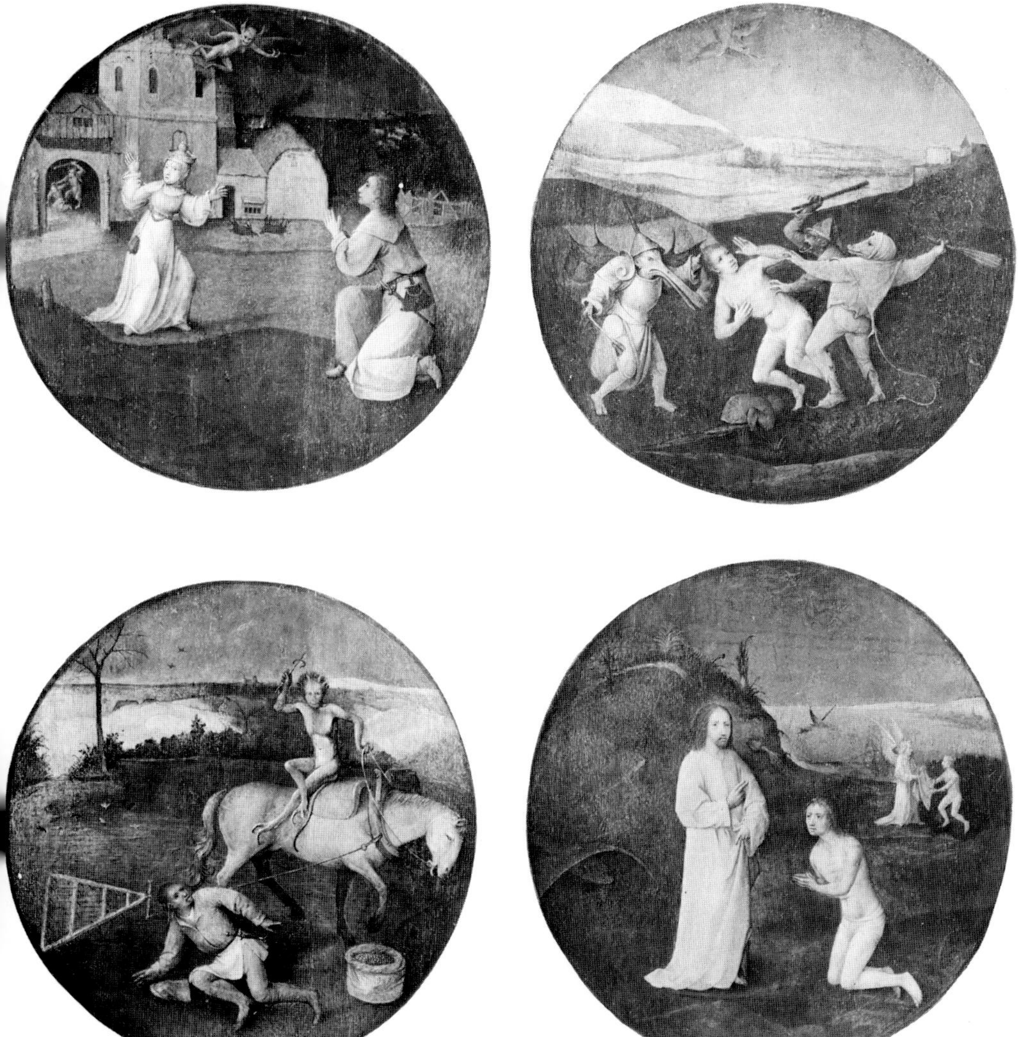

88-91 EL BOSCO *La humanidad acosada por los demonios*, alas izquierda y derecha del reverso del tríptico, ils. 93 y 94

brujas en los siglos XVI y XVII y puede haber inspirado las pinturas del reverso de las dos tablas de Rotterdam a las que acabamos de referir-
93 nos. En ellas vemos a los Ángeles Rebeldes, ya transformados en monstruos, cayendo en un paisaje desolado; y la detención en el Mon-
94 te Ararat del Arca de Noé, del cual descienden, entre cadáveres ahogados, las parejas de animales. Estas curiosas escenas pueden responder a la interpretación medieval del Génesis 6: 1-6, que describe la corrupción de la tierra antes del Diluvio. En aquellos días, se nos dice, los hijos de Dios se desposaron con las hijas de los hombres, dando lugar a la poderosa raza de los gigantes. Los hijos de Dios se identificaron a menudo con los Ángeles Caídos y el *Malleus Maleficarum*, siguiendo la opinión de santo Thomas de Aquino, se pregunta si de su poderosa progenie no salieron, de hecho, las primeras brujas, nacidas de la «pestilente mutua asociación» de los hombres con los demonios.

Para los contemporáneos del Bosco, el melancólico espectáculo del pecado y la locura sólo se explica por el intento del Diablo y sus seguidores de arrastrar a la humanidad a su perdición. Ante un destino tan abrumador, ¿qué posibilidades tiene el peregrino de llegar a su patria? La respuesta de la Iglesia medieval puede resumirse en el título del libro de Thomas de Kempis, *La imitación de Cristo*. Si renuncia al mundo y sigue los ejemplos de Cristo y sus santos, el peregrino puede tener la esperanza de atravesar la lúgubre noche de este mundo y llegar al Paraíso. Y, si bien el Bosco pintó muchos cuadros que reflejan la trágica condición de la humanidad, también pintó casi tantos otros en los que muestra el camino de la salvación.

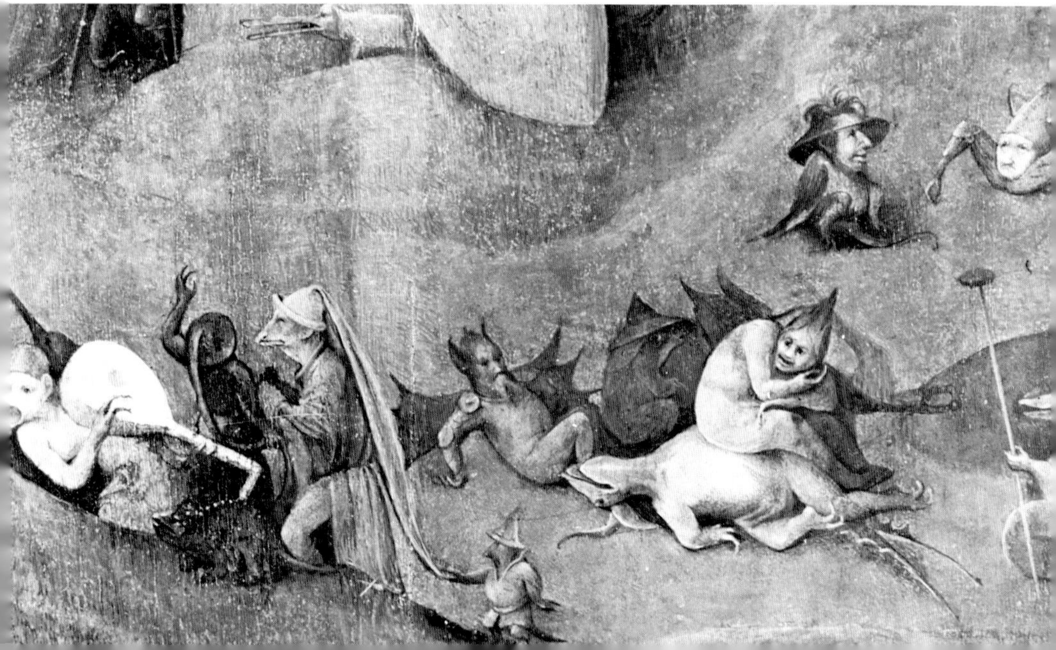

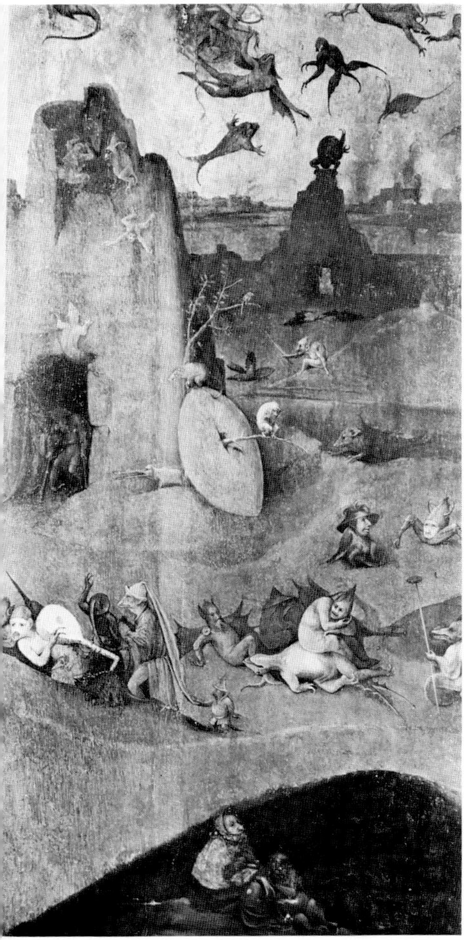

93 EL BOSCO
Caída de los Ángeles Rebeldes,
ala izquierda de un tríptico

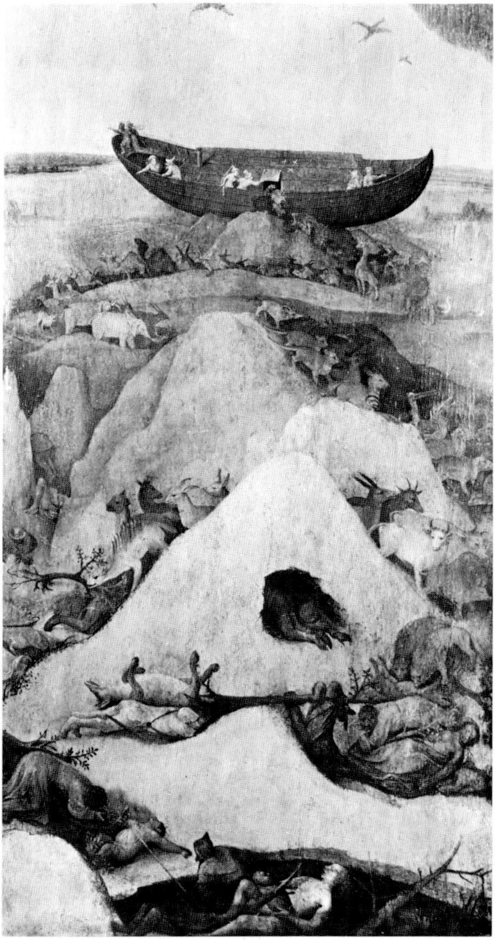

94 EL BOSCO
El Arca de Noé sobre el Monte Ararat, ala derecha de un tríptico

◀ 92 EL BOSCO *Demonios y monstruos*, detalle de la il. 93

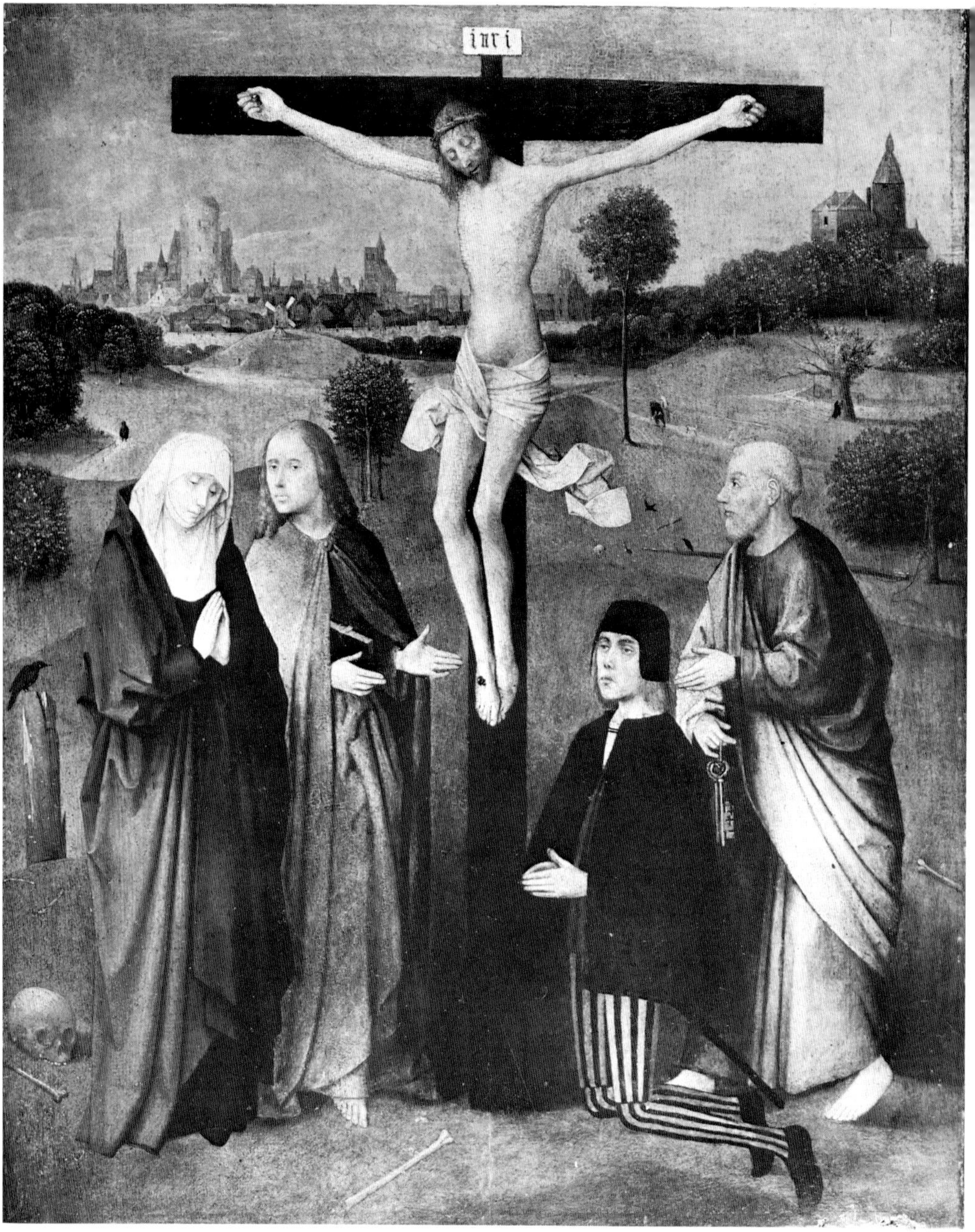

95 EL BOSCO *Cristo en la Cruz con donantes y santos*

96 EL BOSCO *Paisaje con ciudad*, detalle de la il. 95 ▶

CAPÍTULO VII

La imitación de Cristo

Aunque el Bosco contribuyó a la pintura neerlandesa con muchos temas nuevos, conviene recordar que más de la mitad de su obra está dedicada a temas tradicionales cristianos: vidas de santos y vida de Cristo, sobre todo la Pasión. Como podía esperarse, muchas escenas cristológicas son bastante convencionales, de acuerdo con la tipología común en el norte de Europa durante muchas generaciones. No ofrecen nada nuevo, salvo quizá una intensidad acrecentada de la expresión. Esto es cierto, como hemos visto, en obras tempranas, tales como la *Epifanía* de Filadelfia y el *Ecce Homo* de Frankfurt. Al representar a Cristo con la Cruz a cuestas, describe ocasionalmente al buen ladrón confesándose a un fraile o un cura, pero este anacronismo responde a la evolución natural de la tendencia medieval tardía de vestir la historia sagrada con modos y maneras contemporáneos. Algunas pinturas demuestran su conocimiento de las escuelas flamencas del sur. Su *Natividad*, hoy perdida, pero con una buena copia en Colonia, refleja las composiciones de Hugo van der Goes, y también puede verse su influencia en varias escenas de la Pasión de las que hablaremos luego. Del mismo modo, la influencia de Dirk Bouts y sus seguidores puede verse en un cuadro votivo en Bruselas, el *Cristo en la Cruz con donantes* *95*
y santos, aunque el Bosco ha transformado característicamente la convencional vista lejana de Jerusalén en las formas familiares de una sen- *96*

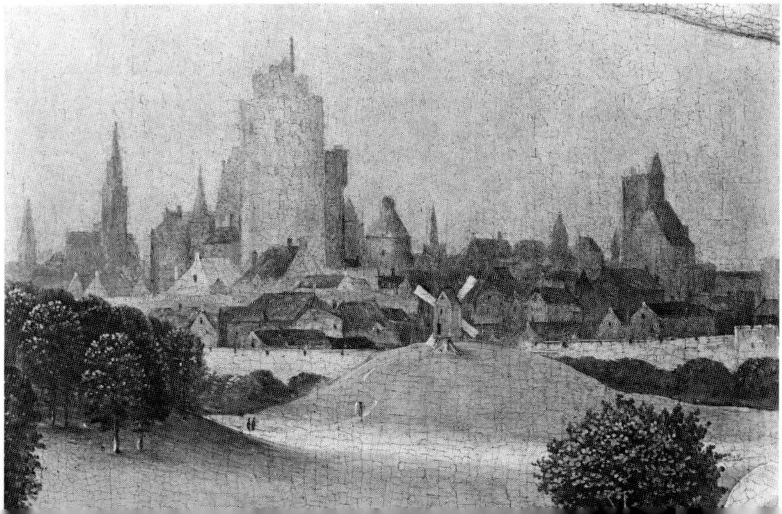

cilla ciudad borgoñona, quizá la misma 's-Hertogenbosch, velada en grises y colores de alhucema.

Sin embargo, en varios e importantes casos, el Bosco trascendió los límites de la narrativa bíblica para presentar una imagen más universal del conflicto entre el bien y el mal. Esto ya se había observado en la taberna endemoniada que sirve de escenario a *Las bodas de Caná*; Van Mander describe una *Huida a Egipto*, hoy perdida, cuyo paisaje contenía una posada igualmente endemoniada. Esta idea inspiró también
108 una de las obras más enigmáticas del Bosco, el tríptico de la *Epifanía* del Prado.

Las alas interiores de este retablo están ocupadas por las figuras genuflexas de un matrimonio de donantes, asistidos por sus santos patronos Pedro y Ana. Los escudos de armas detrás identifican a la pareja como miembros de las familias Bronckhorst y Bosshuyse, pero este dato no sirve para determinar la fecha de la obra ni su destino original.

El panel central muestra la adoración de Cristo Niño por los tres Reyes o Magos. Muchos detalles de la composición, como el establo
8 destartalado y el ropaje suntuoso de los Magos, nos recuerdan la *Epifanía* de Filadelfia, pero la espontaneidad de la primera versión está aquí ausente. El Infante, en lugar del gesto impulsivo hacia los Magos, se sienta solemnemente en el regazo de su madre, como en un trono. También la Virgen ha adquirido una nueva dignidad y amplitud en su forma, quizá inspirada en la *Madonna del Canciller Rolin* de Jan van Eyck. Separados de las demás figuras por el techo saliente del establo, la Virgen y el Niño semejan una imagen de culto bajo un baldaquino, y los Magos se acercan con la gravedad propia de unos clérigos en una
97 ceremonia religiosa. La espléndida capa carmesí del rey arrodillado repite la forma monumental de la Virgen. Que el Bosco intentó mostrar el paralelismo entre el homenaje de los Magos y la celebración de la Misa se ve claramente en la ofrenda que el rey más anciano ha dejado a los pies de la Virgen: es una pequeña escultura del Sacrificio de Isaac, una prefiguración del sacrificio de Cristo en la Cruz. Otros episodios del Antiguo Testamento aparecen en el elaborado cuello del segundo rey, mostrando la visita de la reina de Saba a Salomón; en la orla plateada del rey negro se describe el homenaje que Abner ofrece a David (no el recibimiento de David a los tres héroes, como comúnmente se cree). En la *Biblia Pauperum*, un libro ilustrado muy popular por entonces, ambas escenas son prefiguraciones de la Epifanía.

Un grupo de campesinos se ha acercado al establo. Miran tras la

97 EL BOSCO *La Adoración de los Magos*
detalle de la il. 108, panel central ▶

pared del establo con viva curiosidad y algunos han trepado al tejado para poder ver mejor a los exóticos extranjeros. Los pastores habían visto a Cristo la Nochebuena, pero reaparecen frecuentemente como *99* espectadores en las escenas de la Epifanía del siglo XV. Pero, por lo general, muestran mayor reverencia que estos campesinos, cuya conducta alborotada contrasta acusadamente con el porte digno de los Magos. Esta diferencia es significativa, porque los pastores se identificaban a menudo con los judíos que rechazaron a Cristo, mientras que los Magos representan a los gentiles que lo aceptaron como al verdadero Mesías.

El detalle más curioso de esta Epifanía del Bosco es el hombre de pie, ya dentro del establo, a la izquierda de los Magos. Desnudo, sal- *98* vo una delgada camisa y un vestido carmesí alrededor de la cintura, lleva una corona en forma de turbante; un brazalete de oro ciñe su brazo y un cilindro transparente cubre una herida de su tobillo. Mira al

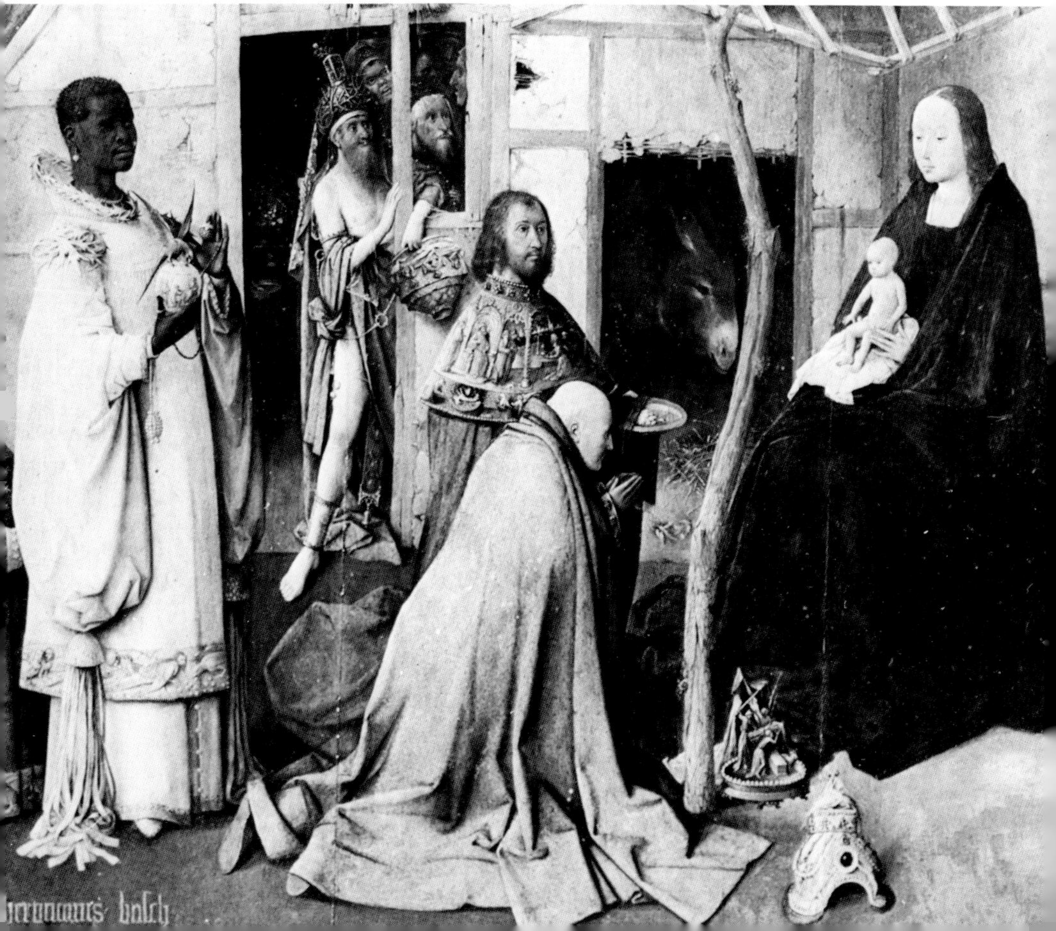

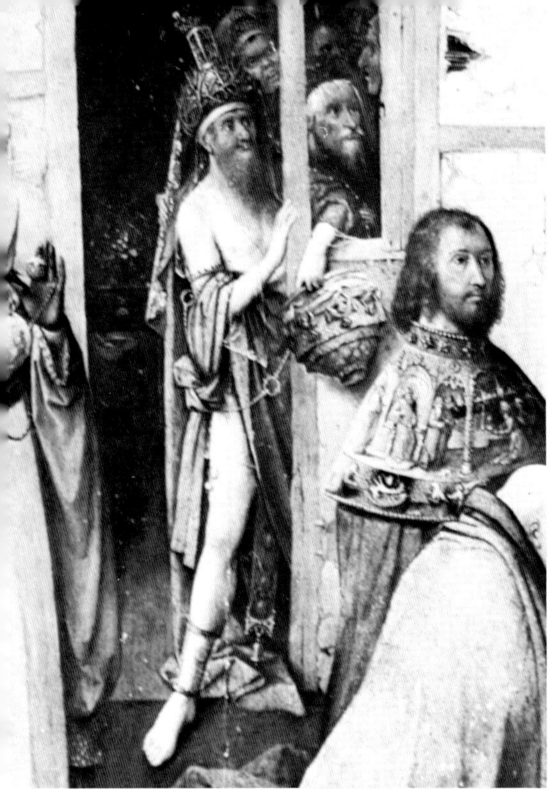

98 EL BOSCO *Figuras en el establo*, detalle de la il. 108, panel central

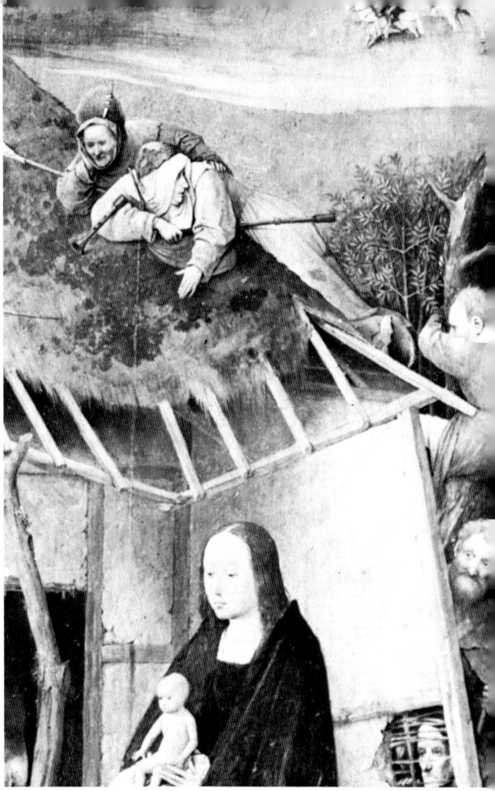

99 EL BOSCO *Pastores mirando*, detalle de la il. 108, panel central

Cristo Niño con una sonrisa ambigua, pero el gesto en las caras de varios de sus acompañantes es francamente hostil.

Por estar dentro del destartalado establo, en un tiempo símbolo de la Sinagoga, estas figuras grotescas han sido identificadas como Herodes y sus espías, o el Anticristo y sus consejeros. Aunque ninguna identificación es convincente, la asociación de la figura principal con los poderes de las tinieblas está claramente sugerida por los demonios bordados en la cinta de tela que cuelga entre sus piernas. Una fila de formas parecidas puede verse en el objeto que sostiene con una mano; sorprendentemente, sólo puede ser el yelmo del segundo rey; además, otros monstruos decoran los vestidos del rey negro y su criado. Estos elementos demoníacos sin duda hacen referencia al pasado pagano de los Magos, recordando la creencia medieval, recogida en la *Leyenda Áurea*, de que habían practicado la hechicería antes de su conversión al cristianismo.

En un trabajo inédito, Charles Scillia sugiere plausiblemente que la misteriosa figura del establo representa a otro hechicero pagano, Balaam, quien fue instruido por Dios para anunciar: «Verélo, mas no ahora; lo miraré, mas no de cerca; saldrá la Estrella de Jacob, y levantarse cetro de Israel» (Números 24: 17). Tradicionalmente interpretada como referida a la Estrella de Belén y a la venida de Cristo, se creyó que esta profecía había inspirado la perpetua vigilancia de la Estrella que, siglos más tarde, guiaría el viaje de los Magos. Si esta identificación fuera la correcta, la venda transparente en la pierna de la figura del Bosco podría aludir al pie herido de Balaam en el episodio del Antiguo Testamento; sus compañeros podrían ser los embajadores moabitas enviados a él por el rey Balak. Pero si Balaam aparece así como un precursor de los Magos, también tiene un significado menos favorable en la *Adoración* del Prado. Aunque rechazó la petición de Balak de maldecir a los israelitas, parece que después conspiró con los moabitas para apartarlos del Señor, induciéndolos a la idolatría (Números 31: 16). Para la Edad Media, por lo tanto, no era sólo un profeta; también tipificaba al falso predicador, al maestro de la herejía. Este último aspecto explicaría su presencia en el establo, cuya naturaleza siniestra se indica por el búho y el lagarto medio escondidos en el alero del tejado; y seguramente no es por casualidad que esta corona espinosa se parezca mucho a la del demonio azul que dedica su música a los amantes de *El carro de heno*. Por medio de Balaam, pervertidor de los judíos, el Bosco nos recuerda la antítesis entre la Iglesia y la Sinagoga.

El establo y sus moradores parecen ser la fuente de las influencias
malignas que contaminan casi todos los rincones del paisaje majestuo-
so, y que se extiende al fondo de los tres paneles. Los demonios ace-
chan en el portal en ruinas del ala izquierda, donde José, sentado, se *101*
inclina sobre el fuego. Las ruinosas paredes que le rodean son los res-
tos del palacio del rey David, cerca del cual, según se creía, había
ocurrido la Natividad; como el establo, representa a la Sinagoga, la
Ley Antigua que se desmorona cuando llega la Nueva. En el campo de
atrás, los campesinos bailan al son de las gaitas, símbolo habitual de la *102*
vida carnal. En el ala derecha, los lobos atacan a un hombre y a una *103*
mujer en un camino solitario. Detrás del establo, en el centro, los
séquitos de dos de los Magos acuden a enfrentarse como ejércitos ene- *100*
migos; las huestes del tercer rey aparecen detrás de las dunas de arena.
Los amenos y ondulados campos contienen, además, una taberna

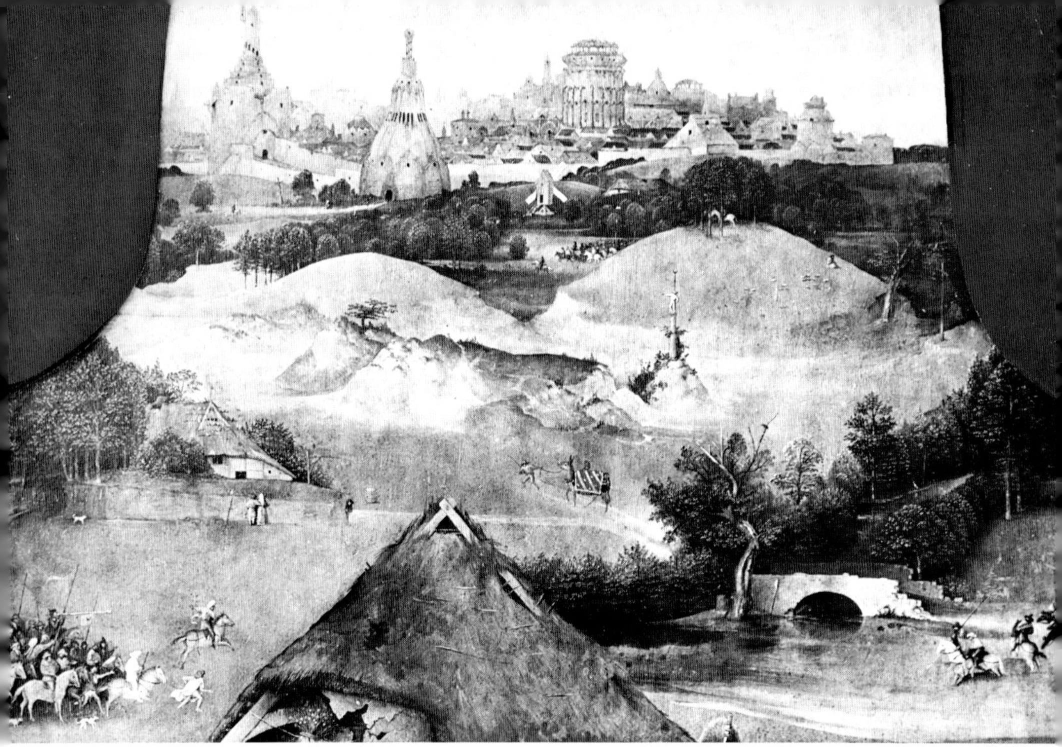

100 EL BOSCO *Los ejércitos de los Magos y las murallas de Jerusalén*, detalle de la il. 108, panel central

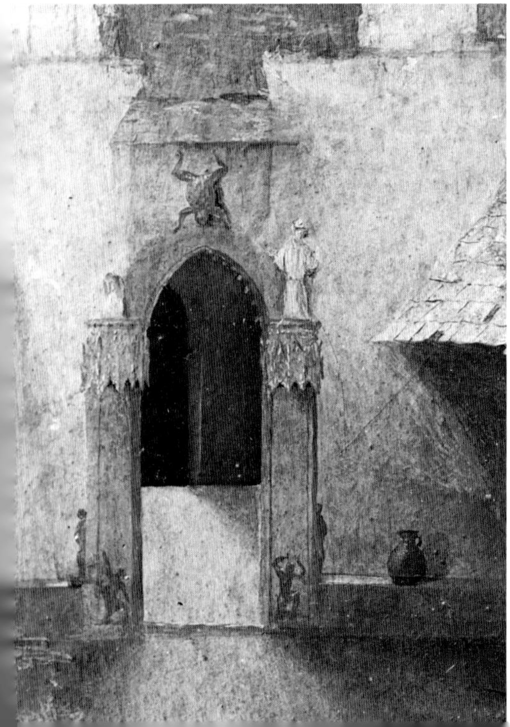

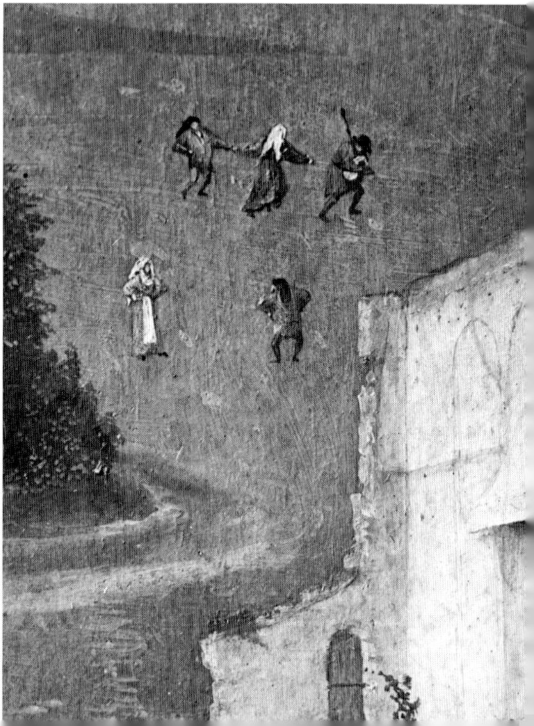

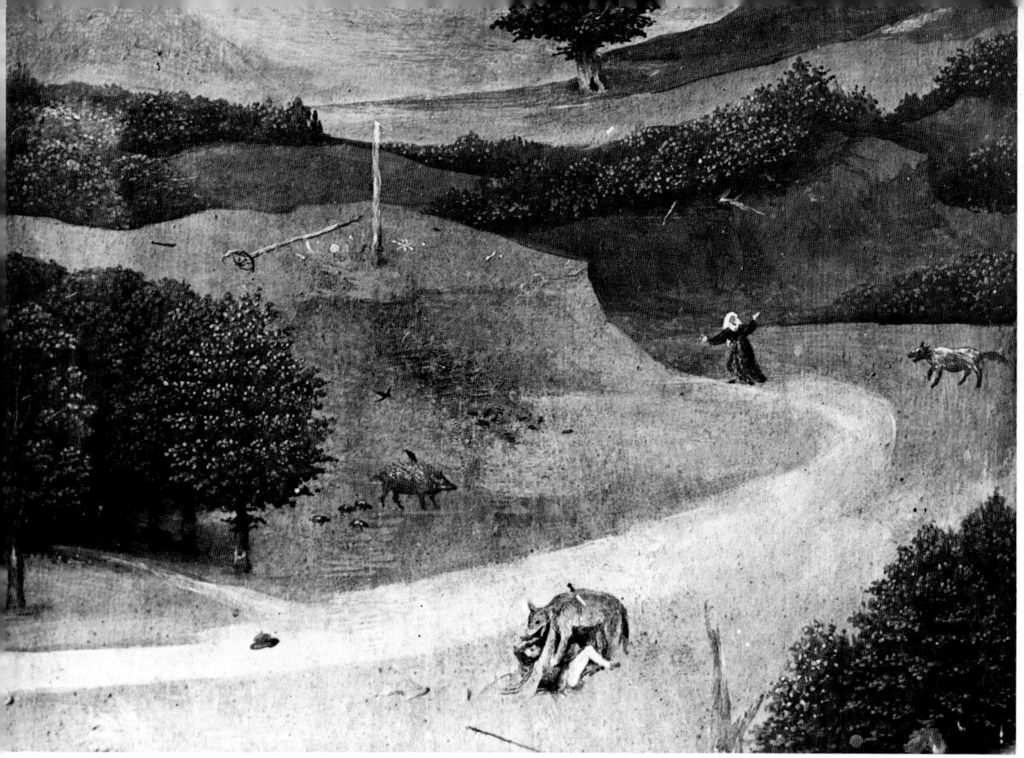

103 EL BOSCO *Hombre y mujer atacados por lobos*, detalle de la il. 108, ala derecha

abandonada y un ídolo pagano. Incluso las murallas gris-azul de Jerusalén, una de las más evocativas ejecuciones del Bosco de la Ciudad Santa, tienen algo de siniestro. Un pequeño sendero sale del camino y se desvía ligeramente hacia la izquierda, y las dos torres-vigía son arquitectónicamente similares a las de la ciudad demoníaca pintada por el Bosco en el tríptico de *San Antonio* de Lisboa.

Durante siglos, la Epifanía se ha asociado estrechamente con la Misa. Igual que el Cristo encarnado se presenta a los pastores y a los Magos, así continúa presentándose a los fieles en las formas del pan y del vino. En la *Epifanía* de Filadelfia, el Bosco alude a la Eucaristía en la recogida del Maná, una prefiguración de la Última Cena, pintada en la manga del rey negro. La relación entre Epifanía y Eucaristía, sin embargo, se expresa de forma más explícita en las alas exteriores del tríptico del Prado, las cuales, cuando están cerradas, muestran la Misa de san Gregorio. Las tablas, altas y estrechas, están pintadas en un *106*

101 a la izquierda EL BOSCO *Demonios acechando en el pórtico en ruinas*, detalle de la il. 108, ala izquierda

102 a la derecha EL BOSCO *Campesinos bailando al son de las gaitas*, detalle de la il. 108, ala izquierda

gris-pardo monocromo, excepto para los dos donantes masculinos que aparecen en colores naturales. Pueden representar a un padre y a su hijo, pero ninguno se identifica con el esposo del ala interna izquierda.

La leyenda de la Misa de san Gregorio relata un milagro eucarístico que se atribuye tardíamente en la Edad Media al papa san Gregorio Magno (*c.* 540-604). Un día, cuando Gregorio estaba celebrando la misa, un acólito dudó de la verdadera presencia de Cristo en la hostia. A la diligente plegaria del papa, pidiendo algún signo del Cielo que refutara al descreído, el mismo Cristo apareció súbitamente en el altar,
104 mostrando sus heridas y rodeado por los instrumentos de su Pasión. El Bosco representa este milagro en forma de diálogo espiritual entre el papa arrodillado y el Hombre del Dolor, arriba, surgiendo de su sarcófago, inadvertido por los espectadores detrás del altar y oído, pero no visto, por el acólito y los dos donantes.

Los elementos básicos de esta composición, la situación frontal del altar y lo destacado del sarcófago y del gran arco detrás de él, están probablemente inspirados por un grabado, hecho por Israhel van
105 Meckenem en la década de 1480. El Bosco, sin embargo, consigue una monumentalidad de la que carece su modelo, bajando el punto de

104 EL BOSCO *La crucifixión y otras escenas de la Pasión de Cristo*, detalle de la il. 106

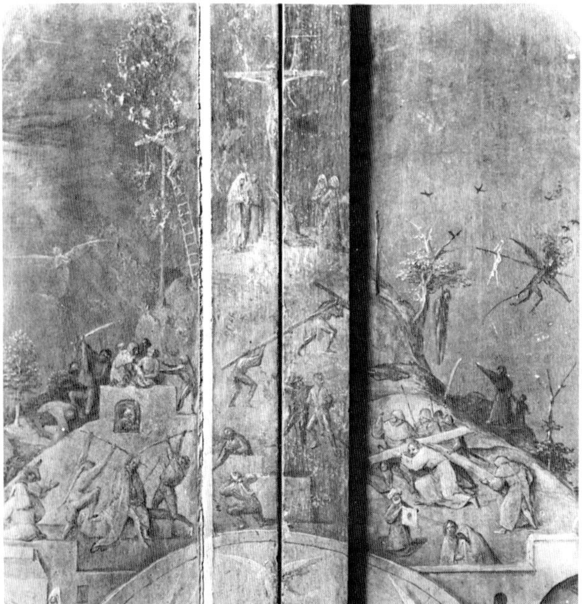

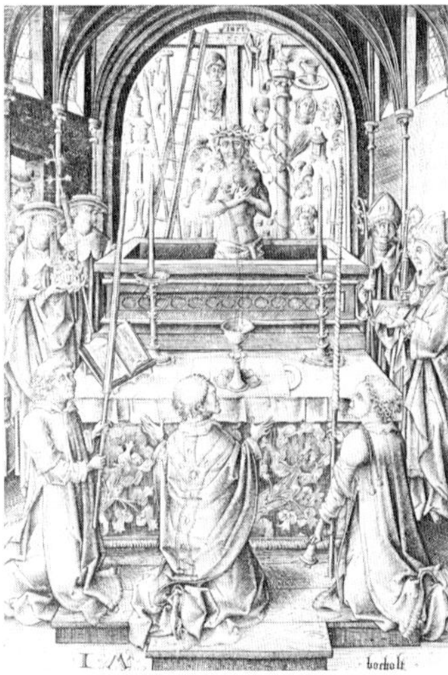

105 ISRAHEL VAN MECKENEM *La Misa de san Gregorio c.* 1480-1485

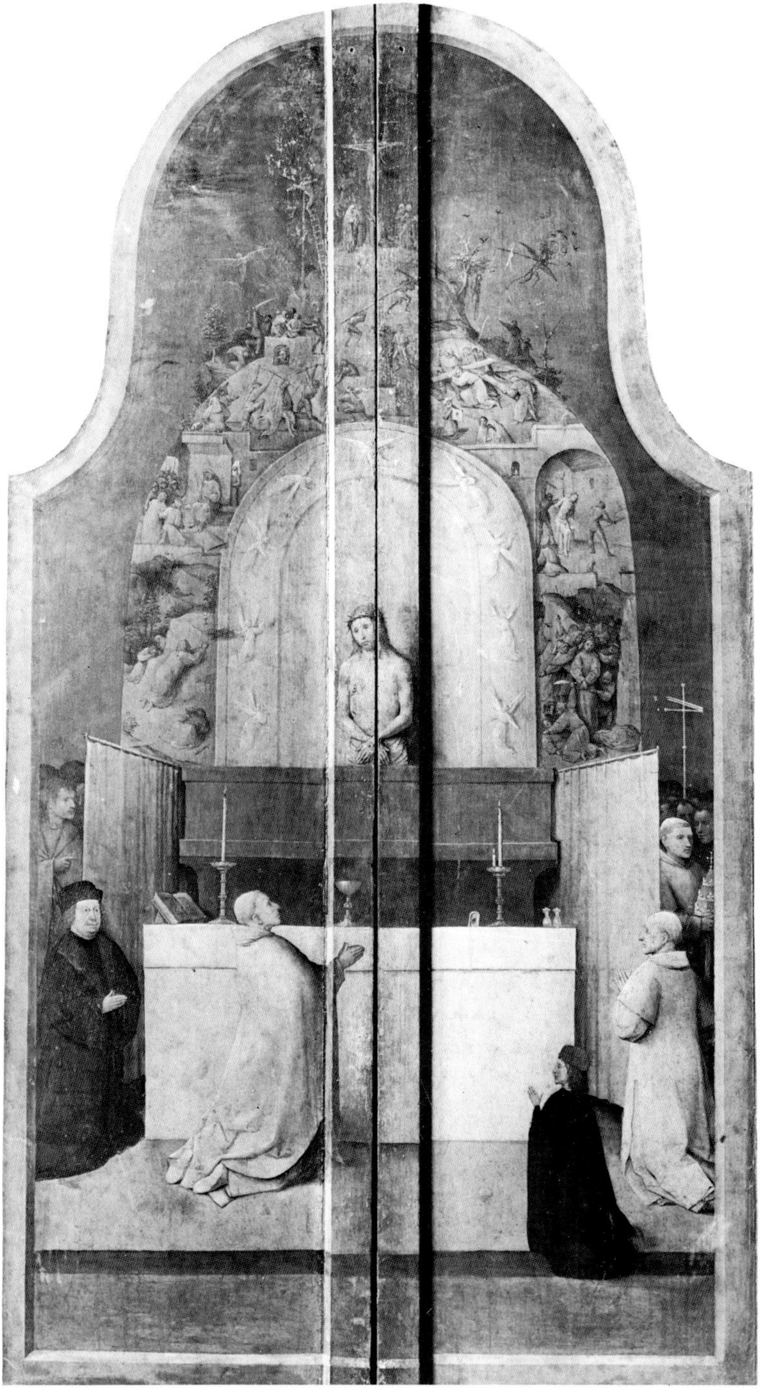

106 EL BOSCO *La Misa de san Gregorio*, alas exteriores de la il. 108

perspectiva y poniendo mayor distancia entre Gregorio y su visión; además, cambia los habituales instrumentos de la Pasión por los episo-
104 dios bíblicos que simbolizan. Empezando con la Agonía en el Huerto y la Traición, estas escenas se representan como imágenes pintadas en la parte inferior del arco, cuya clave sirve de base a una montaña sobre la cual surge la Crucifixión, dentro del espacio de la misma iglesia. De hecho, la visión de Gregorio llena toda la iglesia; en lugar de las bóvedas, vemos un cielo nocturno y nuboso del que desciende un ángel para acoger el alma del buen ladrón. La crucifixión del mal ladrón, sin embargo, se sustituye por el suicidio de Judas Iscariote, cuya coja figura pende de un árbol sobre la ladera derecha, y su alma la lleva un diablo negro. Con este detalle, el Bosco alude de nuevo al conflicto entre la Sinagoga y la Iglesia, recordándonos que fue la traición de Judas la que precipitó los acontecimientos de la Pasión y muerte de Cristo.

En comparación con la *Epifanía* del Prado, cuya complejidad iconográfica sólo la supera *El Jardín de las Delicias* y el *San Antonio* de Lisboa, las escenas de la Pasión pintadas por el Bosco en sus etapas intermedia y última son más simples, con una imaginería que el espectador capta
107 más fácilmente. Una de tales obras es el *Cristo con la Cruz a cuestas*, en el Palacio Real de Madrid. Cristo domina el primer término, casi aplastado por el peso de la Cruz que el anciano Simón de Cirene trata de levantar. Los feos rostros de sus esbirros surgen en masa a la izquierda; a lo lejos, la Virgen dolida se desploma en brazos de Juan el Evangelista. Mientras la primera composición del Bosco sobre este tema, en Viena, es abierta y de narrativa sencilla, la de Madrid es concentrada, y el modo en que Cristo ignora a sus captores para mirar directamente al espectador, le confiere la calidad de una piadosa imagen intemporal.

Quizá, como algunos críticos pretenden, el Bosco equipara a los torturadores históricos de Cristo con la humanidad en general, cuya diaria iniquidad sigue torturando a Cristo incluso después de la Resurrección. Esta idea de «Pasión Perpetua» no era rara en los días del Bosco. Pero en el cuadro de Madrid, la mirada de Cristo no es tanto una acusación como una llamada, como si dijera, en palabras de Mateo 16: 24, «Si alguno quiere venir en pos de mí, niéguese a sí mismo, y tome su cruz, y sígame».

Simón de Cirene ha sido obligado por los soldados a sostener la Cruz de Cristo, pero, durante siglos, los cristianos piadosos que han

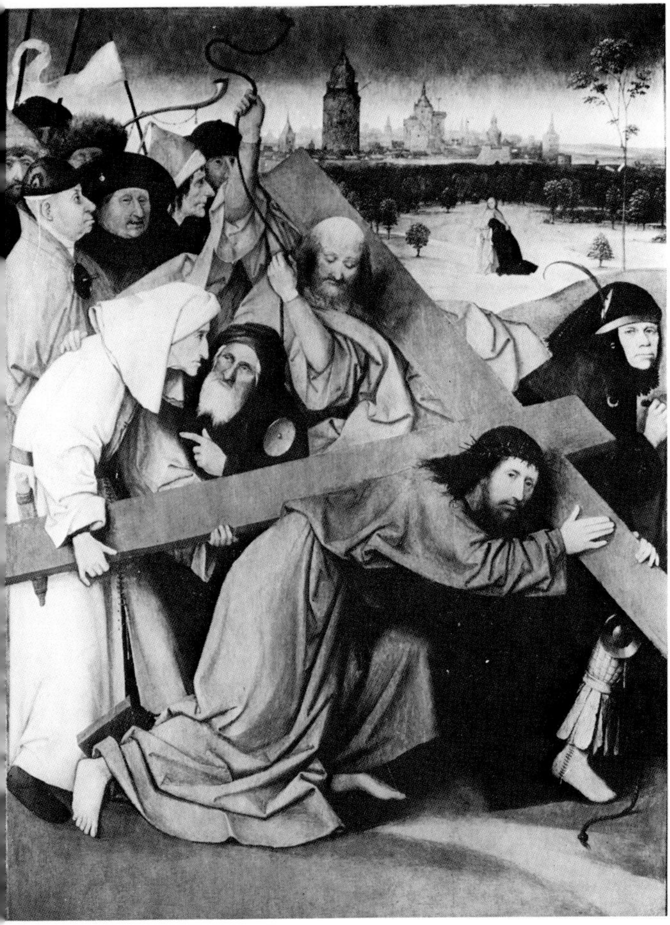

107 EL BOSCO
Cristo con la Cruz a cuestas

querido emular con sus vidas al Salvador, la han abrazado voluntariamente. Imitar a Cristo es soportar los embates de este mundo con la misma paciencia y humildad de Cristo durante su Pasión; porque los sufrimientos temporales, como nunca se cansaron de repetir los místicos y moralistas, purifican el alma como el fuego atempera el acero y refina el oro. Este ideal religioso nos es bien conocido a través del famoso libro de Thomas de Kempis, pero una expresión sucinta de él puede encontrarse en una plegaria que aparece en un grabado alemán del siglo XV que representa a Cristo con la Cruz: «Oh, querido Señor Jesucristo, igual que has llevado tu cruz, concédeme, querido Señor, que yo también lleve con paciencia todas las adversidades y aflicciones

108 págs. siguientes EL BOSCO *Epifanía* tríptico, ala izquierda, ala derecha, panel central

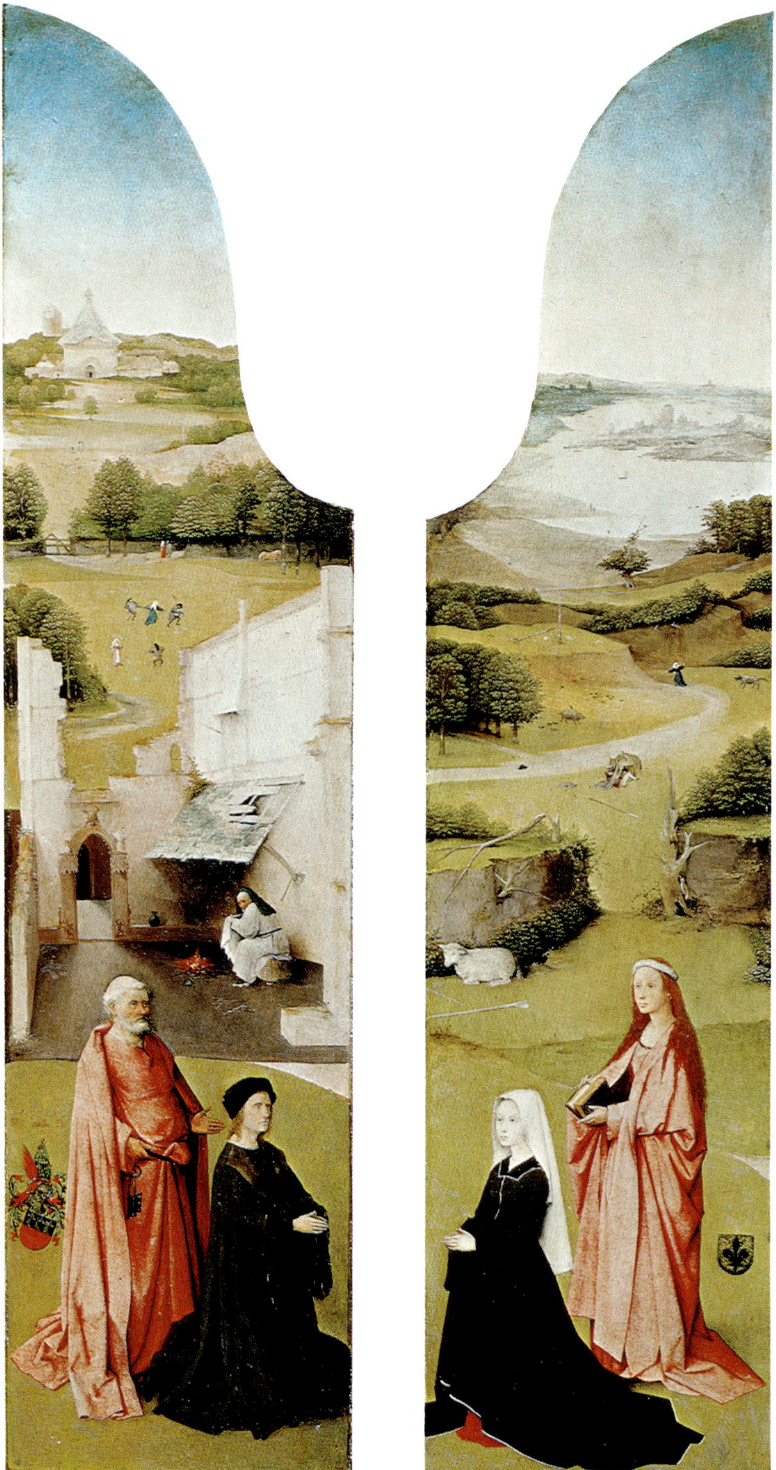

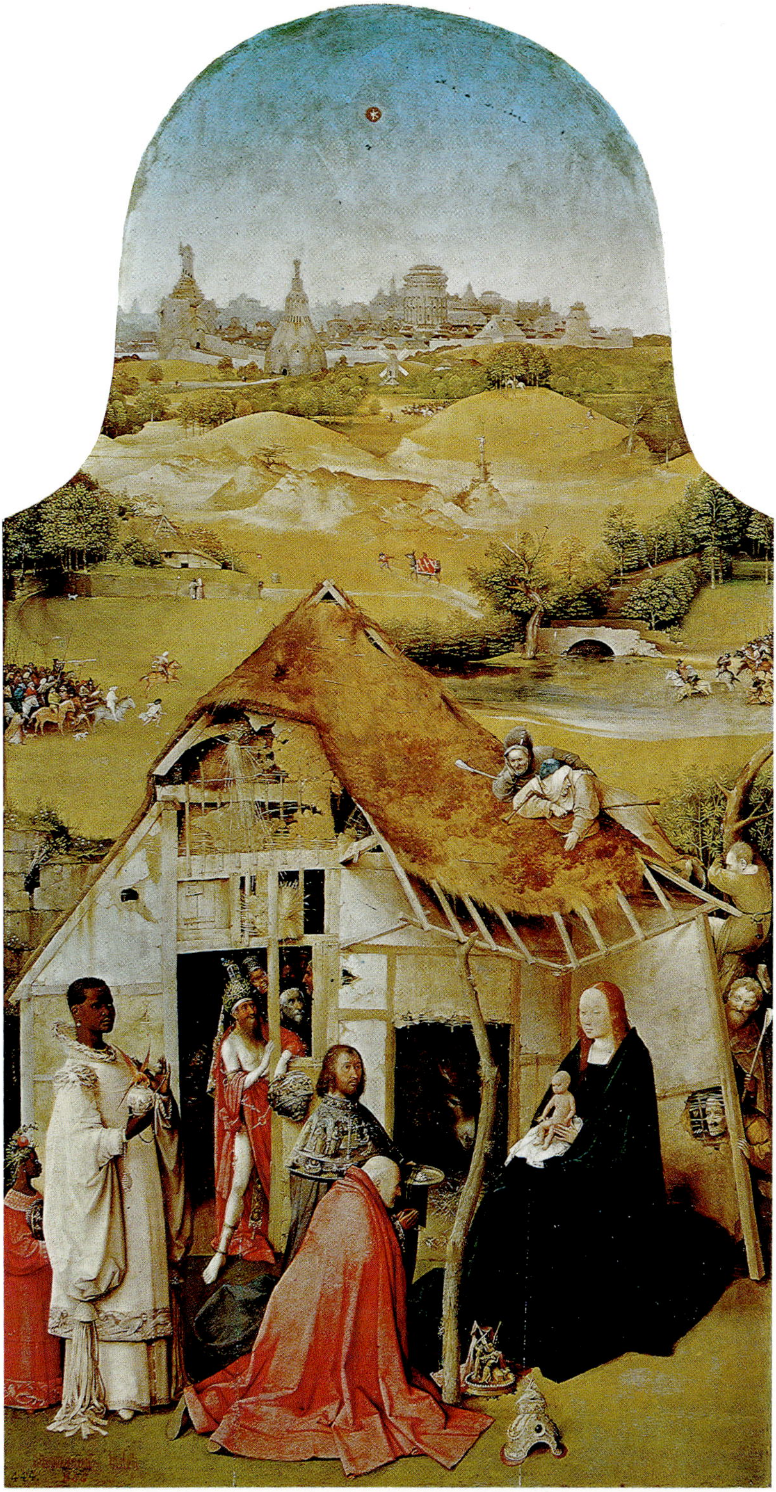

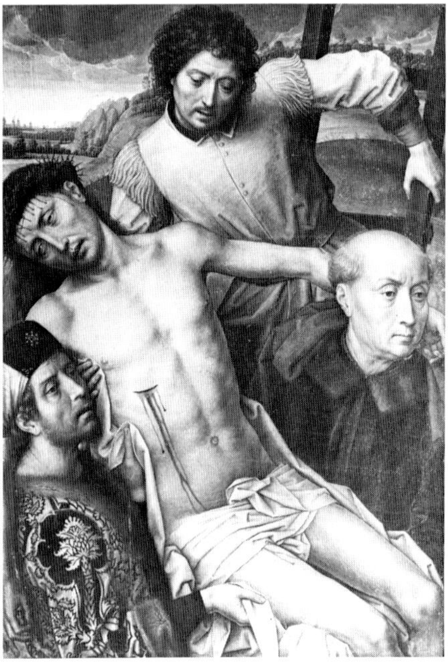

109 HANS MEMLING *Deposición de Cristo*

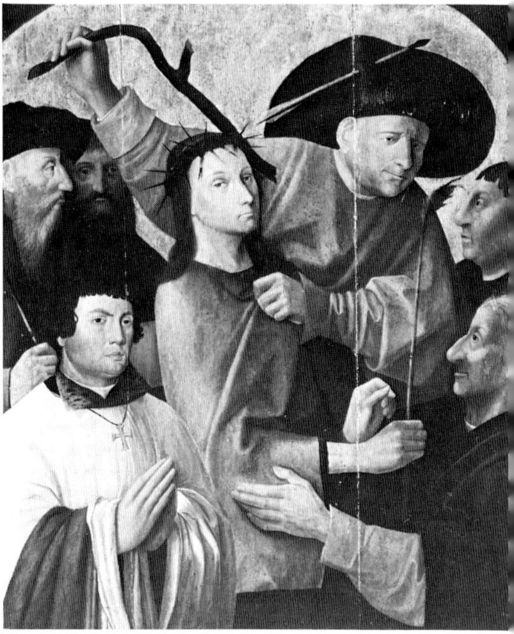

110 Copia de EL BOSCO
Cristo coronado de espinas

que puedan sobrevenirme, para que pueda resistir todas las maldades y tentaciones del cuerpo y los ataques del espíritu maligno».

El concepto de Vía Crucis, la Imitación de Cristo, lo desarrolla después el Bosco en un grupo de escenas de la Pasión de tamaño medio.
112 El primer ejemplo más probable es *Cristo coronado de espinas* (National Gallery, Londres). Las figuras, grandes y firmemente modeladas, aparecen en una composición de lo más simple contra un fondo plano grisazulado, con Cristo vestido de blanco rodeado por sus cuatro esbirros. Un soldado sostiene una corona de espinas sobre su cabeza, otro tira de su ropa y un tercero toca su mano con gesto de burla.
107 Tales actos, sin embargo, parecen inefectivos y, como en el *Cristo con la Cruz a cuestas* de Madrid, Cristo ignora a sus perseguidores para mirar serenamente, incluso amablemente, al espectador.

El formato de medio cuerpo y la tendencia a agrupar las figuras sobre el plano del cuadro, con pocos indicios de espacio, son característicos y reflejan un tipo piadoso flamenco popularizado por Hugo
109 van der Goes y Hans Memling. Como sus modelos flamencos, el *Cristo coronado de espinas* de Londres presenta la sagrada escena no en forma

histórica, sino atemporal, en este caso como un prototipo para las virtudes cristianas ante la adversidad.

La interpretación que hace el Bosco de la Imitación de Cristo debió atraer a sus contemporáneos, porque reelaboró la composición de Londres en una segunda versión del tema. Aunque la pintura original se ha perdido, subsisten no menos de siete copias, prueba de su popu- 110
laridad.

Esta segunda composición, a su vez, parece que ha inspirado el gran e imponente *Cristo coronado de espinas* de El Escorial, en el cual las 111
figuras se adaptan a un campo circular sobre un fondo dorado. Cristo se sienta en una repisa del inmediato primer término y, como en casos anteriores, mira al espectador. Esta vez, sin embargo, las arrugas de su frente expresan claramente su sufrimiento, y los gestos estáticos de sus guardianes en las primeras versiones son aquí expresiones violentas. Un hombre enfadado, con cara de rata, desgarra con su puño armado la ropa de Cristo; su compañero, de sonrisa fatua, apoya un pie en la

111 EL BOSCO *Cristo coronado de espinas*

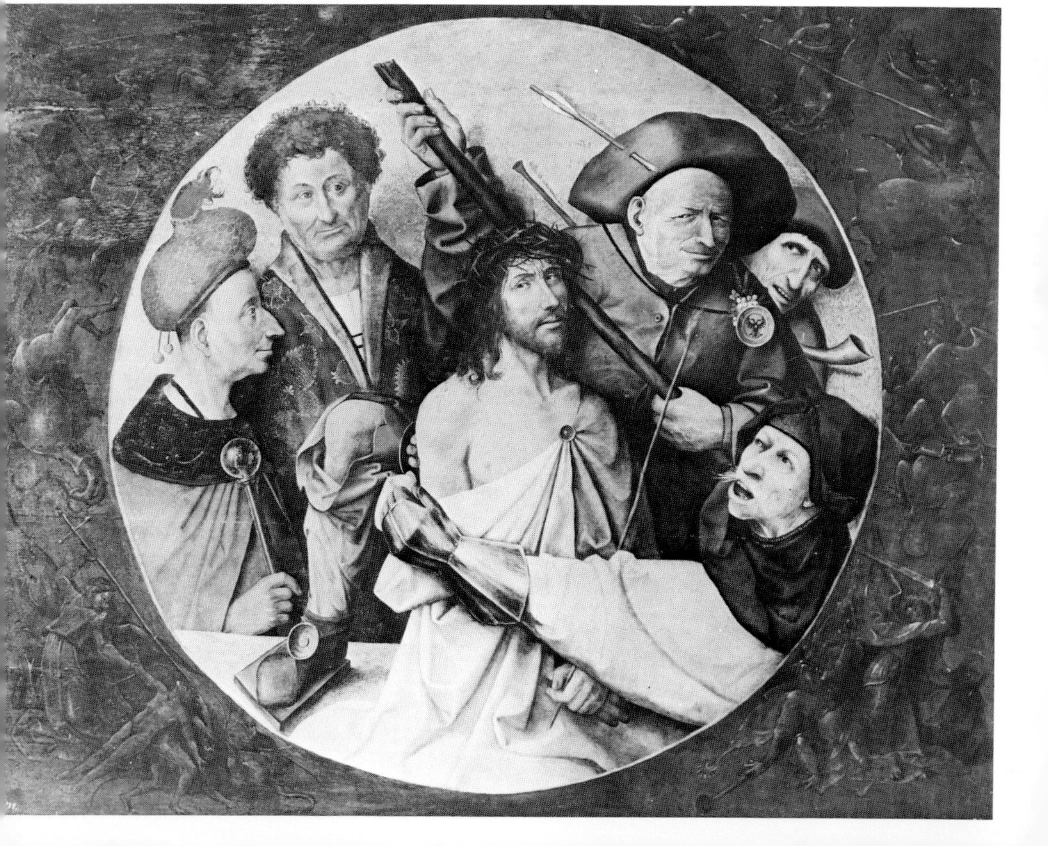

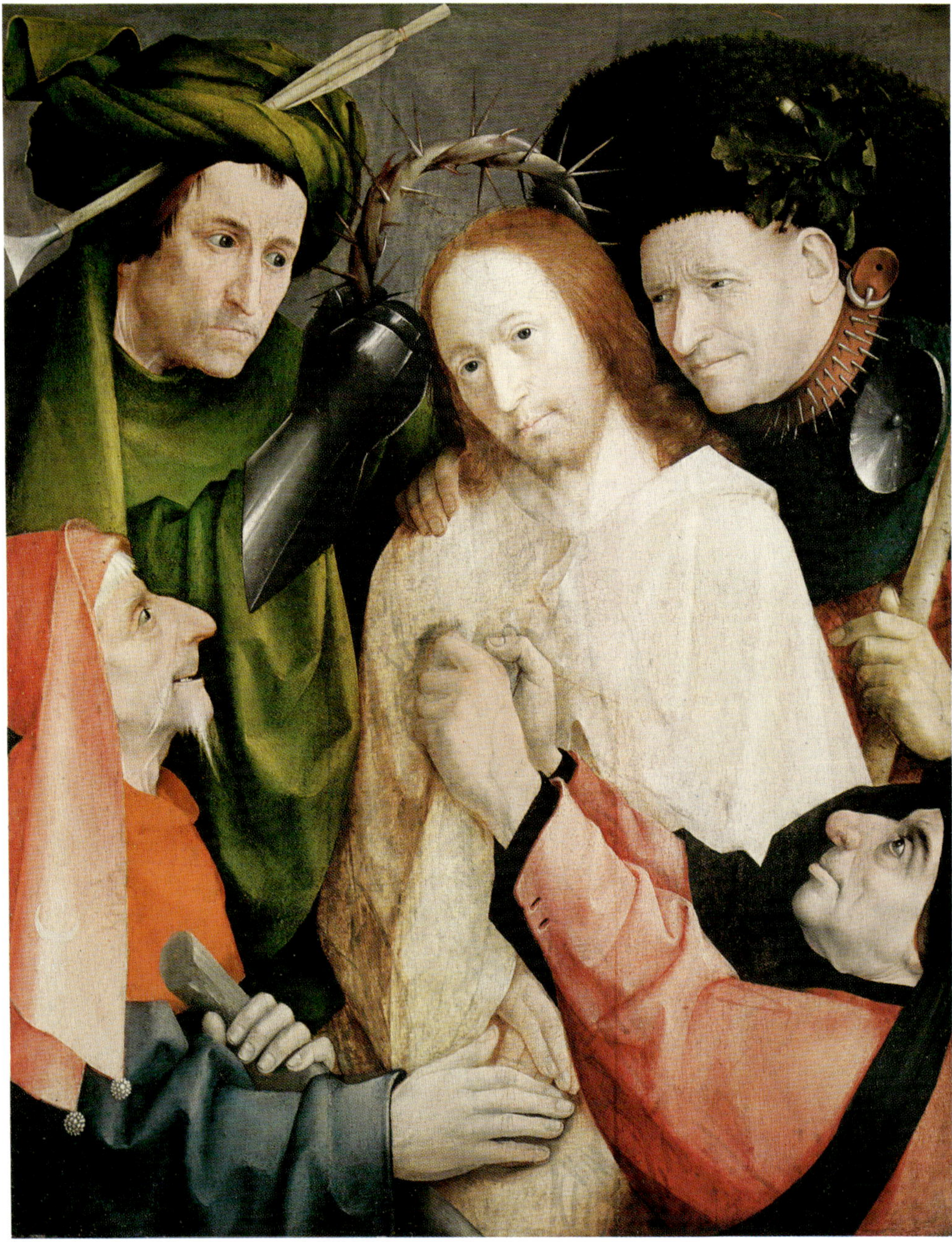

112 EL BOSCO *Cristo coronado de espinas*

repisa para ajustar más la corona de espinas sobre su cabeza, mientras un tercero, tras los otros dos, lo mira intensamente. En contraste, los dos espectadores de la izquierda miran con frío despego. Este tormento de Cristo recibe un significado cósmico en la grisalla del borde, con ángeles y demonios enzarzados en un combate interminable.

La maldad de los enemigos de Cristo alcanza su mayor grado de histeria en el último cuadro de la Pasión del Bosco, el *Cristo con la Cruz* *113*
a cuestas de Gante. Esta vez Cristo va acompañado por la Verónica, una figura apócrifa no citada por la Biblia, que se dice que enjugó el sudor de la cara del Salvador cuando se debatía bajo la Cruz, obteniendo así en su velo una imagen milagrosa de sus rasgos. Los dos ladrones aparecen a la derecha. Alrededor de estas figuras surge una multitud

113 EL BOSCO *Cristo con la Cruz a cuestas*

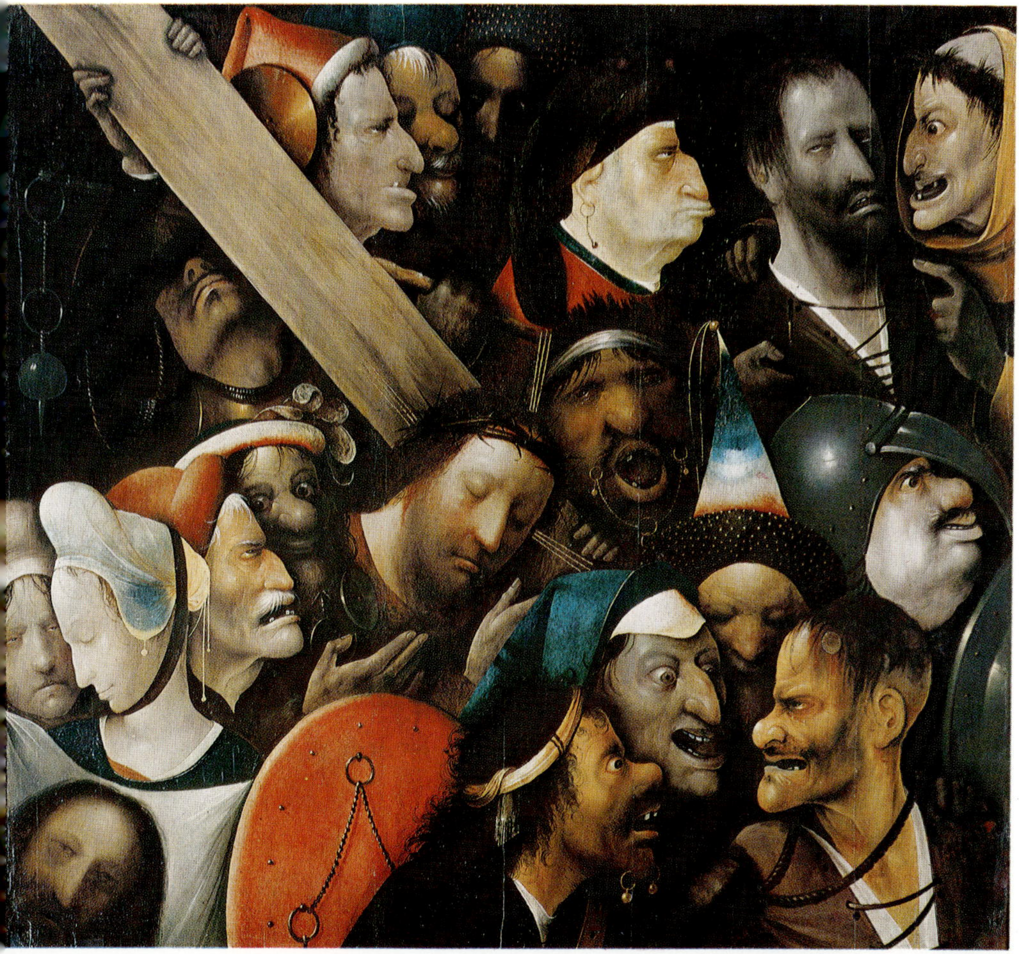

vociferante que increpa con ojos desencajados y furiosos a sus víctimas, con caras crispadas y deformadas, iluminadas espectralmente contra el fondo oscuro. No son hombres, sino demonios, encarnaciones perfectas de toda la lujuria y las pasiones que siempre han manchado las almas. El Bosco nunca había pintado la fisonomía humana con tanta fealdad; se ha creído que se inspiró en los dibujos de cabezas grotescas de Leonardo. Pero es igualmente probable que siguiera a los artistas alemanes quienes, durante generaciones, habían dibujado a
114 los torturadores de Cristo con rasgos deformes y monstruosos.

En esta vorágine del mal, los rostros de Cristo y Verónica aparecen extrañamente serenos y reservados. Con los ojos cerrados, es como si respondieran a una visión interna y no al tumulto que los rodea; los labios de Verónica incluso se curvan en una ligera sonrisa. Paradójicamente, es la imagen de Cristo impresa en su velo la que nos mira suplicante. El contraste entre Cristo y los dos ladrones no puede ser mayor. El malo, abajo y a la derecha, devuelve los insultos a la gente; el bueno, arriba, está a punto de caer aterrorizado al oír las palabras de su confesor. Son hombres de carne y hueso, todavía inmersos en las penalidades de este mundo. Mientras, Cristo se ha retirado a una esfera superior, fuera del alcance de sus perseguidores: en medio de su sufrimiento, sale victorioso. Y a todos quienes tomen su Cruz y lo sigan, Cristo promete la misma victoria sobre el Mundo y la Carne; éste es el mensaje que transmiten a sus contemporáneos los cuadros de tamaño medio del Bosco sobre la Pasión.

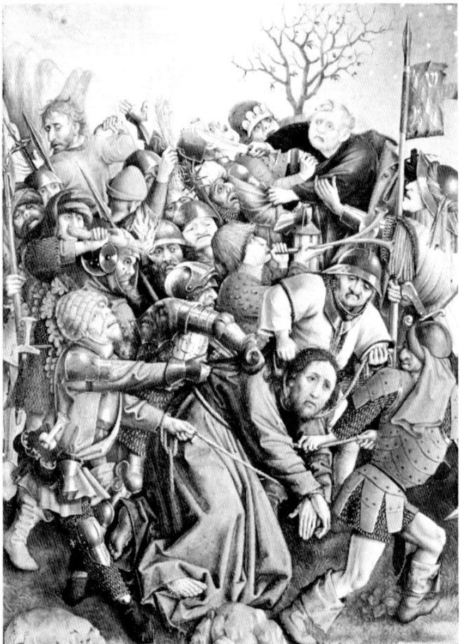

114
MAESTRO DE LA PASIÓN DE KARLSRUHE *Apresamiento de Cristo*, *c.* 1440

CAPÍTULO VIII

Triunfo de los Santos

En sus cuadros de santos, el Bosco rara vez describe los grandes milagros o los martirios espectaculares que tanto fascinaron al final de la Edad Media. Salvo en la temprana *Crucifixión de santa Julia*, lo que muestra son las virtudes más pasivas de la vida contemplativa: nada de santos soldados o tiernas vírgenes defendiendo frenéticamente su castidad, sino eremitas meditando serenamente ante un paisaje.

Tres son las variaciones de este tema en el tríptico de Venecia, lamentablemente dañado, *Santos ermitaños* y que debió de pintar hacia la *117*
mitad de su carrera. En el centro, san Jerónimo fija su mirada en un crucifijo, protegido del mundo del pecado, simbolizado por las ruinas de un templo pagano esparcidas a su alrededor, y por dos animales monstruosos que, en la parte inferior, luchan a muerte. A la izquierda, san Antonio el Ermitaño se resiste a las pretensiones amorosas de la Reina-Diablo, un episodio al que nos referiremos luego. En una capilla, al resguardo de una cueva, san Gil reza ante un altar; la flecha que atraviesa su pecho recuerda la ocasión en que fue herido accidentalmente por un cazador de paso.

Los tres santos reflejan el ideal monástico que se brinda, por ejemplo, en la *Imitación de Cristo*; una vida basada en la mortificación de la carne, la oración y la meditación permanentes. «¡Qué estricta y abnegada fue la vida de los santos padres en el desierto! —exclama Thomas de Kempis—. ¡Qué largas y penosas las tentaciones que soportaron! ¡Cuán a menudo los acechó el Demonio! ¡Con qué frecuencia y fervor rezaron a Dios!... ¡Qué grande su celo y ardor para elevar sus espíritus! ¡Y con qué valentía entablaron las batallas para superar sus vicios!»

En *san Jerónimo orando* (Gante), el Bosco dio una imagen aún más *115*
expresiva de este ideal. Jerónimo está tendido en el suelo, con un crucifijo entre sus manos; sus espléndidas ropas de cardenal yacen abandonadas a sus pies. No hay los gestos dramáticos —el corazón palpitante y los ojos elevados a la Cruz— con que los demás artistas representan al santo penitente, pero en esta figura, quieta e intensa, el Bosco ha expresado de modo vivo la angustia espiritual de Jerónimo.

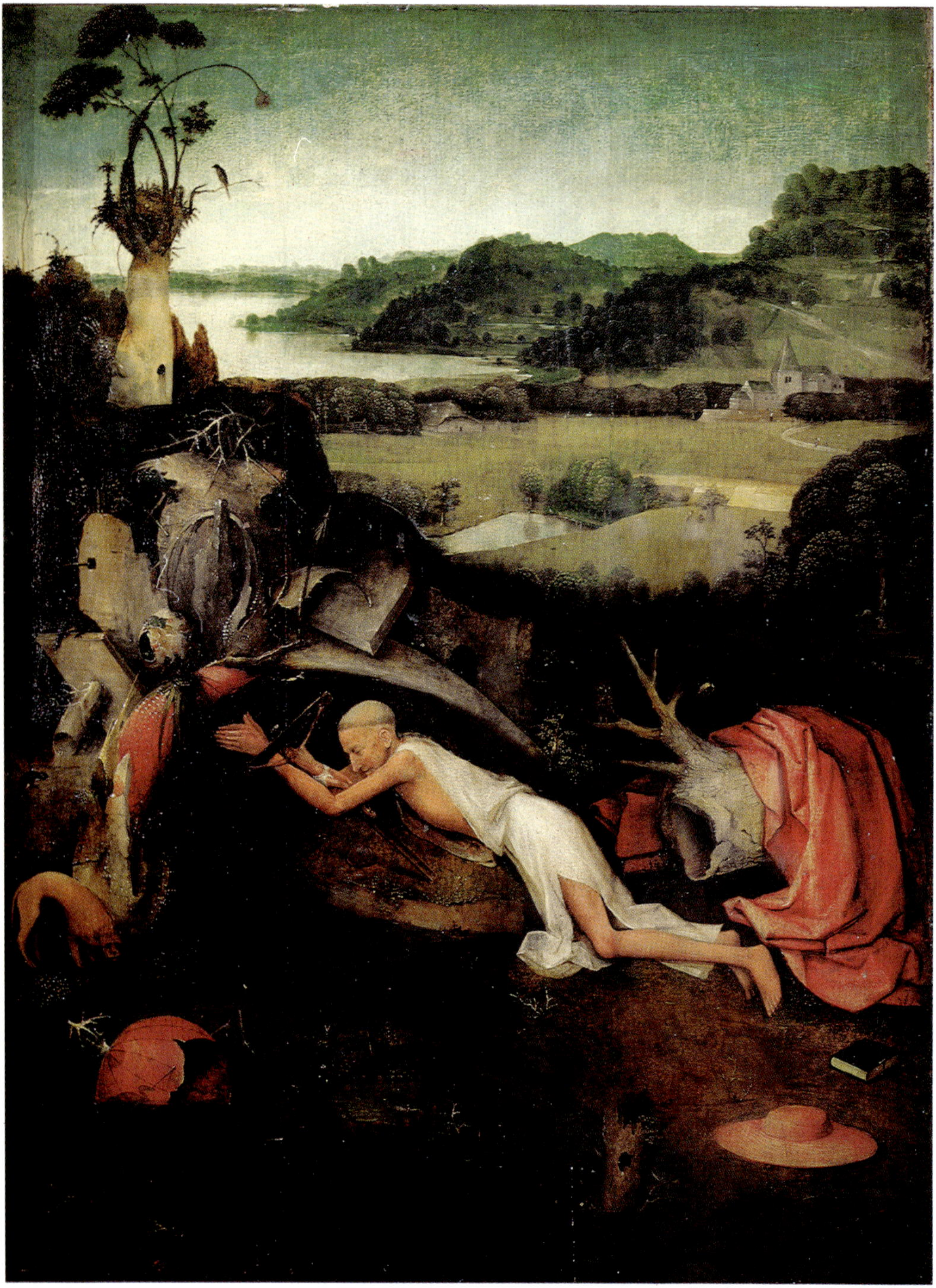

115 EL BOSCO *San Jerónimo orando*

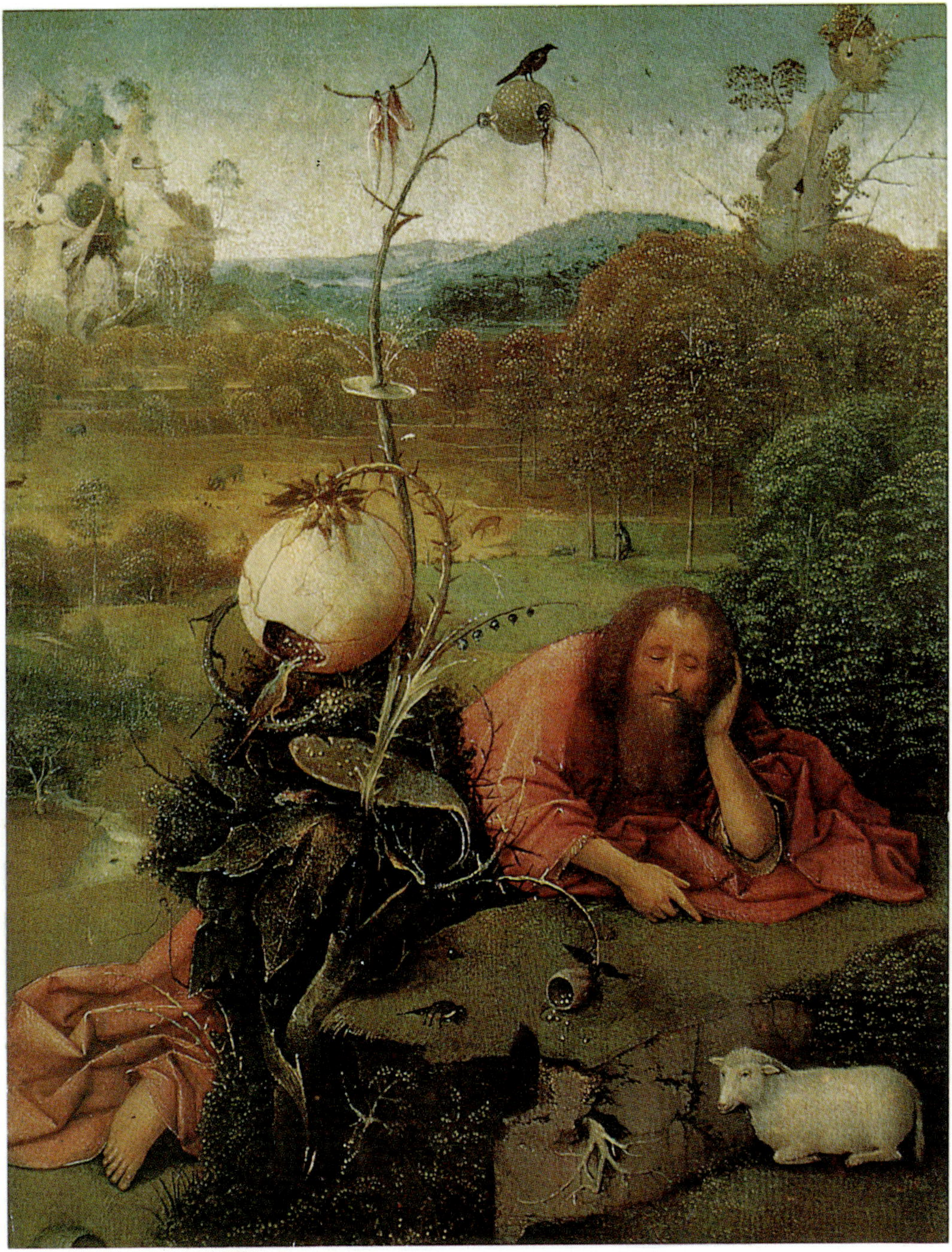

116 EL BOSCO *San Juan Bautista en el desierto*

117 págs. siguientes EL BOSCO tríptico de los *Santos ermitaños*,
ala izquierda, ala derecha, panel central

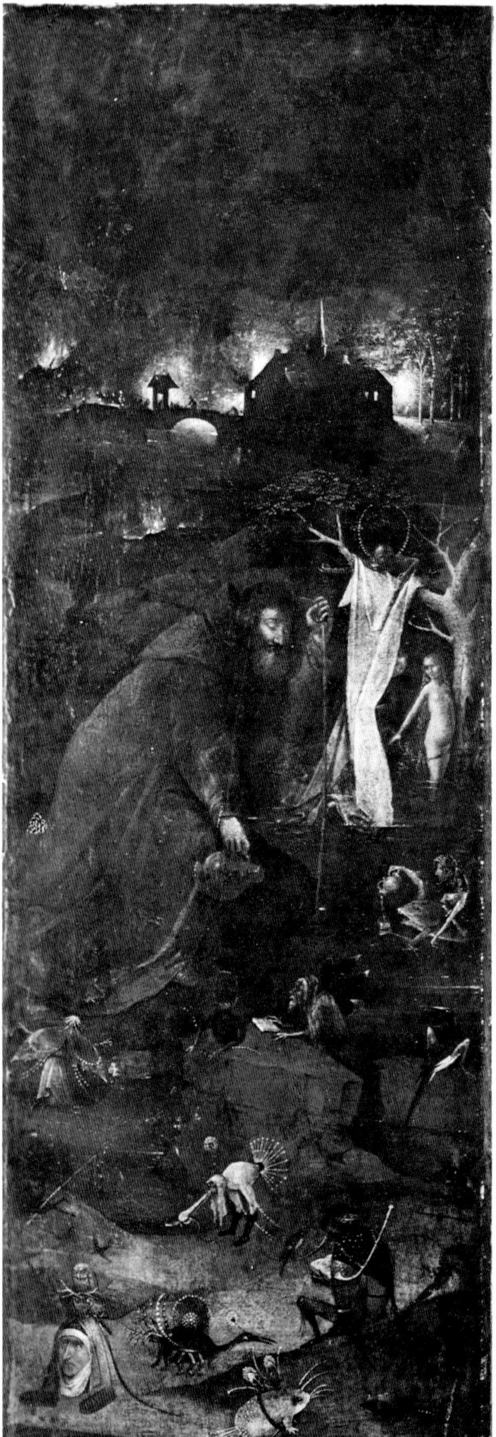
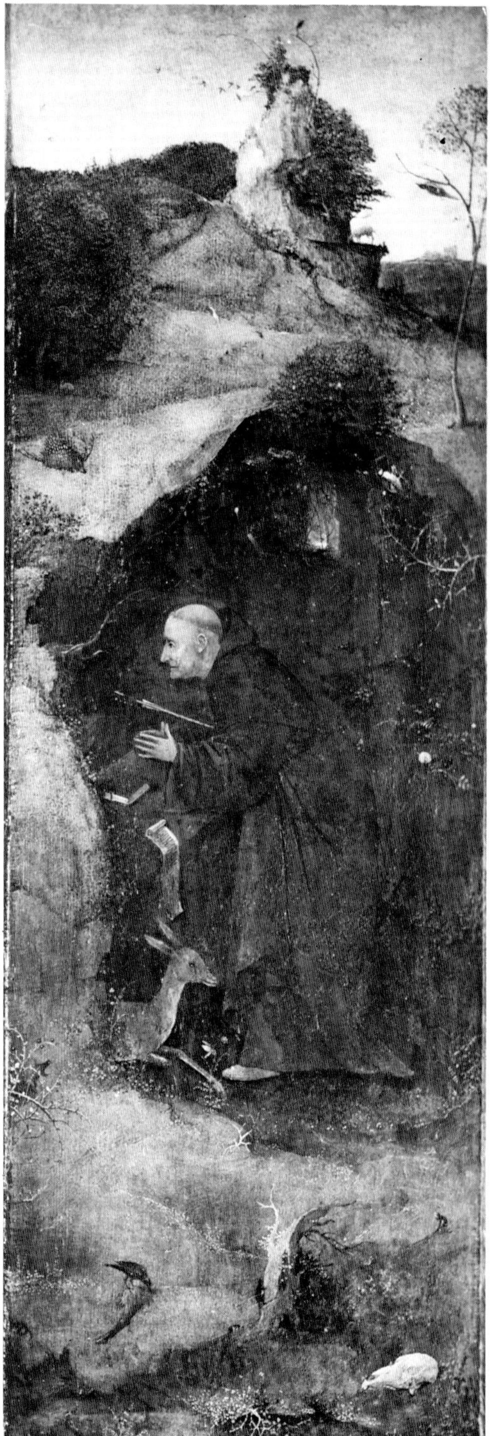

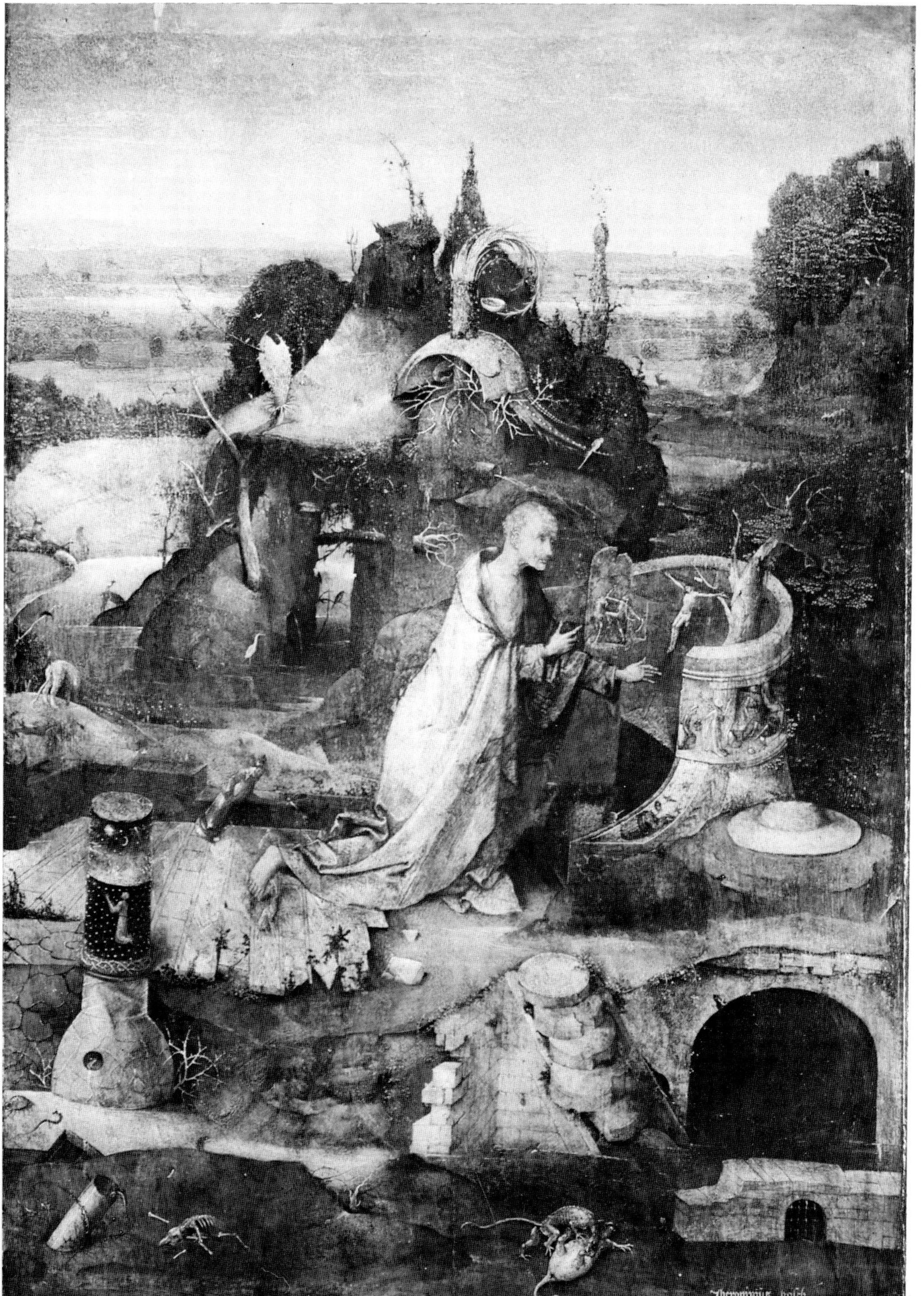
Jheronimus bosch

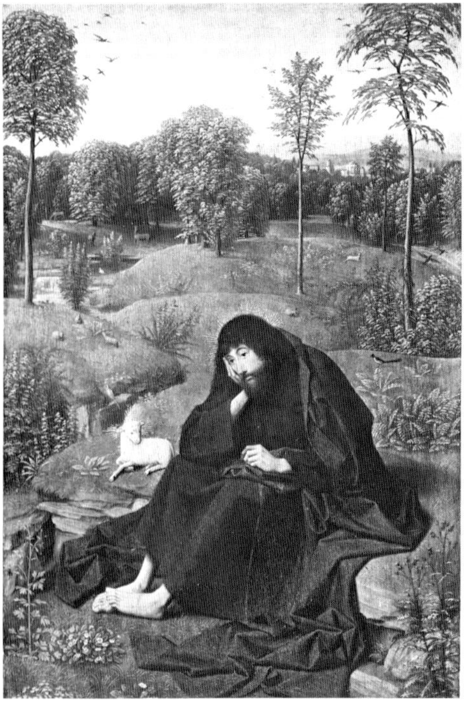

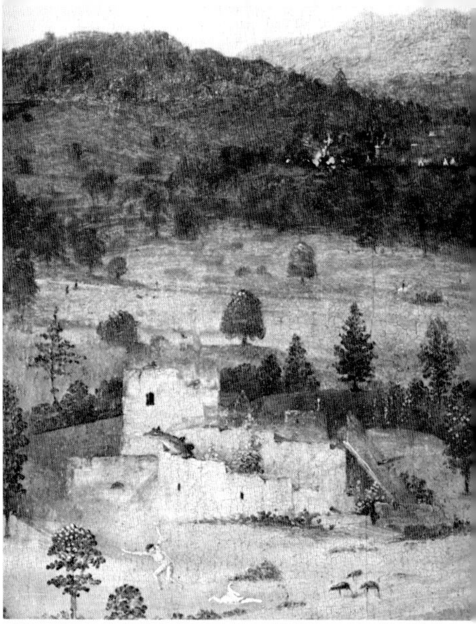

119 EL BOSCO
Paisaje con ciudad ardiendo y dragón
detalle de la il. 120

118 GEERTGEN TOT SINT JANS
San Juan Bautista en el desierto

El tranquilo panorama del fondo no ofrece sombras de pecado, pero la gruta encharcada en la que yace el santo está invadida por la corrupción y la decadencia. En su autobiografía, Jerónimo describe cómo sus meditaciones en el desierto fueron interrumpidas por visiones de bellas cortesanas. Estos pensamientos lujuriosos están sin duda simbolizados por los grandes frutos en descomposición que hay cerca de la cueva, reminiscencias de la flora de *El Jardín de las Delicias*. Sólo con su sometimiento incondicional a la voluntad de Dios, pudo Jerónimo domeñar su carne rebelde.

En otro cuadro (Museo Lázaro-Galdiano, Madrid), el Bosco mues-
116 tra a san Juan Bautista sentado en un húmedo paisaje de verano. La
composición pudo estar influida por una pintura que realizó unos años
118 antes Geertgen tot Sint Jans. Geertgen presenta al profeta con gesto
pensativo, la mirada perdida en el espacio y frotándose un pie con el otro, pero el Bosco lo muestra señalando al Cordero de Dios yacente, abajo y a la derecha. Este gesto identifica tradicionalmente a Juan como precursor de Cristo. Pero, en este caso, también indica una alternativa espiritual a la vida de la carne, simbolizada por los grandes

120 EL BOSCO *San Cristóbal llevando al Niño Jesús* ▶

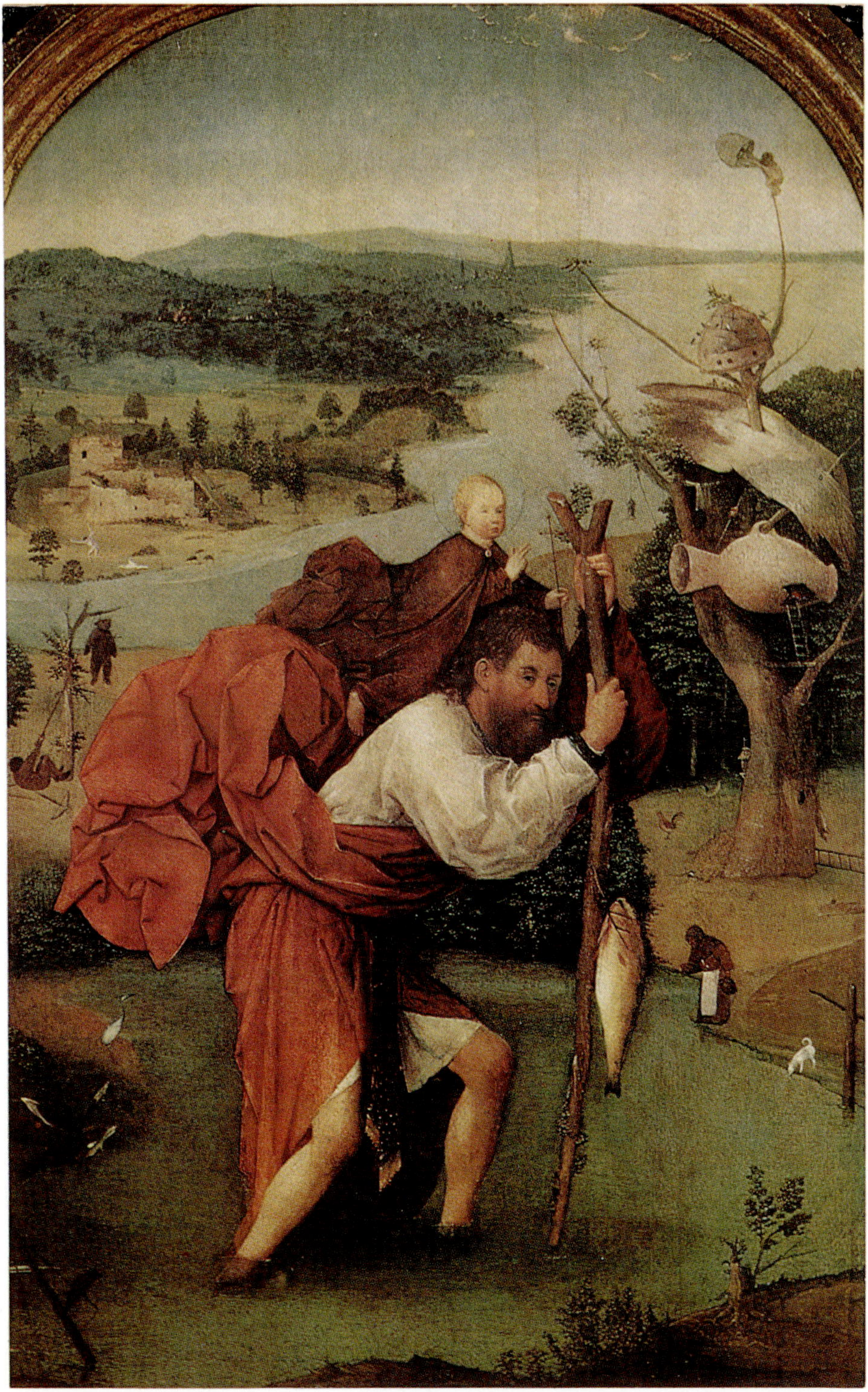

frutos jugosos que cuelgan cerca de él en tallos graciosamente curvados, y en las formas igualmente ominosas que surgen en el fondo.

En una pintura conservada en Rotterdam, san Cristóbal aparece en un paisaje igualmente impregnado de pecado. Con su capa roja recogida por detrás, el gigante Cristóbal camina dificultosamente por el río,
120 con Cristo Niño sobre los hombros. Según la leyenda, Cristóbal, buscando un amo poderoso e influyente, había servido a un rey y al mismo Demonio, búsqueda que terminó cuando un ermitaño lo convirtió al cristianismo. El ermitaño aparece en la orilla, abajo a la derecha, pero su casa en un árbol se ha transformado en un cántaro roto que aloja una taberna pecaminosa; encima, una figura desnuda trepa por una rama hacia una colmena, símbolo de la embriaguez. Al otro lado
119 del río, un dragón sale de unas ruinas, asustando a un bañista, y una ciudad resplandece en llamas sobre el fondo sombrío. Estos y otros detalles siniestros recuerdan el paisaje exterior del tríptico de *El carro de heno*, pero a diferencia del peregrino que allí aparece, Cristóbal tiene la protección del pasajero que transporta.

No menos protegido de las acechanzas del Demonio está san Juan Evangelista en un cuadro de Berlín. El joven apóstol está en la isla de
123 Patmos, donde sufrió destierro por orden del emperador Domiciano y escribió el Libro de la Revelación, presumiblemente el que tiene sobre sus rodillas. Alza su dulce mirada hacia la Virgen aparecida, entronizada sobre la luna creciente, la mujer del Apocalipsis descrita en Revelación 12: 1-16. Se la señala un ángel, cuya figura esbelta y alas de delicadas plumas apenas es más sustancial que el brumoso paisaje holandés al
121 fondo. Influido quizá por versiones anteriores del tema, el Bosco, por

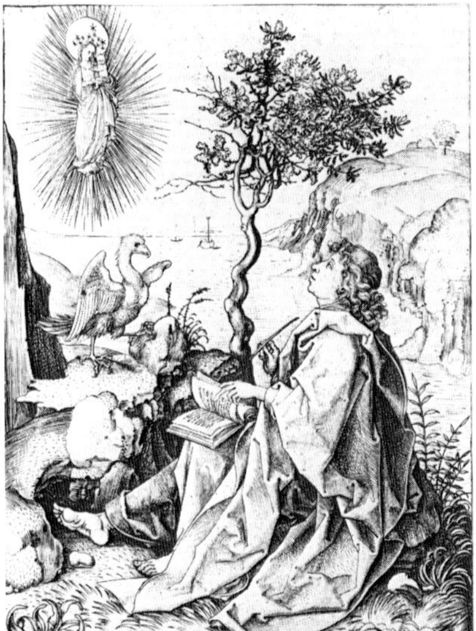

121 MARTIN SCHONGAUER
San Juan Evangelista en Patmos

122 EL BOSCO *Escenas de la Pasión de Cristo y el pelícano con su cría*, reverso de la il. 123 ▶

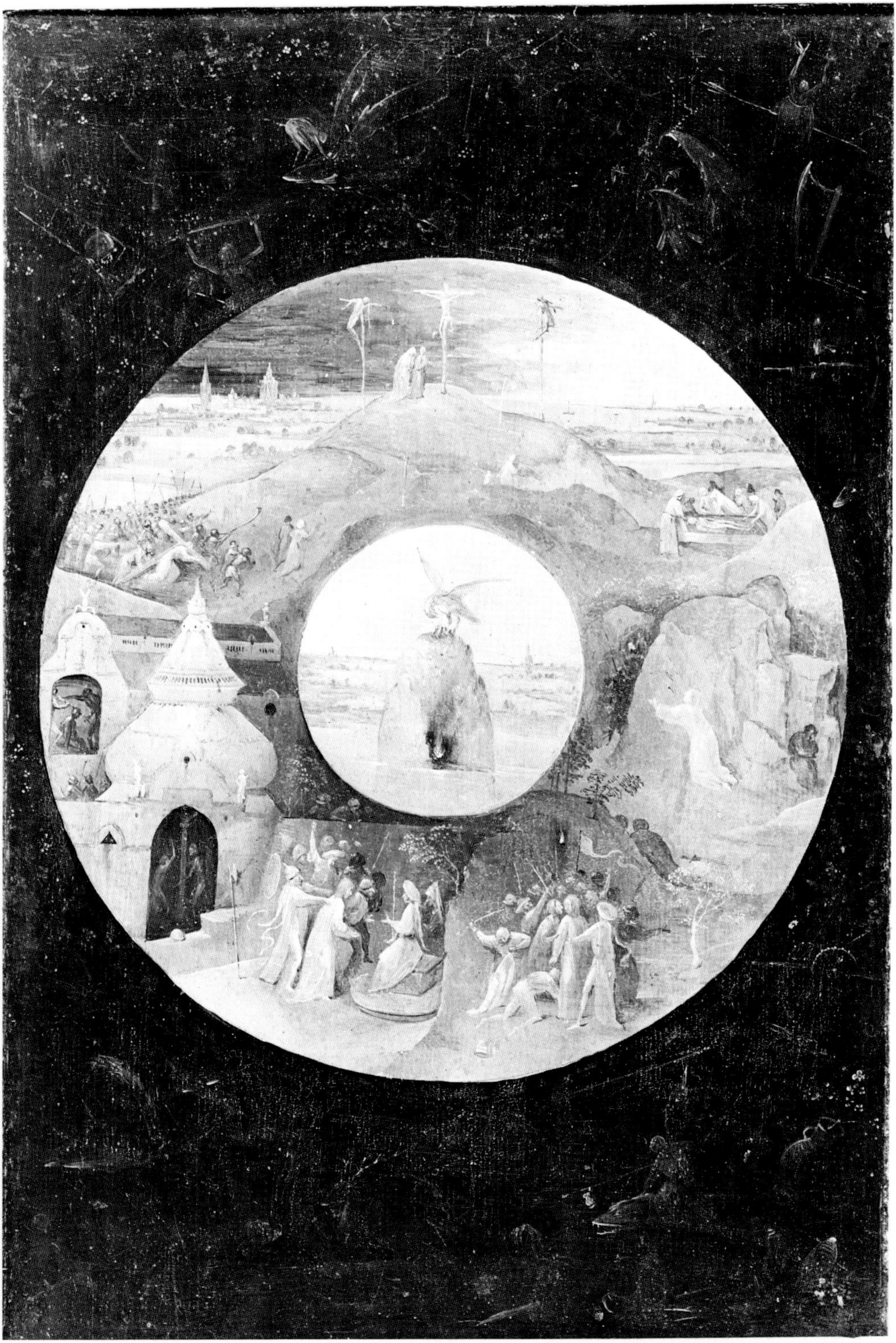

una vez, refrena su inclinación por las escenas demoníacas. Lo cual no impide que, abajo, a la izquierda, haya varios barcos ardiendo en el agua, y a la derecha aparezcan unos pequeños monstruos, probablemente aludiendo al Apocalipsis de san Juan, pero ninguno de estos detalles turba el idílico paisaje que enmarca la gozosa visión del santo.

Pero los demonios suprimidos en el *San Juan* de Berlín irrumpen en
122 el reverso de la tabla, pintada en grisalla; aquí los monstruos hormiguean como peces luminosos en aguas profundas alrededor de un gran círculo doble. Como en la *Mesa* del Prado, el Bosco emplea el motivo del espejo que esta vez, sin embargo, es un espejo de salvación: la Pasión de Cristo se despliega en el círculo externo, con la visión culminante de la Crucifixión en lo alto. El Monte Gólgota se repite simbólicamente en el círculo interno en forma de alta roca con un pelícano en su nido. El pelícano, del que se creía que alimentaba a su cría con sangre de su propio pecho, era tradicionalmente el símbolo del sacrificio de Cristo. Aparece muy apropiadamente en el reverso de este cuadro dedicado a san Juan, el discípulo amado que ha reposado su cabeza, como Dante nos dice (*Paradiso*, XXV), en el pecho del mismo Pelícano Divino.

Es probable que estos pequeños cuadros de santos estuvieran destinados a ser contemplados en el silencio de un claustro o de una capilla. Representan, en el ideal monástico, la empinada cuesta que el peregrino cristiano debe remontar para recuperar su patria perdida y alcanzar su unión con Dios. Pero en ninguna parte se han detallado tan vívida y circunstancialmente las vicisitudes de la vida espiritual como en la leyenda de san Antonio el Ermitaño, fundador del monacato
124 cristiano, que el Bosco pintó en un retablo hoy conservado en Lisboa.

San Antonio es un personaje recurrente en la obra del Bosco. Figura en el ala izquierda del tríptico *Santos ermitaños* y también varias veces
53 en un dibujo del Louvre. Una pequeña tabla del Prado, que muestra al santo meditando en un soleado paisaje, también se le atribuye, aunque muchos de sus detalles se apartan de su estilo habitual. En cualquier caso, el tríptico de Lisboa es su obra más completa sobre el tema, cuyos datos obtuvo de las *Vidas de los Padres* y de la *Leyenda Áurea*, ambas ya traducidas al neerlandés en aquella época.

Según estos compendios medievales de vidas de santos, san Antonio pasó la mayor parte de su vida (*c.* 251-356) en el desierto de Egipto y allí, por su extraordinaria piedad, Satán lo hizo objeto de su especial atención. Una vez, mientras rezaba al abrigo de una antigua tumba,

123 EL BOSCO *San Juan Evangelista en Patmos* ▶

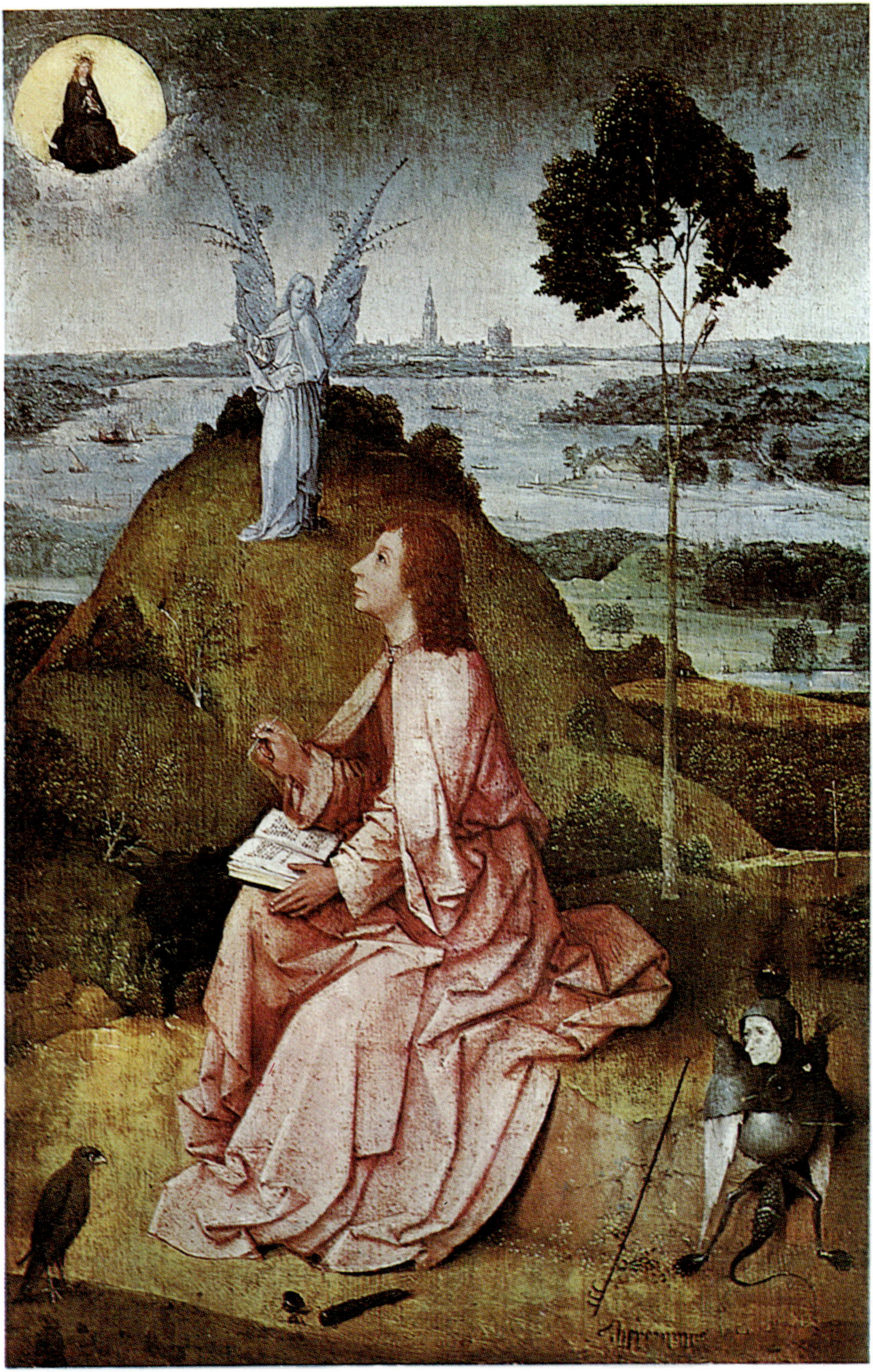

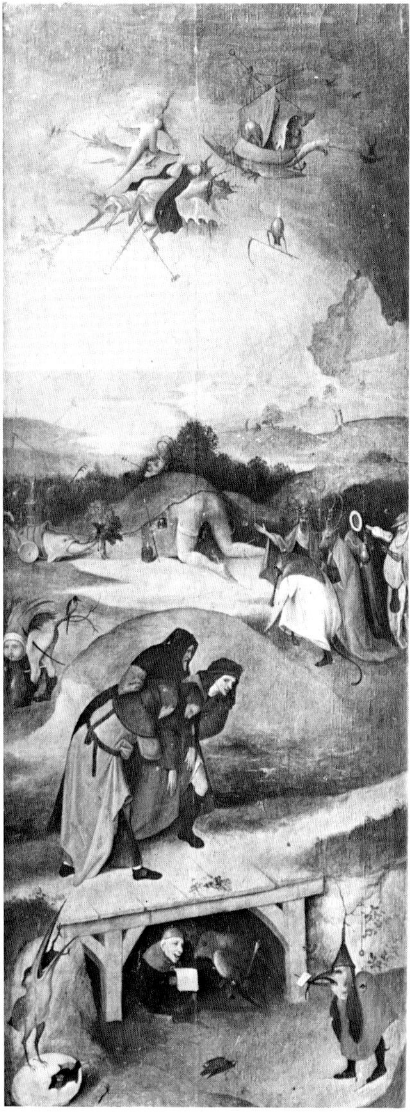

ala izquierda

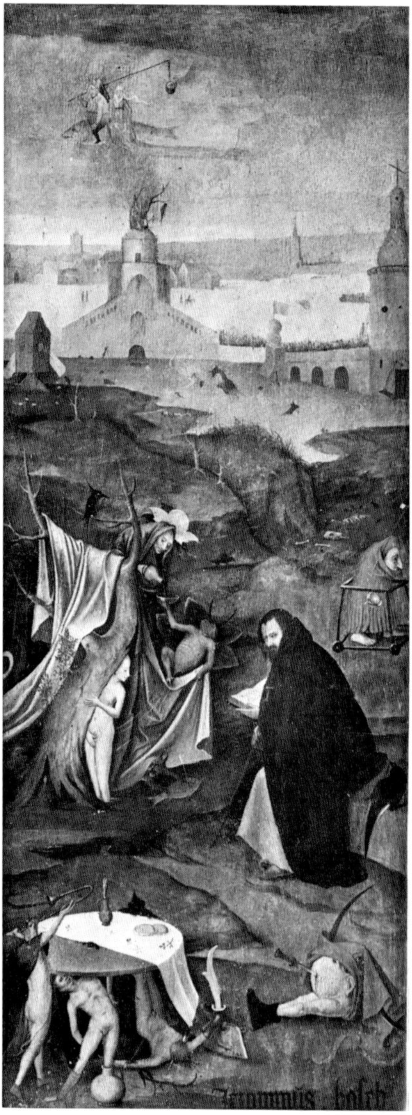

ala derecha

124 EL BOSCO
Las tentaciones de san Antonio, tríptico

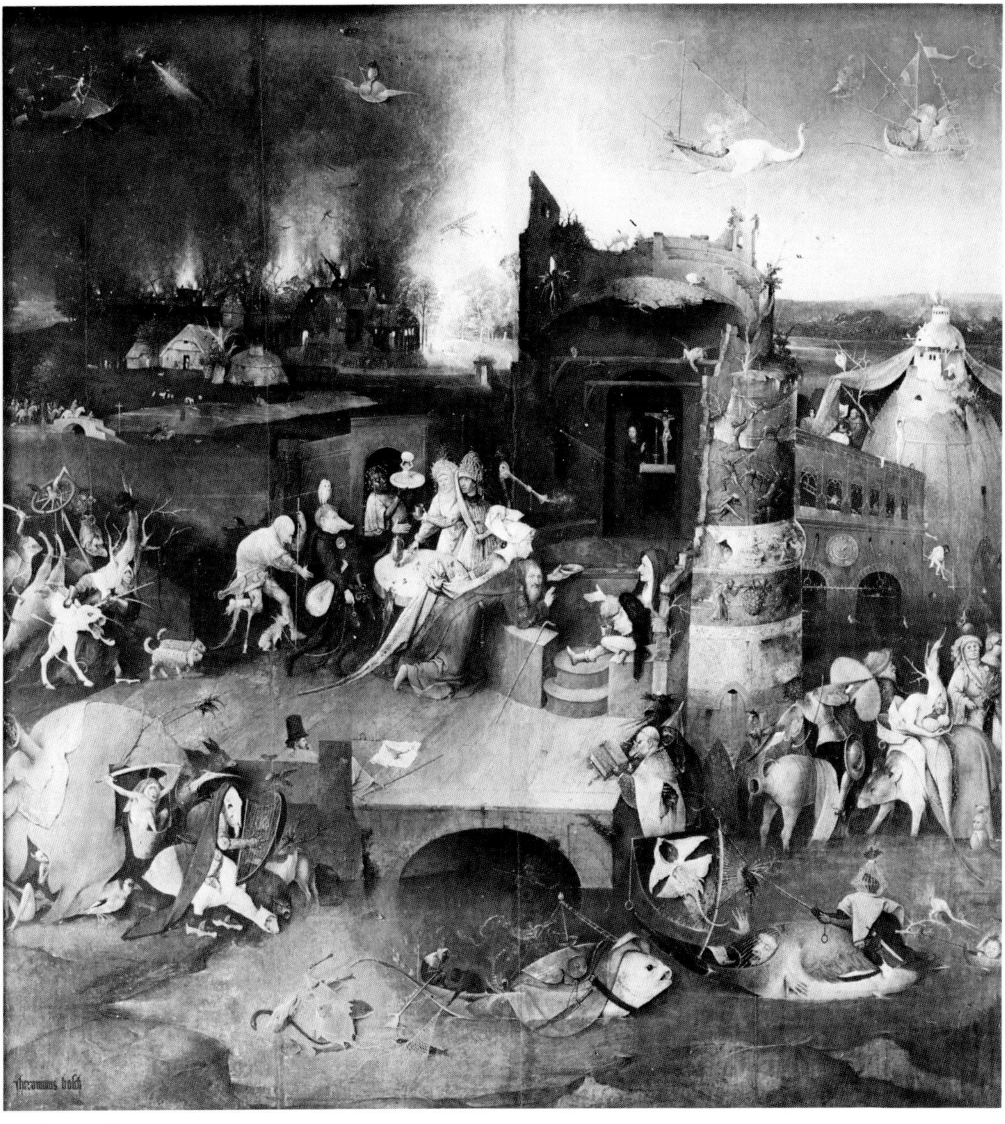

panel central

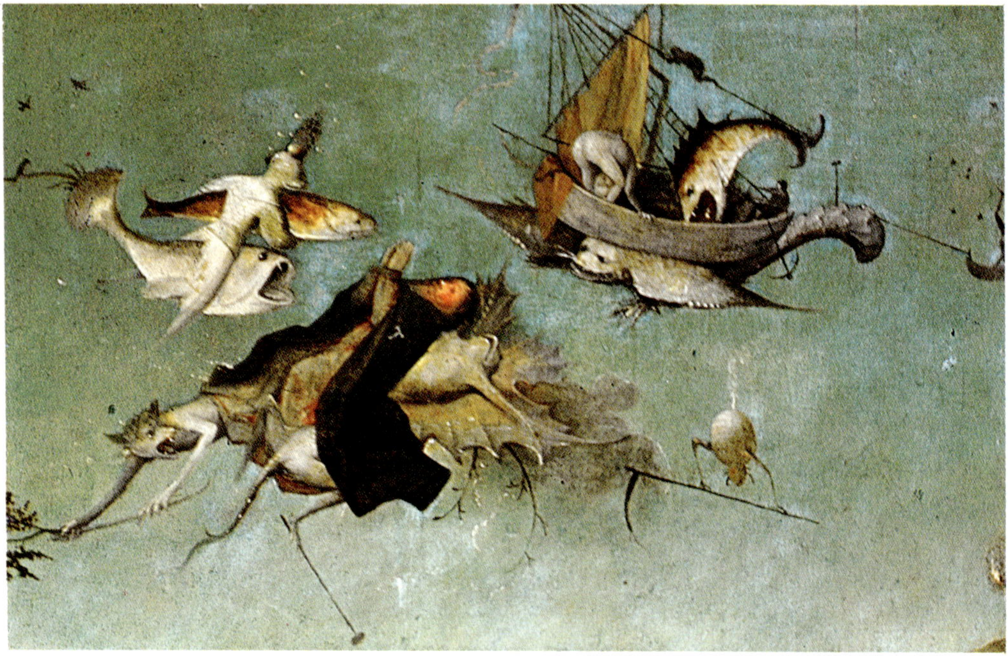

125 EL BOSCO *Demonios llevando por los aires a san Antonio*, detalle de la il. 124

Antonio fue atacado por una horda de demonios, y lo golpearon de tal manera, que lo dieron por muerto. Pero después de que varios compañeros eremitas lo rescataran y curaran, volvió a la tumba, donde los demonios lo atacaron por segunda vez y lo llevaron por los aires. En esta ocasión, sus tormentos sólo acaban cuando una divina luz inunda la tumba y dispersa a los demonios. Entonces, Satán se disfraza de reina, bella y piadosa, a quien Antonio encuentra bañándose en un río. La Reina-Diablo lleva al eremita a su ciudad, y allí le muestra las supuestas obras de caridad que ha realizado. Sólo cuando busca seducir al deslumbrado Antonio, éste advierte su verdadera naturaleza e intenciones.

Dos de estos episodios están recogidos en el ala interior izquierda del retablo de Lisboa. En el primer término, el desmayado Antonio es llevado a través de un puente por dos compañeros, vestidos con los hábitos de la Orden Antonina, ayudados por una figura seglar, identi-
1 ficada plausiblemente con un autorretrato del Bosco. Antonio aparece
125 de nuevo por los aires, llevado en volandas por los demonios, mientras otros monstruos zumban a su alrededor como insectos furiosos.

Estas escenas se atienen fielmente a las fuentes escritas pero, como en muchos otros casos, el Bosco enriquece los relatos originales con gran inventiva y riqueza de detalles dramáticos. Tres monstruos departen bajo el puente, mientras que un mensajero, igualmente grotesco, patina hacia ellos sobre el hielo. Un pájaro engulle a sus polluelos abajo a la izquierda. En el camino, delante de Antonio y sus compañeros, otro grupo de demonios se acerca a una figura masculina arrodillada, cuyo cuerpo sirve de tejado y entrada a un burdel; un faro engañoso desvía a los barcos hacia su perdición en el mar del fondo, y la playa está plagada de cadáveres.

Esta poderosa evocación de un mundo corrompido y nauseabundo no es menos evidente en el ala derecha, donde el Bosco emplea como punto de partida la historia de la Reina-Diablo, un tema que ya ha tocado en el retablo de los *Santos ermitaños*. La Reina-Diablo aparece en *117, 126*
el río, delante de Antonio, rodeada de su corte infernal; con falsa modestia, cubre sus partes íntimas. Antonio desvía púdicamente la mirada y luego es convocado por un heraldo-demonio a la fiesta demoníaca del primer término. La mesa al aire libre, las telas extendidas como una tienda sobre troncos de árboles, al lado de la tentadora, los criados sirviendo vino, todo parece una parodia grotesca del tradicio-

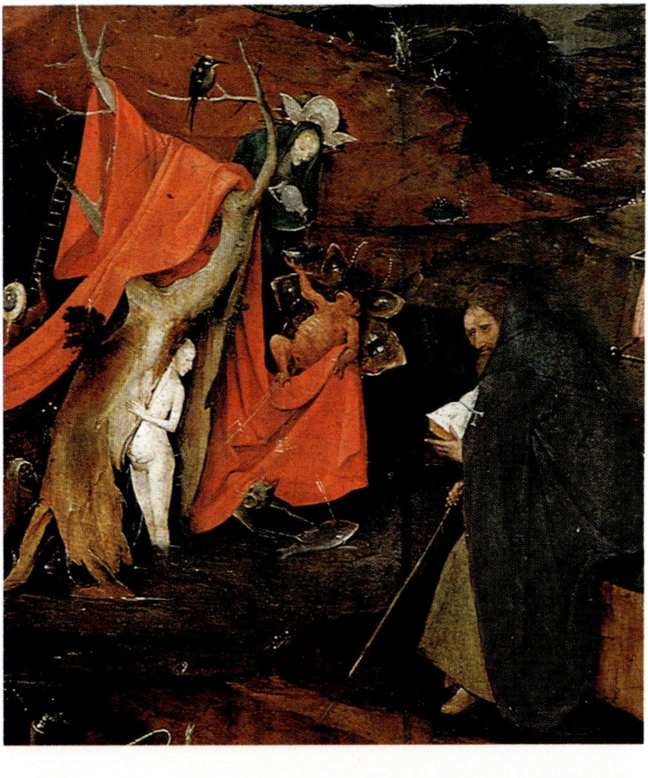

126 EL BOSCO *San Antonio tentado por la Reina-Diablo*, detalle de la il. 124, ala derecha

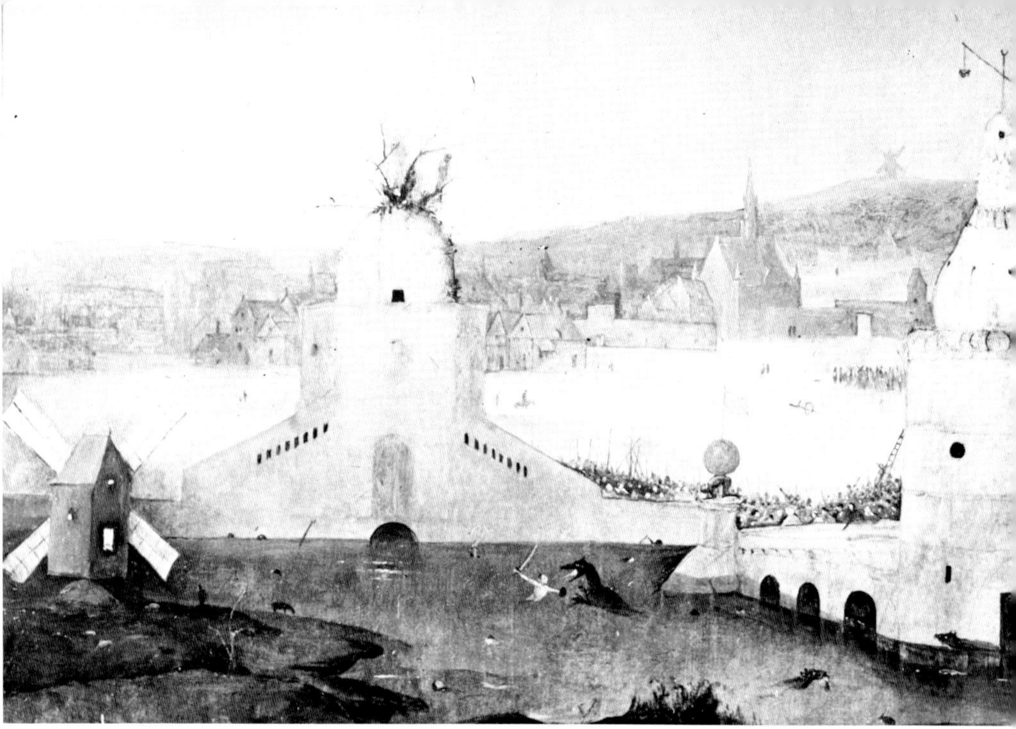

127 EL BOSCO *La ciudad de la Reina-Diablo*, detalle de la il. 124, ala derecha

127 nal Jardín del Amor. Al fondo brilla la ciudad de la Reina-Diablo, cuya
naturaleza demoníaca se hace patente por el dragón que nada en el foso
y las llamas que surgen en lo alto de la puerta principal.

Estas aventuras diabólicas alcanzan su clímax en el panel central.
Demonios de todas las clases, humanos y grotescos, llegan de todas
partes, por tierra, mar y aire, para agruparse en el centro sobre una
128 tumba ruinosa. Sobre una plataforma, delante de la tumba, una pareja
elegantemente vestida ha preparado una mesa, de la cual sirven be-
bidas a sus compañeros. Cerca, una mujer con una alargada toca y un
vestido de cola extravagante, se arrodilla en un parapeto para ofrecer
un vaso a la figura que tiene enfrente. Arrodillado junto a ella, casi
inadvertido en medio de esta infernal actividad, está san Antonio; se
vuelve al espectador, con la mano derecha en actitud de bendecir. Su
gesto refleja el de Cristo, medio escondido en la profundidad de la
tumba, que Antonio ha convertido en capilla. El muro derecho del
130 santuario termina en una torre en ruinas recubierta de escenas mo-
nocromas. Dos de ellas, la Adoración del Becerro de Oro y un grupo

de hombres haciendo ofrendas a un mono entronizado, son imágenes idólatras, mientras que la tercera, los israelitas regresando de Canaan con racimos de uvas, prefigura al Cristo portador de la Cruz en las alas exteriores del tríptico.

Un pueblo en llamas ilumina el fondo tenebroso, probablemente *129*
una referencia a la enfermedad del ergotismo o «fuego de san Antonio», cuyas víctimas se encomendaban al santo para curarse. La antigua asociación del ergotismo con el santo atacado por los demonios puede deberse a que una fase de la enfermedad se caracteriza por las alucinaciones, en las cuales el paciente cree que es atacado por bestias salvajes o demonios.

Los demonios reunidos alrededor de san Antonio son de una complejidad de formas poco habitual, incluso en el Bosco. En el grupo de la derecha, por ejemplo, un tronco podrido de árbol se convierte en
gorro, torso y brazos de una mujer, cuyo cuerpo termina en una esca- *132*
mosa cola de lagarto; lleva un niño y la monta una rata gigante. Cerca, un cántaro se transforma en otra bestia de carga, cuyo jinete, del todo inexpresivo, tiene un cardo por cabeza. Debajo, en el agua, un hombre ha sido absorbido en el interior de un pez-góndola y saca desesperada-
mente sus manos por los lados. Un demonio con armadura, con un *131*

128 EL BOSCO *San Antonio rodeado por los demonios*, detalle de la il. 124, panel central

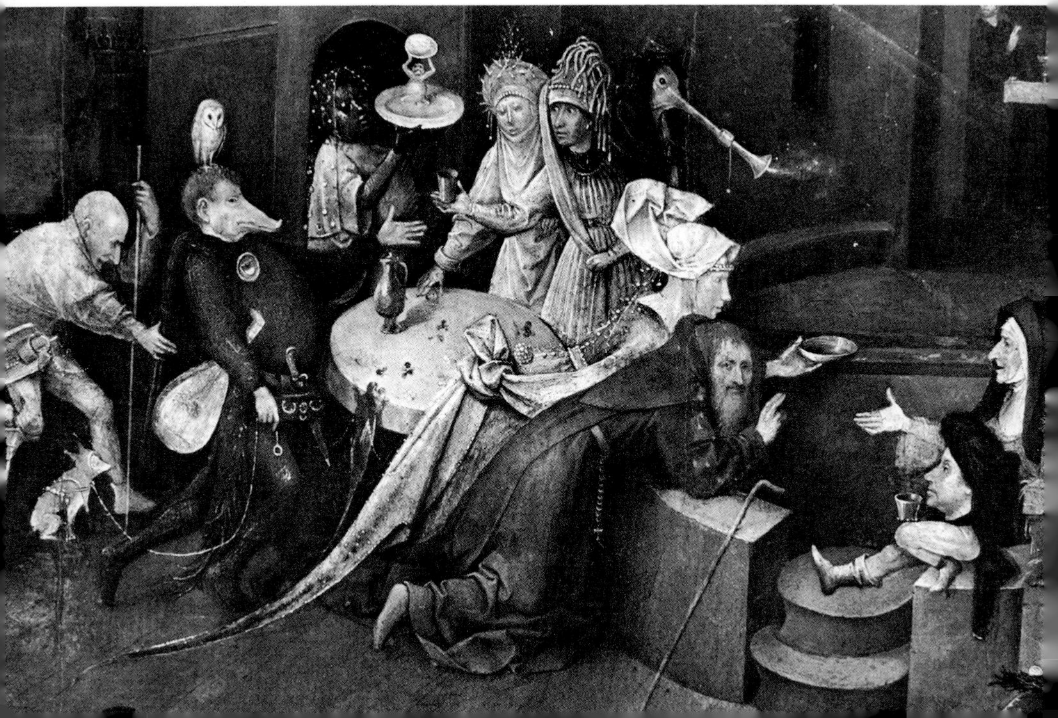

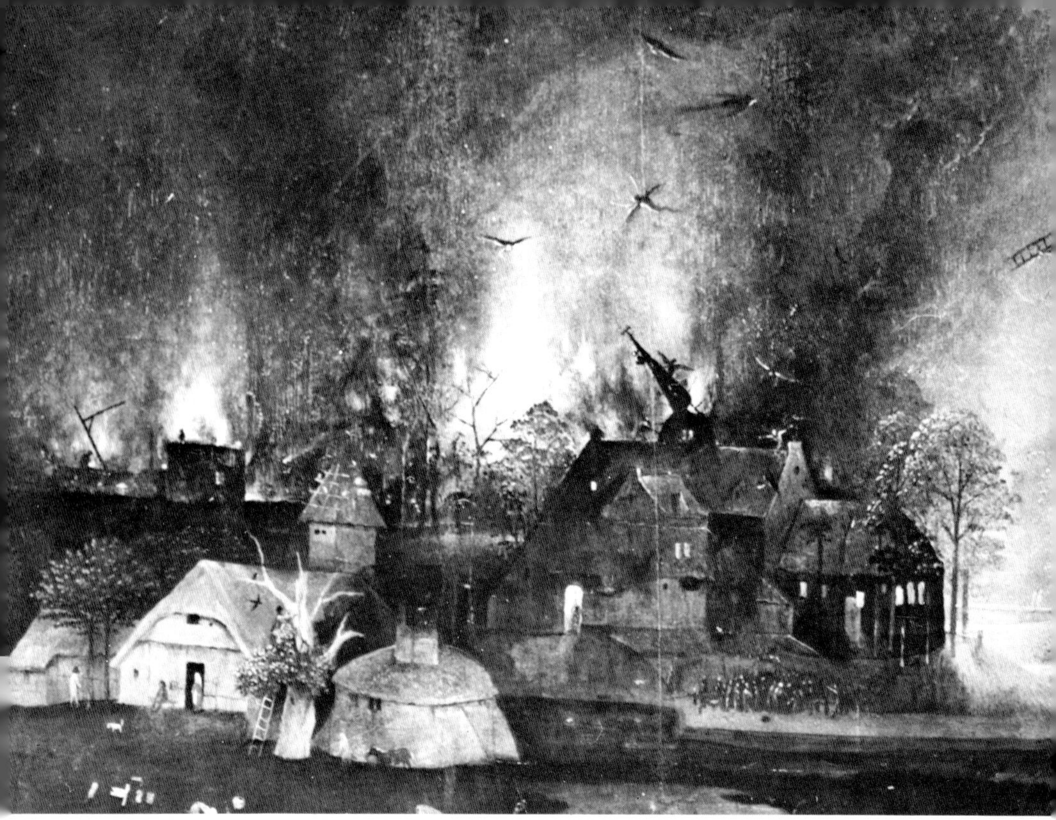

129 EL BOSCO *Ciudad ardiendo*, detalle de la il. 124, panel central

cráneo de caballo por cabeza, toca el arpa más abajo y a la izquierda; monta a horcajadas un ganso sin plumas, con botas en los pies y el cuello teminado en hocico de oveja. Además, todas estas formas cambiantes despliegan una riqueza de colorido de gran belleza, incluso en las formas más desagradables. Una reciente y cuidadosa limpieza del tríptico, uno de los mejor conservados del Bosco, revela los rojos y verdes brillantes que se alternan con partes sutilmente moduladas de azul-grises y pardos.

Esta aglomeración de enemigos ilustra ostensiblemente el segundo ataque a Antonio que describen los relatos; la luz milagrosa que en esta ocasión dispersó a los demonios, se ve brillar en una de las ventanas de la capilla. Pero los demonios no desaparecen como «polvo arrastrado por el viento», según una versión, ni tampoco atacan físicamente al santo. Por contra, los tormentos han de entenderse en sentido espiri-

130 a la derecha EL BOSCO
Torre en ruinas y edificios adyacentes,
detalle de la il. 124, panel central

131 debajo a la izquierda EL BOSCO
Demonio con armadura, detalle
de la il. 124, panel central

132 debajo a la derecha EL BOSCO
Monstruo con cola de lagarto,
detalle de la il. 124, panel central

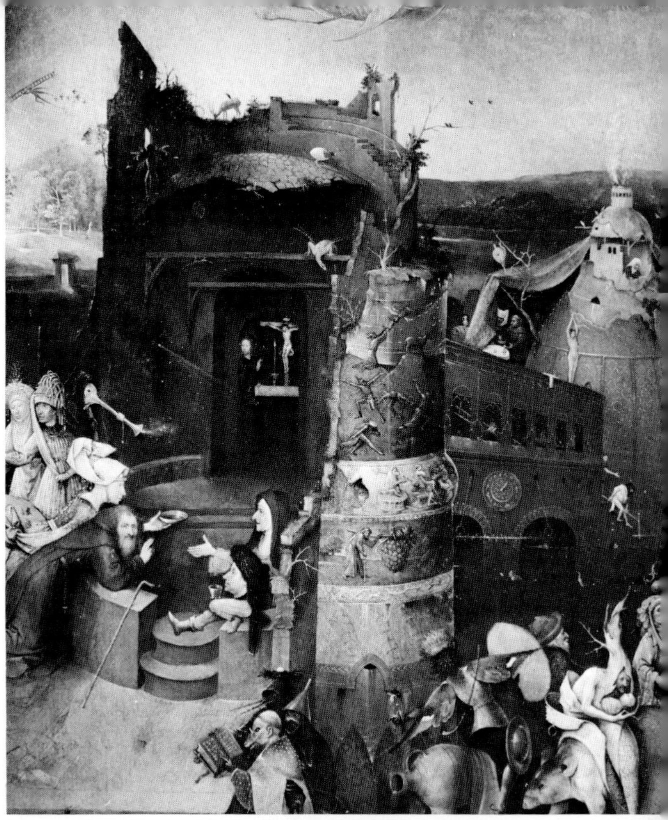

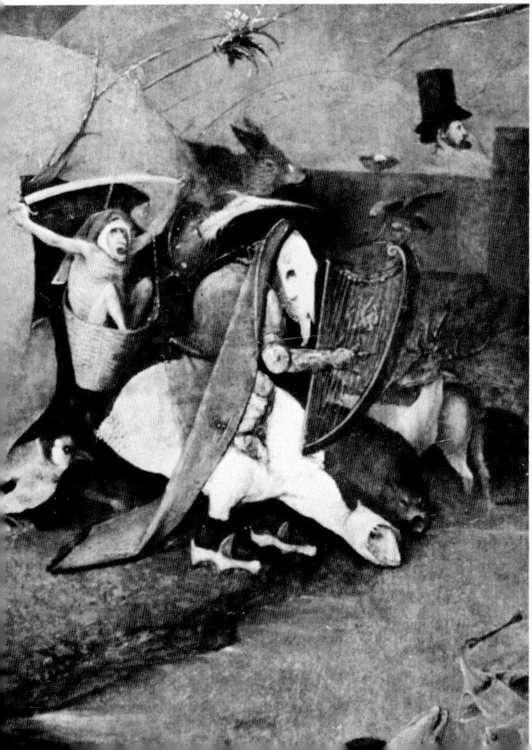

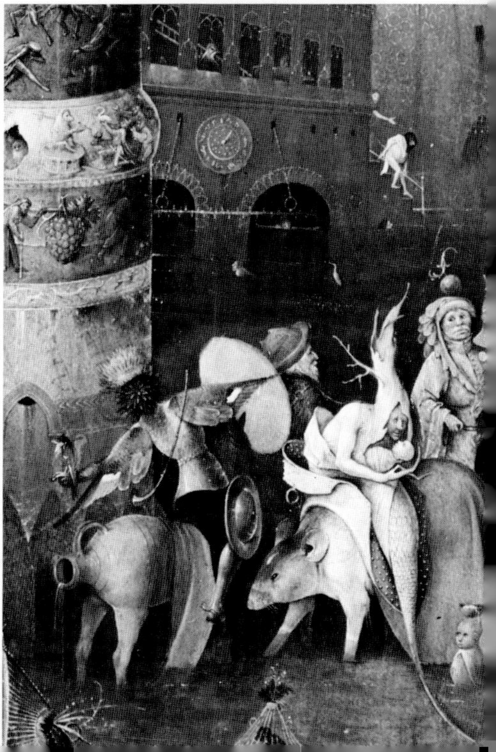

tual. Como las monstruosas criaturas que encuentra el peregrino de Deguilleville, son encarnaciones de las tentaciones pecaminosas contra las cuales lucha Antonio en la soledad del desierto. En un dibujo de *c.* 1500, Alberto Durero ilustró igualmente los pensamientos pecami
133 nosos de un grupo de asistentes a misa por medio de diablillos revoloteando sobre sus cabezas. Bax ha catalogado algunos pecados simbolizados por los monstruos del Bosco, el principal de ellos, la Lujuria, representado más abiertamente en el grupo de edificios del extremo
130 derecho, con un monje y una prostituta bebiendo juntos dentro de una tienda; hay más referencias en el diablo de piel oscura del grupo central; el demonio de la impureza, se nos dice, se apareció una vez a san Antonio como un muchacho negro. No debe sorprendernos que incluso los santos más ascéticos fueran tentados por este vicio en particular: como se lee en el *Malleus Maleficarum*, la forma más fácil que el Demonio encuentra para atacar a la humanidad es el acto carnal.

Antonio, sin embargo, ha superado todas sus tentaciones por la fuerza de su fe. Esta fe la expresa con su gesto de bendición, remedio

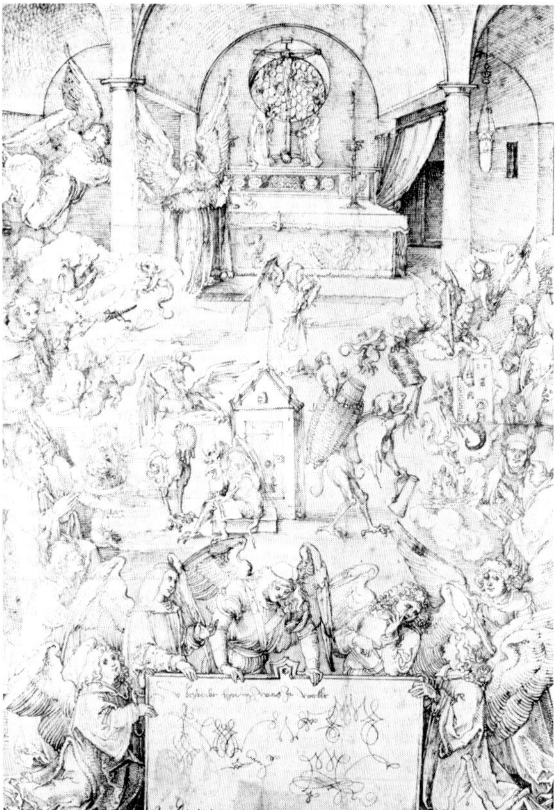

133 ALBERTO DURERO *Pensamientos píos y pecaminosos de la gente en misa*

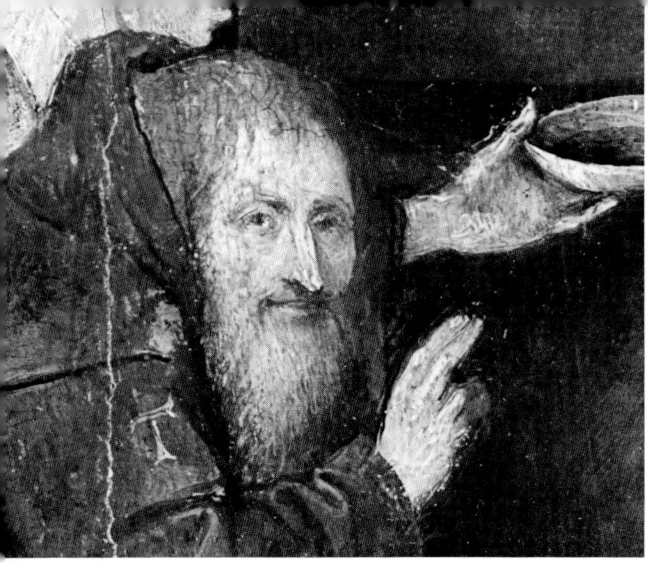

134 EL BOSCO *Cabeza de san Antonio*, detalle de la il. 124, panel central

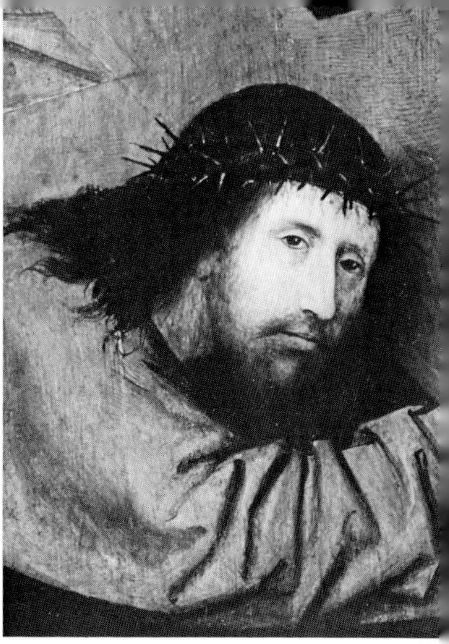

135 EL BOSCO *Cabeza de Cristo*, detalle de la il. 107

muy eficaz contra el demonio; y la mirada serena que nos dirige es de 134
confianza tranquilizadora, como si nos dijera, con las palabras que le atribuye *Vida de los Padres*: «Aunque se asiente campo contra mí, No temerá mi corazón» (Salmos 27: 3). Es la misma mirada que hemos visto en la cara de Cristo cuando nos mira en *Cristo con la Cruz a cuestas* 135
de Madrid y en *Cristo coronado de espinas* de Londres. Cuando Antonio advierte la presencia de Cristo en la luz milagrosa, exclama: «¿Dónde estabas hace un rato, mi buen Jesús? ¿Por qué no viniste antes a socorrerme y a curar mis heridas?». A lo cual Cristo responde: «Antonio, estaba aquí, pero quería ver cómo luchabas, y ahora que has sabido luchar, extenderé mi gloria por todo el mundo». Por eso, si las alas del tríptico de Lisboa muestran a Antonio tentado y atormentado, el panel central lo muestra triunfante.

Este episodio del panel central explica un aspecto del arte del Bosco que a menudo ha sido mal interpretado. Cuando pinta a Antonio y a otros santos atormentados y tentados por el Diablo, el Bosco no refleja el dualismo zoroástrico, tal como apuntan algunos eruditos. Él no vio el mundo como escenario de la lucha entre las fuerzas igualmente poderosas del bien y del mal, porque en tal caso negaría la omnipotencia de Dios. Por el contrario, el Bosco y sus contemporáneos saben que Dios permite que Satán envíe tribulaciones a los hombres por el bien de sus almas. Permite que el Demonio ataque a los santos, explica san Agustín, «de modo que por las tentaciones de fuera puedan aumentar en gracia» (*Ciudad de Dios*, XX, 8). Es en este voluntario sometimiento a esas tribulaciones en el que el hombre de Dios consigue la más perfecta imitación de Cristo.

Por lo tanto, las dos escenas en grisalla de la Pasión de Cristo, que
136, 137 figuran en el exterior del mismo retablo, son el reflejo apropiado de los sufrimientos de Antonio. A la izquierda, los soldados maltratan a Cristo con tanta saña como los demonios que atacan a Antonio en el reverso, mientras que Judas se escabulle con sus treinta monedas de plata. En la otra tabla, la caída de Cristo bajo el peso de su Cruz ha detenido la marcha hacia el Gólgota, lo cual permite a Verónica enjugar el sudor de la cara del Salvador. Los verdugos apenas pueden refrenar su impaciencia por este retraso, y los espectadores miran más con curiosidad ociosa que con simpatía. Abajo, los dos ladrones se confiesan con frailes encapuchados, retratados hábilmente como personajes infames.

El tríptico de Lisboa compendia así los temas principales que hemos ido encontrando en la obra del Bosco. El espectáculo del pecado y de la locura y los variados horrores del infierno, se combinan con los sufrimientos de Cristo y del santo, firmes en su fe contra los ataques

136 EL BOSCO *Prendimiento de Cristo*, detalle de la il. 137

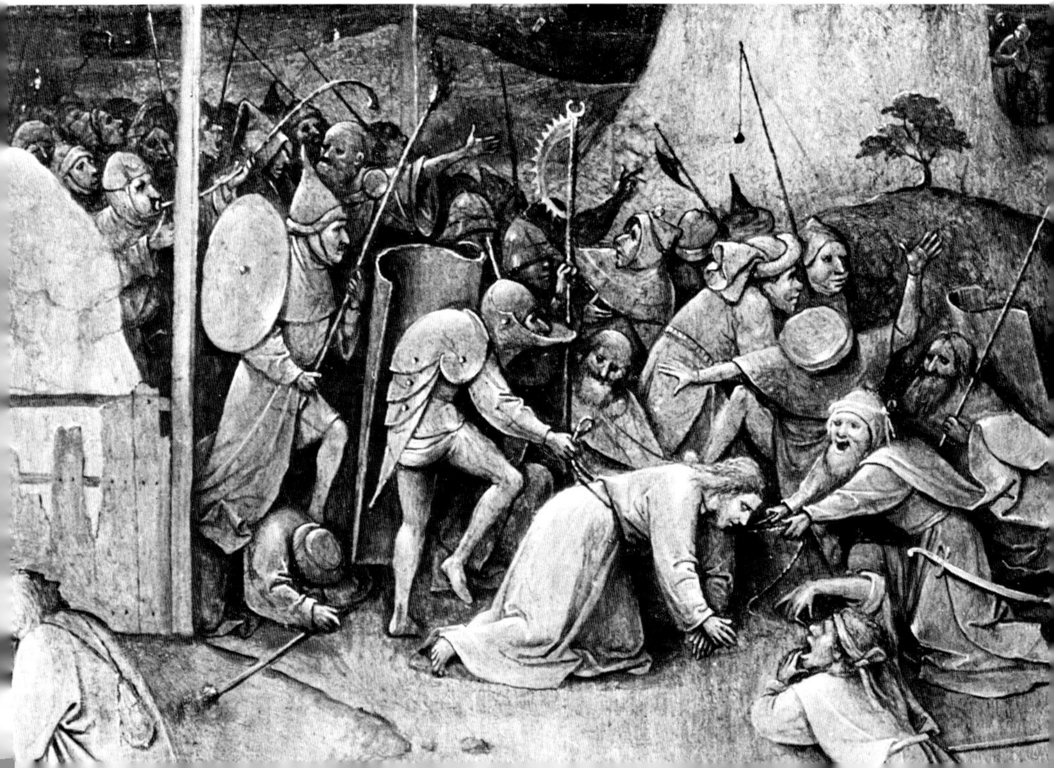

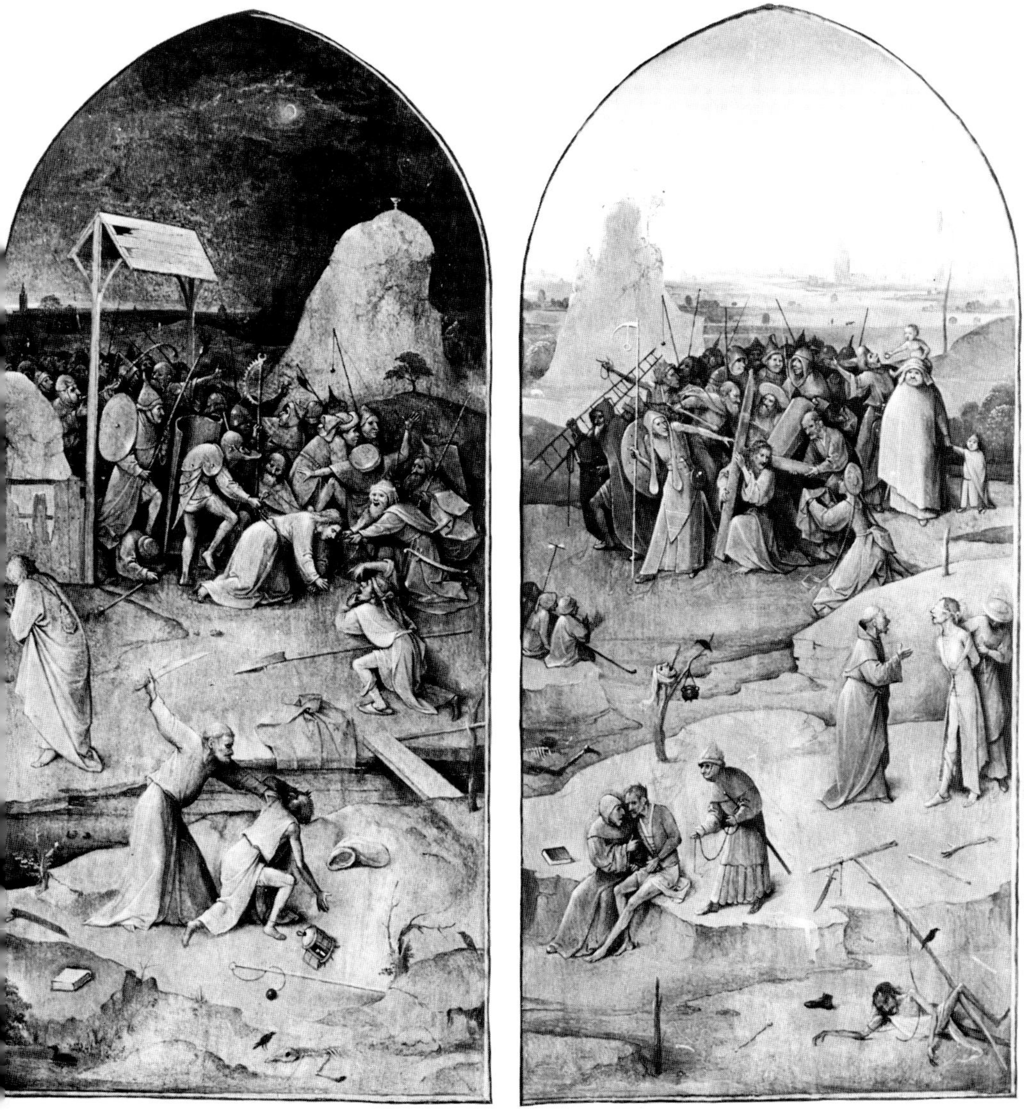

137 EL BOSCO *San Antonio*, tríptico, alas exteriores

del Mundo, el Demonio y la Carne. Para una época que creía en la realidad de Satán y del Infierno, y en la inminente aparición del Anticristo, con el día del Juicio Final no lejos de ella, la serena compostura de san Antonio cuando nos mira desde su sitiada capilla debió de ser interpretada como muestra de seguridad y esperanza.

Sin embargo, al mismo tiempo que el Bosco pintaba el tríptico de Lisboa, la sociedad cuestionaba los valores que habían hecho que san Antonio permaneciera en soledad, alejado de sus congéneres. Erasmo y otros humanistas ya enseñaban que la salvación podía conseguirse viviendo y trabajando en este mundo, y en 1517, sólo un año después de la muerte del Bosco, Lutero clavaba sus noventa y nueve tesis en la puerta de una iglesia de Wittenberg e iniciaba así los acontecimientos que trastrocarían por completo el antiguo orden. Como Lutero, el Bos-
138 co fustigó la corrupción del clero y de los monjes, pero esto era una antigua queja y es difícil discernir en su obra algo que suponga un rechazo de la iglesia medieval. Sus imágenes visuales son de una gran originalidad, pero sirven para dar una forma más viva a los ideales y valores religiosos que habían sido el sostén de la Cristiandad durante siglos. Con el arte del Bosco, la moribunda Edad Media recibe un último y brillante destello antes de desaparecer para siempre.

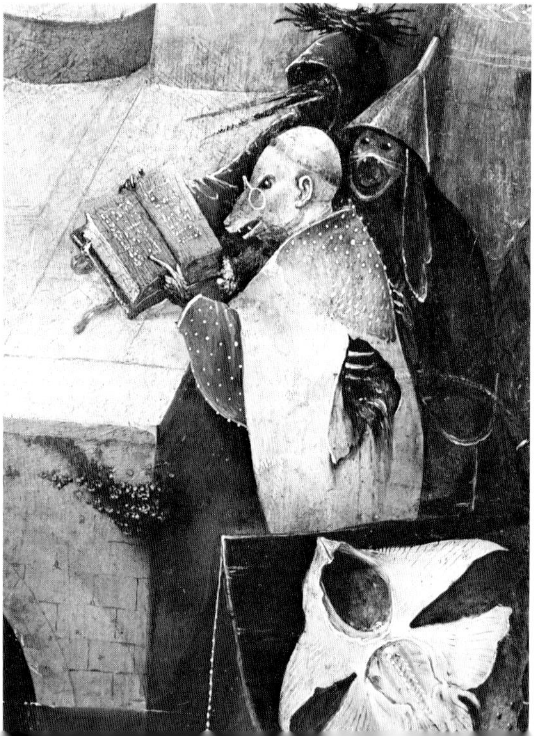

138 EL BOSCO
Clérigo-Demonio,
detalle de la il. 124,
panel central

CAPÍTULO IX

Estilo y herencia artística

Los capítulos anteriores se han ocupado fundamentalmente del significado del arte del Bosco; sin embargo, los detalles de su evolución artística permanecen oscuros. Sobre todo en las pinturas de su madurez. La técnica del Bosco y el trazado de sus figuras y paisajes no reflejan claramente un proceso consistente de cambio. Esto se debe en parte a la versatilidad del artista, única en la historia de los inicios de la pintura neerlandesa. Parece que el Bosco solucionó los problemas de cada cuadro según las circunstancias de cada uno. Por esta razón es difícil fechar las grandes tablas de la Pasión de tamaño medio, en relación con
las pequeñas escenas de múltiples figuras de *El Jardín de las Delicias*, o *63*
comparar el enjambre sombrío de demonios del *San Antonio* de Lisboa *124*
con los amplios senderos soleados de la *Epifanía* del Prado. Pero sí es *108*
posible discernir la evolución de su visión artística en sus perfiles generales, sobre todo en su concepto del mundo infernal.

Como hemos visto, las primeras obras del Bosco constituyen un grupo relativamente homogéneo, inspirado en el estilo de los iluminadores y pintores holandeses del siglo XV. Pero ya hay en estas obras anticipaciones de sus pinturas posteriores. La transición a su fase intermedia (*c.* 1485-1500) se da en tres tablas relacionadas por su estilo, *La*
barca de los locos, la *Gula y Lujuria* de Yale y la *Muerte del avaro*. Aunque *30-33*
estos temas son una novedad en los óleos sobre tabla de la época, los demonios más bien prosaicos de la *Muerte del avaro* no son muy diferentes que en la escena del Infierno de la *Mesa* del Prado, cuyo diseño *27*
original debe responder al primer estilo del Bosco. El *Cristo en la Cruz* *95*
de Bruselas quizá deba situarse también en este grupo de transición.

El Juicio Final y el tríptico de *El carro de heno* pertenecen sin la menor *36, 60*
duda al núcleo de la fase intermedia. El genio inventivo del Bosco florece en primer lugar en *El Juicio Final*. Su tono apocalíptico es a todas luces original y la proliferación de demonios y tormentos no tiene precedentes en la primera pintura neerlandesa. Pero se diría que la nueva riqueza iconográfica abruma el sentido del orden del artista: en el ala derecha, gigantes y estructuras infernales se amontonan, unos

sobre otros, de modo poco coherente, sin que se cuide mucho la recesión espacial; en el panel central, miríadas de formas están esparcidas sin aparente propósito. La composición del panel del Infierno de *El carro de heno* es mucho más cuidada, con sus detalles subordinados a la torre en construcción. En el ala del Edén vemos, probablemente por primera vez, la vegetación y las formas minerales exóticas que dominarán después el paisaje de *El Jardín de las Delicias*.

120 Otras pinturas de la fase intermedia pueden ser el *San Cristóbal* y las
88-91 dos pequeñas alas de retablo, ambas en Rotterdam; el *San Juan en Pat-*
123, 117 *mos* de Berlín y, posiblemente también, el tríptico de los *Santos ermita-*
ños, cuya ala de san Antonio es un anticipo del panel derecho del tríp-
107 tico de Lisboa; también el relativamente tradicional *Cristo con la Cruz a*
cuestas de Madrid.

La tercera fase, que probablemente empezó después de 1500, marca
63 la cima del arte del Bosco. Es cuando pinta *El Jardín de las Delicias*, el
124, 108 *San Antonio* de Lisboa y la *Epifanía* del Prado, donde las innovaciones
más brillantes se unen a una mayor claridad en la composición. La multitud de desnudos de *El Jardín de las Delicias* está dispuesta en grupos rítmicamente entrelazados; el panel adyacente del Infierno está dividido en tres zonas distintas que llevan la mirada del espectador hacia la oscuridad llameante del fondo, al tiempo que la multitud de formas se subordina a la amplia figura del Hombre-Árbol del centro. *El Jardín de las Delicias* posee la escena más extravagante del Infierno, pero las fluctuaciones de pesadilla del mundo infernal se evocan con aún mayor acierto en el panel central del *San Antonio* de Lisboa, con el mismo dominio de la composición. Los demonios que atacan a san Antonio están dispuestos en torno a la capilla ruinosa y al escenario que hay a sus pies, con las diagonales de la galería y las paredes que flanquean la capilla repetidas en los paneles laterales, en el puente y en el sendero a la izquierda, y en la roca, a la derecha, sobre la cual se sienta Antonio. Los paneles interiores de la del Prado están unidos por el amplio paisaje panorámico del fondo y por los reiterados rojos y azules entre las
17 figuras del primer término. Como en *Las Bodas de Caná* de la primera
época, la escena de la Epifanía y la Misa de San Gregorio del reverso revelan claramente con cuánta libertad trató el Bosco los temas cristianos, incluso los más tradicionales.

Junto a estos tres retablos se pueden situar el *San Juan en el desierto* y
116, 115 el *San Jerónimo* de Gante, en el cual los frutos decadentes del pecado
recuerdan a los de *El Jardín de las Delicias*, así como a *El caminante* de

Rotterdam, donde las dunas de arena pueden compararse con las del 85
término medio de la *Epifanía* del Prado.

Debido a lo poco habitual del tema, así como a su mal estado de conservación, el *Paraíso* y el *Infierno* de Venecia son difíciles de situar 46-49
en esta secuencia. Lo mismo ocurre con las escenas de tamaño medio de la Pasión; la similitud de sus formas, firmemente modeladas, con las figuras del primer término de la *Epifanía* del Prado, es sugerente pero no concluyente, porque ignoramos cómo trató el Bosco las figuras a gran escala en épocas precedentes. Pero el grotescamente brutal *Cristo con la Cruz a cuestas* de Gante debe representar la culminación de su serie de tamaño medio, y sin duda es una obra posterior, cercana en el tiempo al fragmento de *El Juicio Final* de Viena, al que recuerda por 54
el resplandor de las formas sobre el fondo oscuro.

Los artistas anteriores al Bosco raramente consiguieron traducir las imágenes de los escritores medievales a formas visuales vivas y concretas; por ejemplo, sus escenas del Infierno nunca producen el terror que experimentan Tundale y Lázaro. Si el Bosco puede realizar su visión de la otra vida con semejante intensidad aterradora es porque, paradójicamente, aplica un estilo pictórico desarrollado para describir escrupulosamente la vida de aquí y ahora. Sus monstruos son tan convincentemente reales, tan circunstancialmente detallados, como los aguamaniles de latón de Campin y de Van der Weyden o el búcaro de flores que aparece en el retablo Portinari de Hugo van der Goes.

Pero si bien el Bosco debe mucho a los primeros pintores neerlandeses, sus cuadros no exhiben la técnica meticulosa de aquéllos, sus capas, cuidadosamente construidas de esmaltes oleosos, que dan un brillo de gema, por ejemplo, al retablo de Gante o a las Madonnas de Memling. Por el contrario, sus formas fantásticas han debido ser construidas rápidamente por su pincel, «todas de una tirada», tal como lo aprecia Van Mander. Como sus obras mejor conservadas demuestran, la pincelada es suelta y fluida, y la pintura se aplica tan levemente sobre la superficie que puede verse el yeso negro de debajo. En algunos casos podemos ver los cambios que el Bosco introduce en su composición. Por ejemplo, en la *Muerte de un avaro*, la flecha que sostiene la Muerte 33
ha sido acortada en la versión final. En el *Cristo escarnecido* de Londres, 112
las manos de Cristo fueron cambiadas de posición, lo cual explica el gesto desmañado del hombre que aparece abajo y a la izquierda.

El Bosco empleó una amplia gama de colores; el rosa y el azul son dominantes en algunas de sus primeras obras, influido por los ilumi-

nadores de Utrecht; en sus últimas pinturas muestra fuertes contrastes de rojo y verde o naranja y púrpura. Las obras mejor conservadas muestran su hábito de modular las áreas sólidas de color con otras tonalidades: los grises se hacen más cálidos con verdes y alhucemas, el blanco se realza con azul y rosa, el amarillo con rojo. Este sutil trata-
138 miento del color puede verse claramente en la figura del clérigo-demonio del *San Antonio* de Lisboa. Su capa verde queda paliada por el rojo, el amarillo y un verde más oscuro; los pardos y ocres sirven para modelar los tonos básicos de las carnaciones de la cara.

Los colores ricamente abigarrados quedan avivados, además, por los toques de luz. Puntitos luminosos brillan en el aparejo de la barca y
30 en la falda del bufón de *La barca de los locos*; chispas, como gotas de
139 rocío, en los frutos del pecado que surgen entre los santos del desierto,
108 y destellos en los tocados y ornamentos de los Magos en la *Epifanía* del Prado. Mientras los artistas flamencos tendieron a ver en términos de línea y volumen, el Bosco, como muchos iluminadores holandeses, vio en términos de luz y color. En ninguna parte está su visión más llamativamente demostrada que en las alas externas de sus retablos. Su monocromatismo mediatizado sigue una convención establecida en los retablos neerlandeses, pero donde los antiguos artistas emplean la

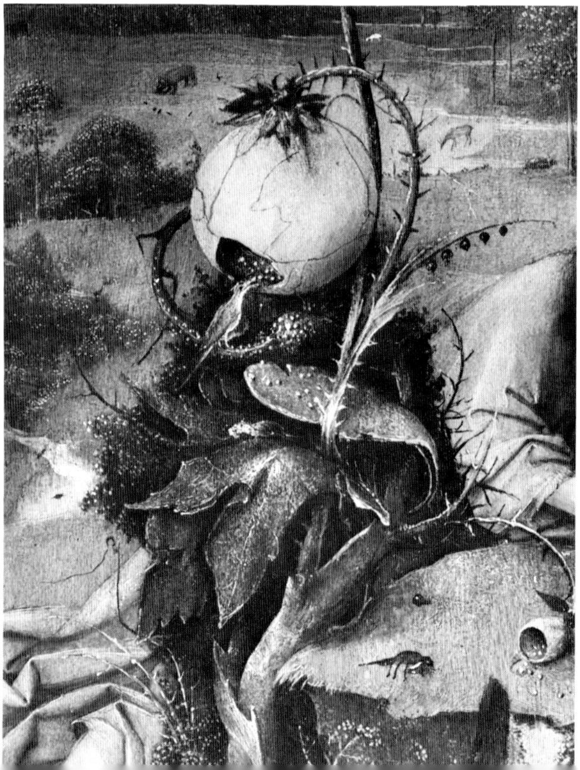

139 EL BOSCO
Frutos del mal,
detalle de la il. 116

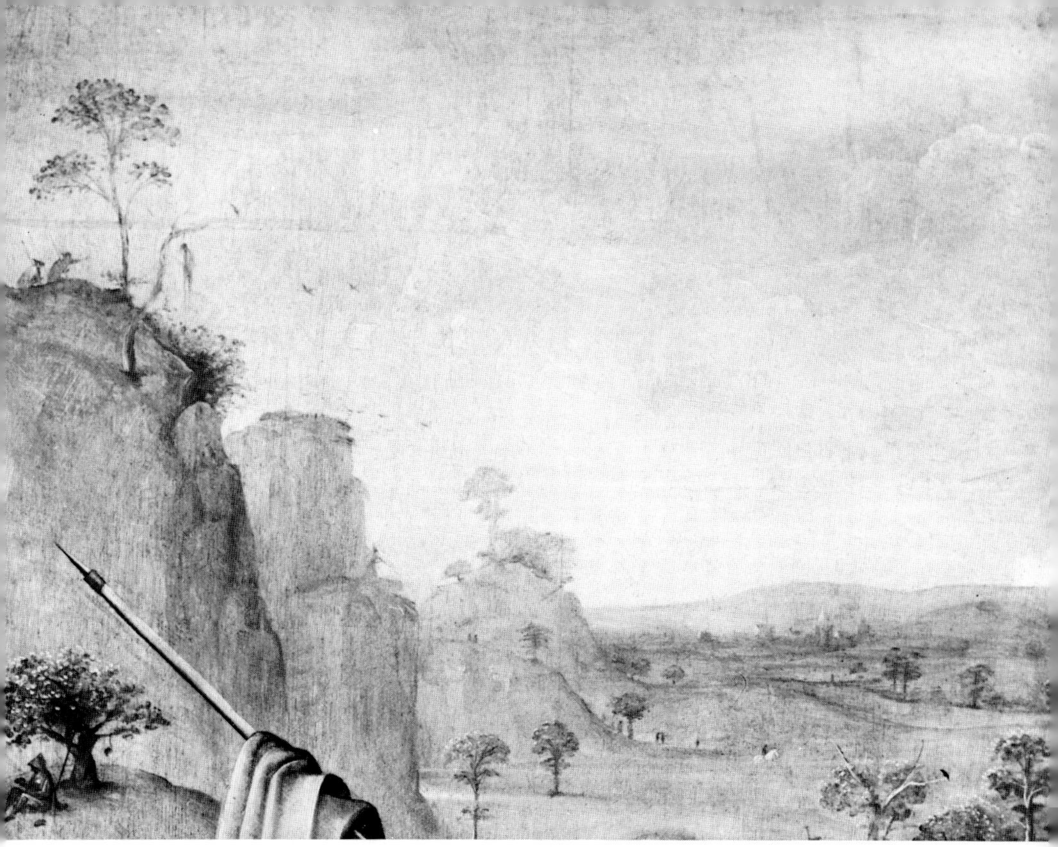

140 EL BOSCO *Paisaje*, detalle de la il. 35

grisalla con la pretensión de imitar figuras de piedra esculpidas en un nicho, el Bosco crea paisajes brumosos, como en el ala de Santiago de *El Juicio Final* de Viena y en el exterior del tríptico de *San Antonio* y, sobre todo, en el menos escultural de sus temas, la visión de san Gregorio en la *Epifanía* del Prado.

140
137
106

Esta sensibilidad para las cualidades ópticas de la forma hizo que el Bosco creara algunos de los paisajes más originales de la época. Como era tradicional, sirven de fondo a sus figuras, pero adquieren una mayor importancia y a menudo señalan el tenor y la significación del tema. A diferencia de los paisajistas profesionales del siglo XVI, el Bosco nunca aplica o desarrolla una fórmula; sus paisajes son de gran variedad, algunos tan extraños como si fueran de otro planeta, otros tan familiares como los pintados por Jan van Goyen. En efecto, el Bosco parece que reproduce el terreno llano y monótono de su patria con

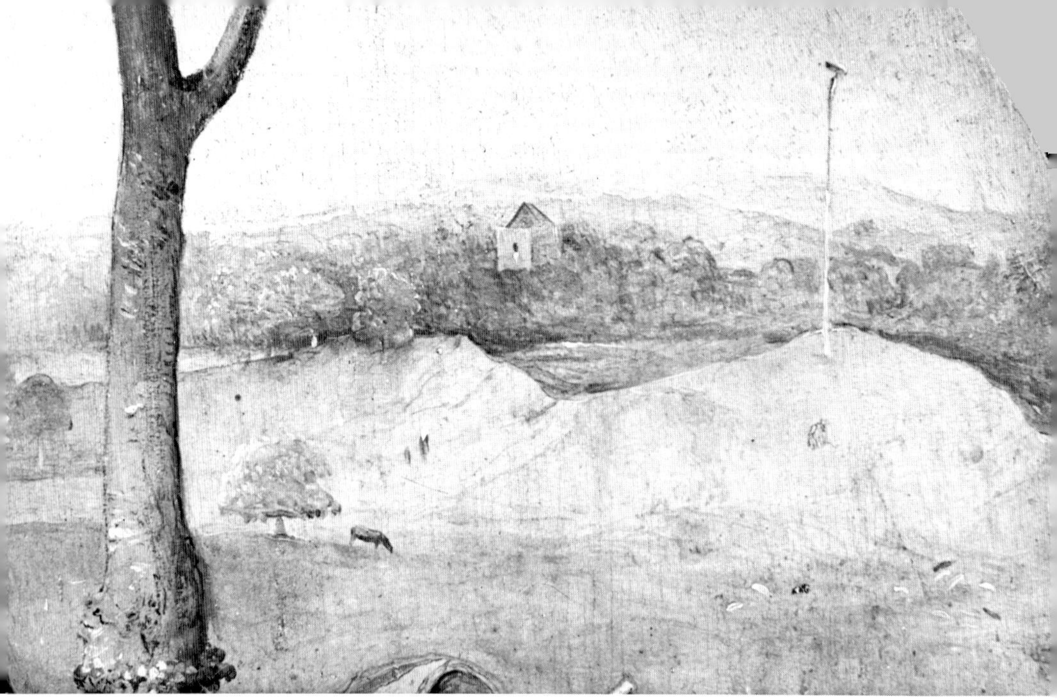

141 EL BOSCO *Paisaje*, detalle de la il. 85

142 EL BOSCO *Paisaje*, detalle de la il. 123

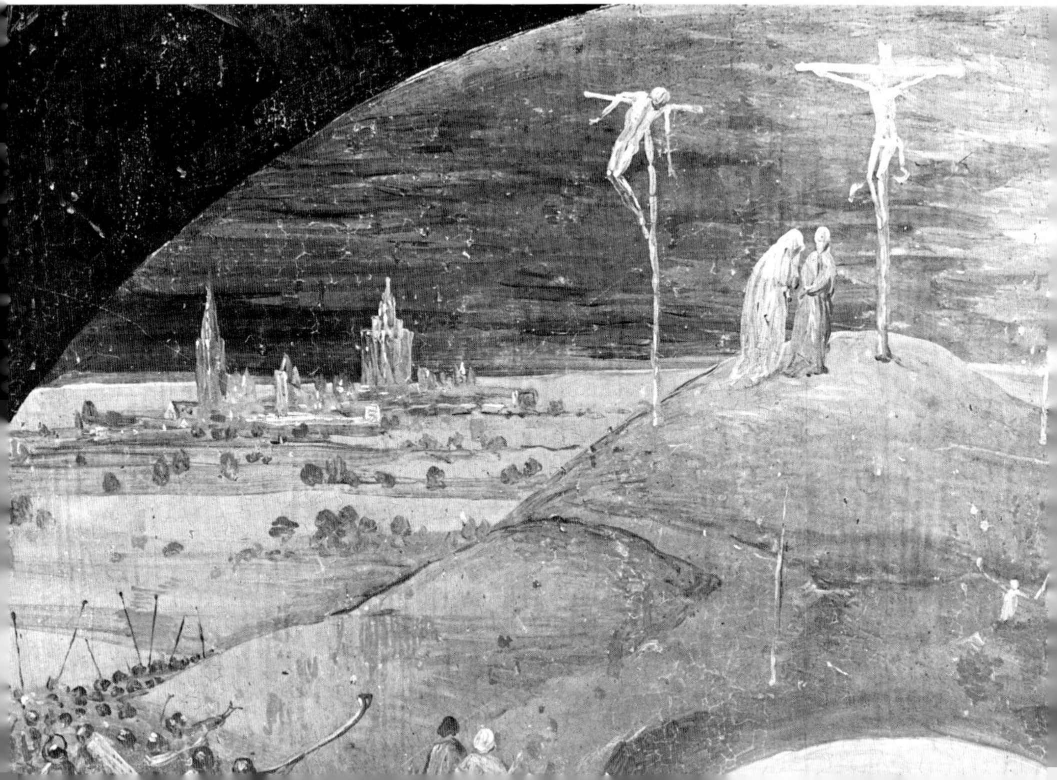

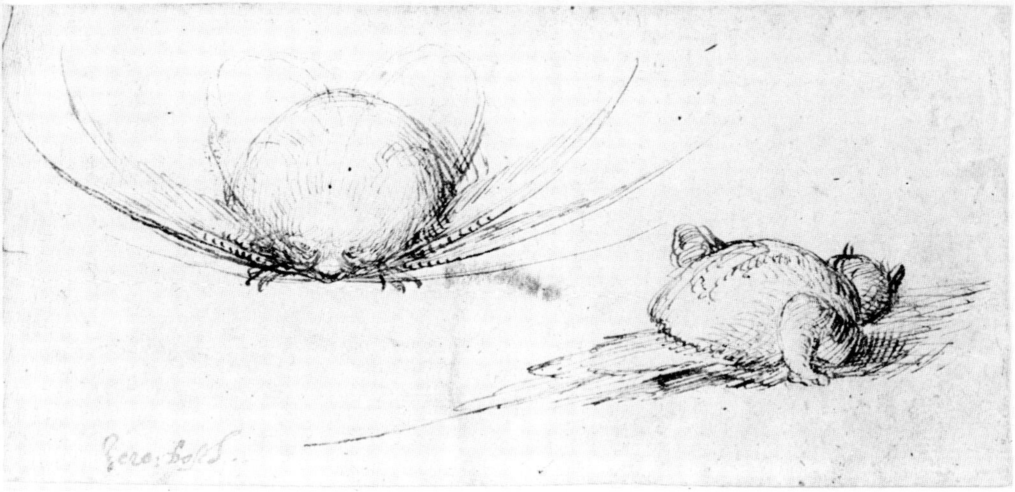

143 EL BOSCO *Dos monstruos*

el mismo descaro que harían después los paisajistas holandeses del si-
glo XVII. La gran extensión de tierra y agua que hay detrás de Patmos en
el *San Juan* de Berlín, por ejemplo, puede traer a la mente los panoramas
de Jacob van Ruisdael, y en el velo monocromático que extiende a
través del fondo en *El caminante* de Rotterdam, el Bosco encuentra la *141*
manera de expresar la húmeda atmósfera holandesa, sorprendente an-
ticipo de Jan van Goyen. Aquí el Bosco se inspira, quizás, en sus pro-
pios paisajes en grisalla, como el de *El Juicio Final* de Viena. Pero, a
diferencia de sus sucesores, el Bosco nunca descubre las cualidades
expresivas inherentes al equilibrio que se da entre un horizonte y un
extenso cielo nuboso, aunque en la escena de la crucifixión, en el re-
verso del *San Juan* de Berlín, estuvo muy cerca de conseguirlo. En *142*
otras pinturas, como se ve en el *San Cristóbal* de Rotterdam, la *Epifanía*
del Prado y el tríptico de *El carro de heno*, su tratamiento es anticuado,
con una sucesión de colinas, valles y lagos que surgen vagamente en el *103, 119*
horizonte lejano.

Esta visión pictórica no es menos evidente en sus dibujos. Rechazó
la punta de plata que tan bien había servido a los antiguos maestros
para conseguir su fría precisión, y empleó la pluma y el pincel con
tinta para crear efectos más atrevidos y vigorosos. Estas cualidades son
menos evidentes en los primeros que en los últimos dibujos, donde los *12*
perfiles discontinuos y esbozados animan las formas y las funden con *143*

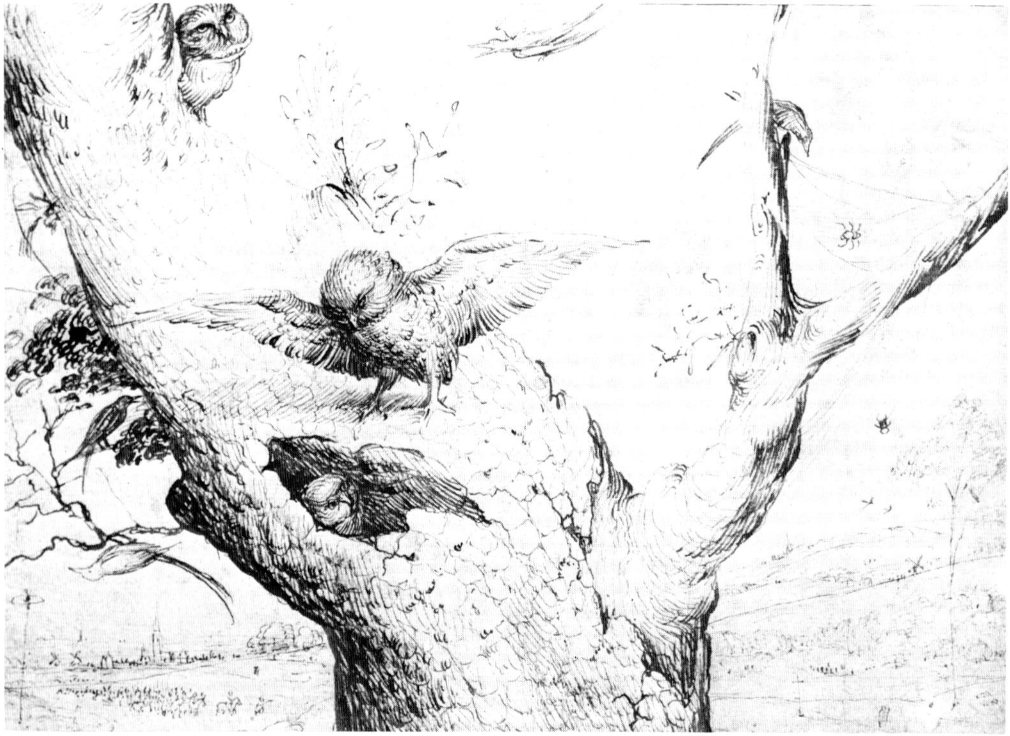

144 EL BOSCO *Nido de búhos*

53, 145 el espacio que las rodea. Como en una hoja de monstruos de Berlín y en los estudios para san Antonio de París, donde los contornos se multiplican a menudo, prueba de cómo el artista busca la forma apropiada.
146 Entre sus dibujos más acabados están el *Hombre-Árbol* de Viena y el
144 curioso *Búho en el árbol* de Berlín, así como *Nido de Búhos* de Rotterdam, quizá un fragmento de una composición mayor, en la que los cuerpos esponjosos de los búhos contrastan con la áspera corteza del árbol. En estas obras, las líneas del sombreado varían en anchura y proximidad, según las necesidades del modelado, y en algunos casos sirven para crear densas masas de sombras.

Las técnicas meticulosas de los antiguos maestros neerlandeses se adaptaron bien a sus imágenes estáticas y eternas; construyen el cuadro con tanto cuidado y método como el orfebre cuando forja un incensario. A esta tradición de la tabla pintada, el Bosco aportó la libertad y originalidad de los iluminadores holandeses. En su mano, el pincel y la

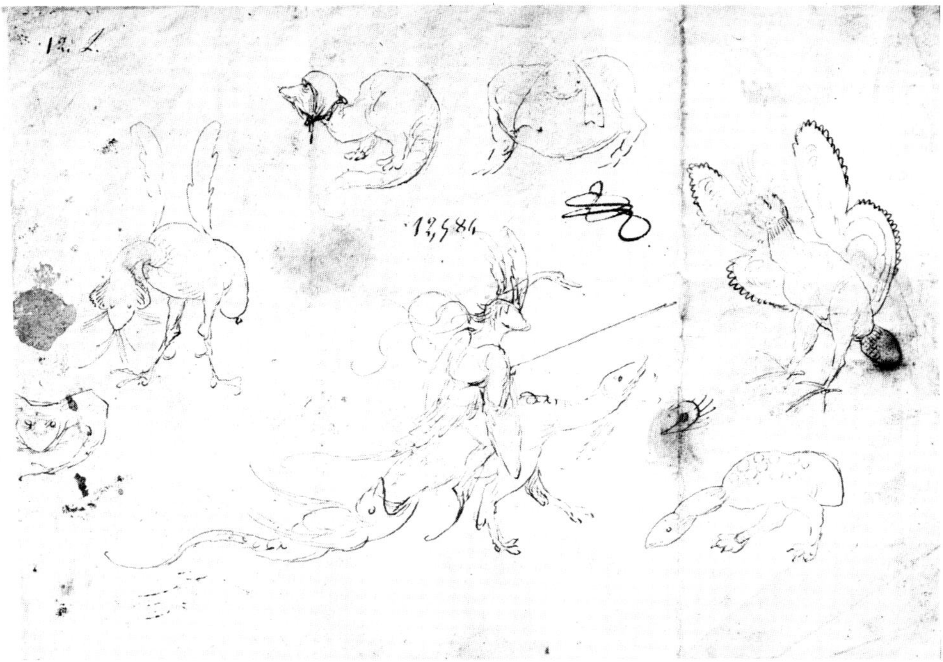

145 EL BOSCO
Estudios para las Tentaciones de san Antonio

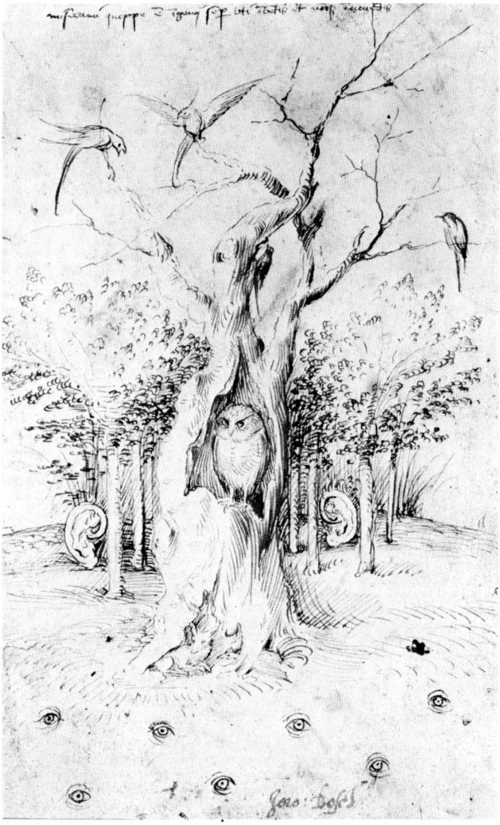

146 EL BOSCO *El búho en el árbol hueco, el Bosque con oídos y el Campo con ojos*

pluma captan las cambiantes formas evanescentes de la luz y la sombra, y producen visiones incandescentes tan verosímiles como las realidades más concretas.

La rápida difusión y fama del arte del Bosco por toda Europa puede medirse por una sucesión de fechas. En 1504, Felipe el Hermoso le encargó un Juicio Final. La suegra de Felipe, Isabel, reina de Castilla, poseía a su muerte, en 1505, tres obras del Bosco; probablemente eran regalos de la corte borgoñona. Hacia 1516, otro cuadro pertenecía a Margarita de Austria, regente de los Países Bajos a la muerte de Felipe. En 1521, cuatro años después de que Antonio de Beatis viera *El Jardín de las Delicias* en Bruselas, varias obras del Bosco estaban en el palacio del cardenal Grimani de Venecia; entre ellas debieron estar el *Paraíso* y el *Infierno* que hoy se conservan en el Palacio de los Dogos. En 1524, un cuadro que pudo ser la *Extracción de la Piedra*, hoy en Madrid, aparece entre las posesiones del obispo de Utrecht. En una fecha entre 1523 y 1544, Damião de Goes, agente portugués en Flandes, adquiere el tríptico del *San Antonio* que está ahora en Lisboa. Un inventario del mobiliario de Francisco I de Francia, realizado en 1542, relaciona un juego de tapices basados en composiciones del Bosco, entre ellas *El carro de heno* y *El Jardín de las Delicias*.

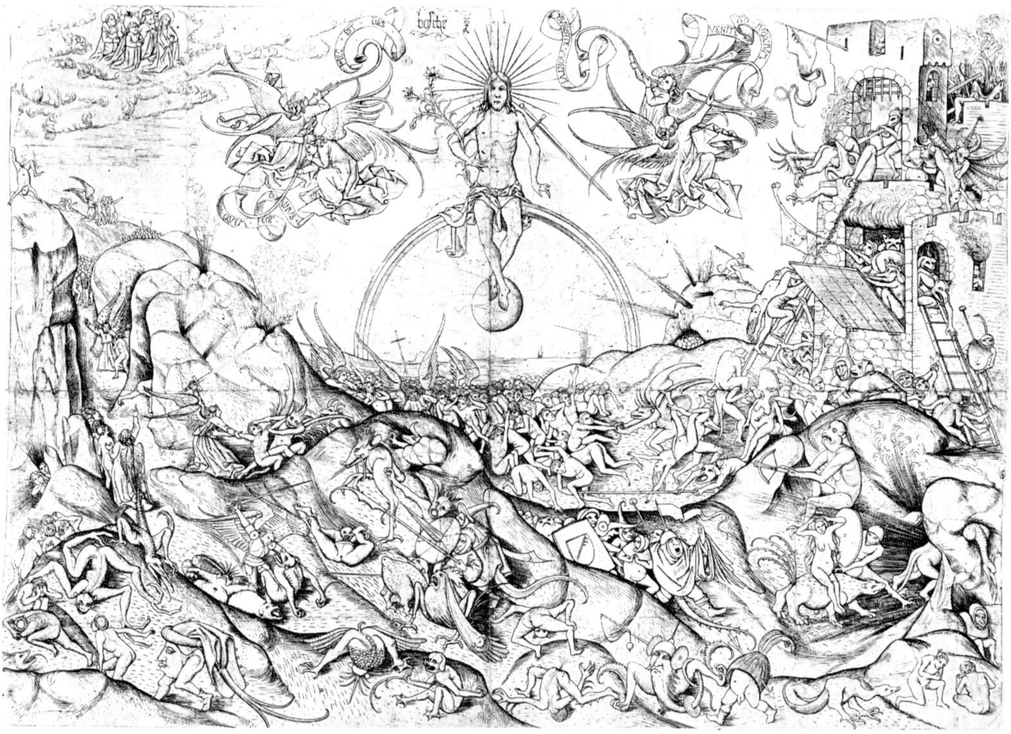

Pero, fuera de los Países Bajos, el país que acogió más favorablemente las pinturas del Bosco, fue España. La unión de las casas de Borgoña y España, producto de las alianzas matrimoniales, llevó a muchos españoles a Flandes, donde algunos se convirtieron en ávidos coleccionistas del arte del Bosco. Felipe de Guevara, cuyas opiniones sobre el Bosco ya se han mencionado, heredó probablemente su colección de pinturas del Bosco de su padre, miembro de la corte de Borgoña. La tercera esposa de Enrique III de Nassau, Mencía de Mendoza, volvió a España, tras la muerte de su esposo en 1538, con varias pinturas del Bosco. Entre ellas no estaba *El Jardín de las Delicias*, que pasó a manos de uno de los descendientes de Enrique, Guillermo el Taciturno. Esta obra y algunas otras pinturas del Bosco fueron confiscadas por el duque de Alba durante su ocupación de los Países Bajos; del duque pasaron poco tiempo después a manos de Felipe II.

No es seguro que todos los cuadros atribuidos al Bosco en los antiguos inventarios fueran de su pincel, porque algunas copias de sus composiciones, y pastiches de su estilo, estuvieron en circulación desde principios del siglo XVI. Además de las réplicas del *Cristo escarnecido* que ya se han mencionado, hay numerosas copias y variaciones de la *Epifanía* del Prado, y hasta casi una docena de versiones del *San Antonio* de Lisboa. Algunos de estos cuadros pueden haberse realizado en el taller del Bosco; por ejemplo, *El carro de heno*, que apenas se distingue de la versión de El Escorial. En un tríptico de Brujas, lo que queda de una grisalla del *Cristo escarnecido* en las alas exteriores, parece suficientemente bueno como para ser del mismo Bosco, pero *El Juicio Final,* *148*
en los paneles interiores, es evidente que no es más que una torpe adaptación de los motivos del Bosco.

Los espaciosos panoramas del Bosco probablemente influyeron en el estilo de Joachim Patinir, el primer pintor profesional de paisajes del arte occidental. Las escenas moralizantes del Bosco, con figuras y escenas de la vida cotidiana, contribuyeron significativamente al desarrollo de la pintura de género flamenca. Pero fue su imaginería diabólica la que ejerció mayor influencia en el arte flamenco del siglo XVI. Tres composiciones bosquianas llenas de demonios fueron grabadas, antes de su muerte en 1509, por el arquitecto Alart Du Hameel, y los moti- *147*
vos bosquianos pueden encontrarse en muchos detalles de pinturas flamencas, con frecuencia de poca calidad.

Hacia la mitad del siglo, la influencia del Bosco alcanzó su punto culminante en Amberes, la gran fábrica de cuadros del norte de Euro-

◀ 147 ALART DU HAMEEL, *El Juicio Final*

148 págs. siguientes Taller de EL BOSCO *El Juicio Final*, tríptico
ala izquierda, ala derecha, panel central

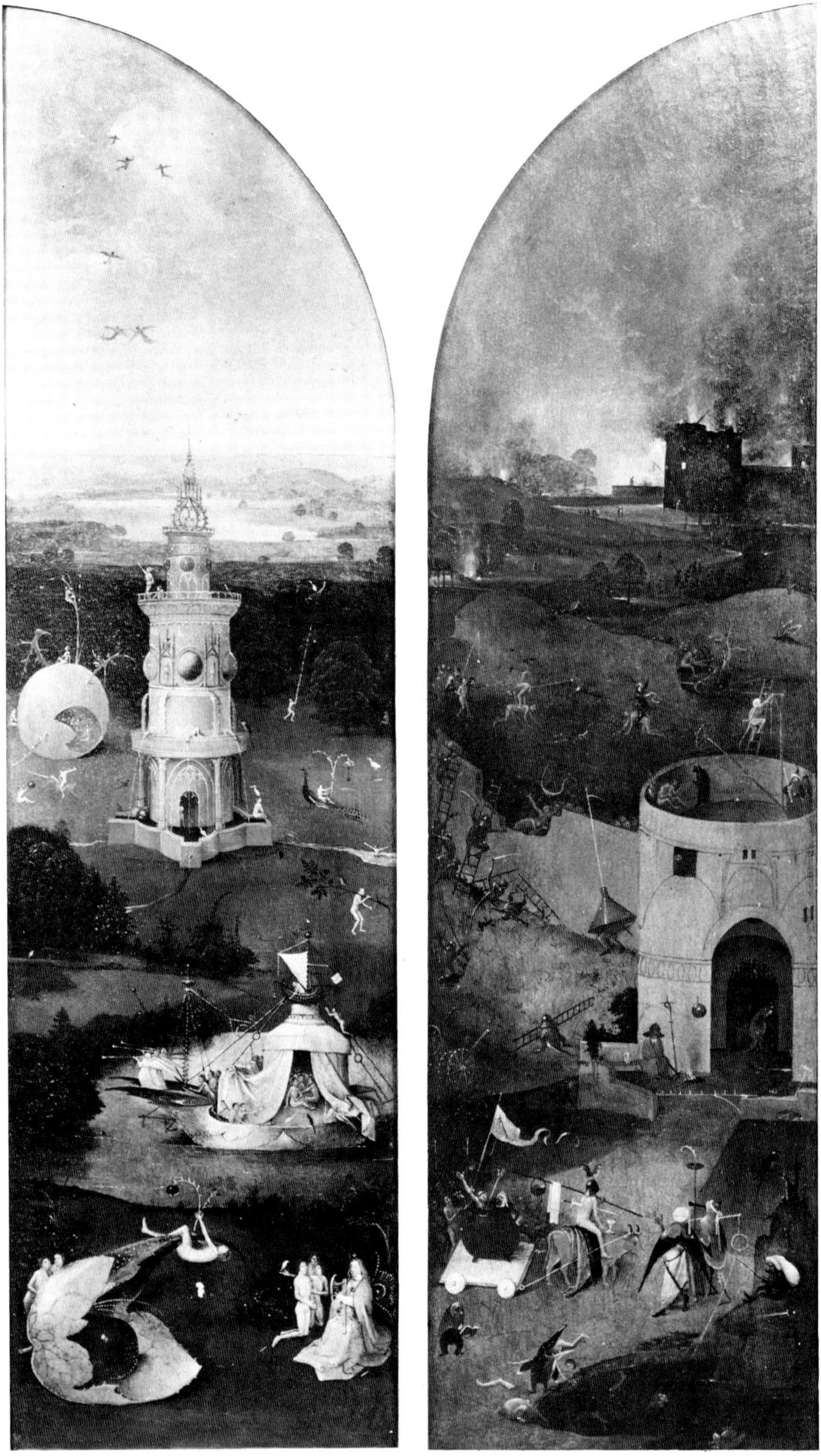

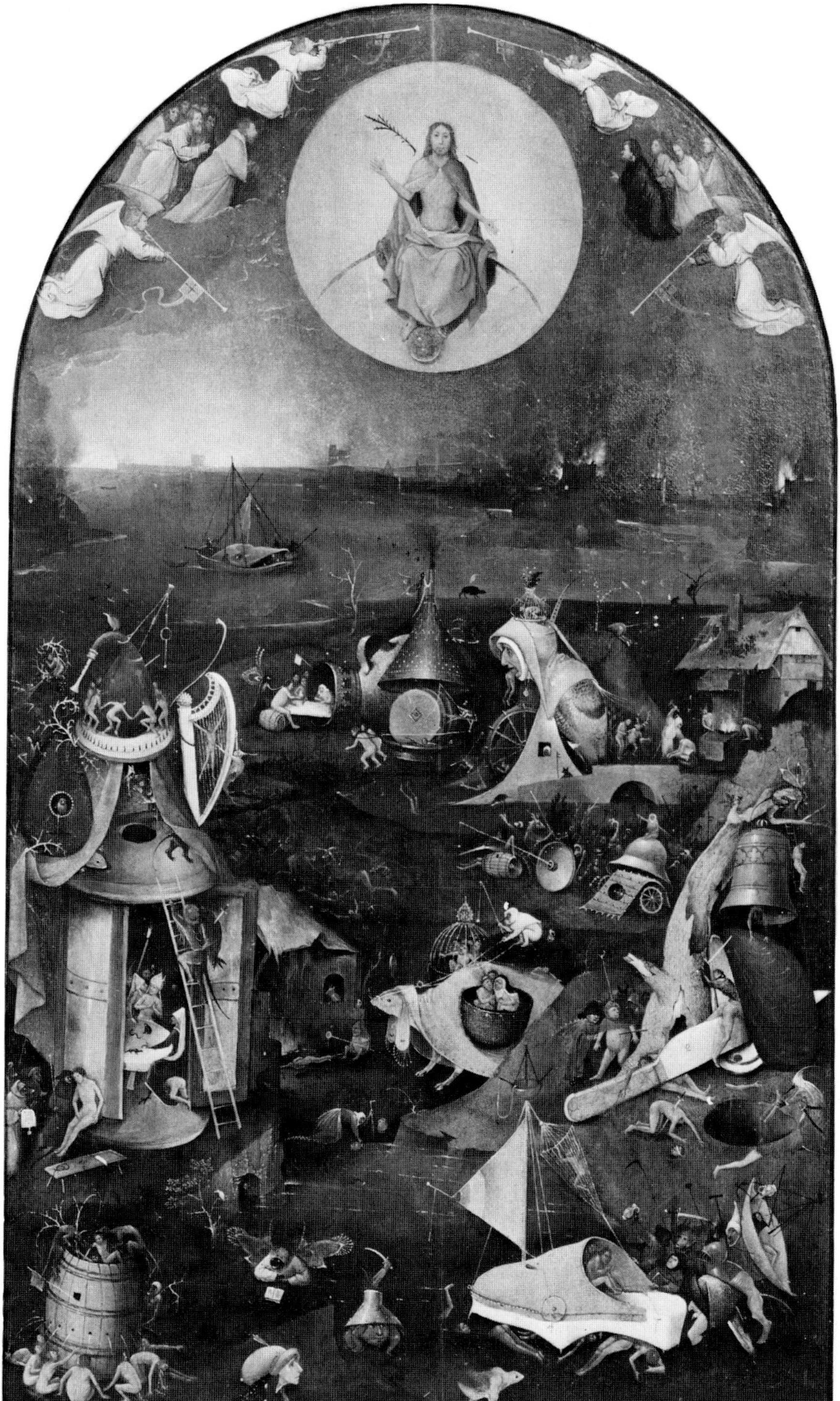

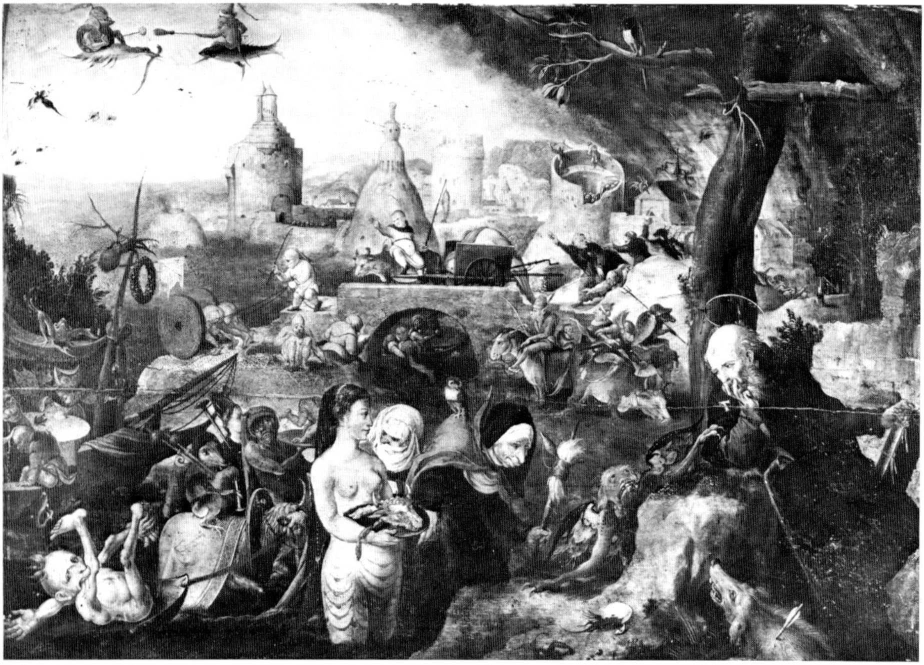

149 PIETER HUYS *Las tentaciones de san Antonio*

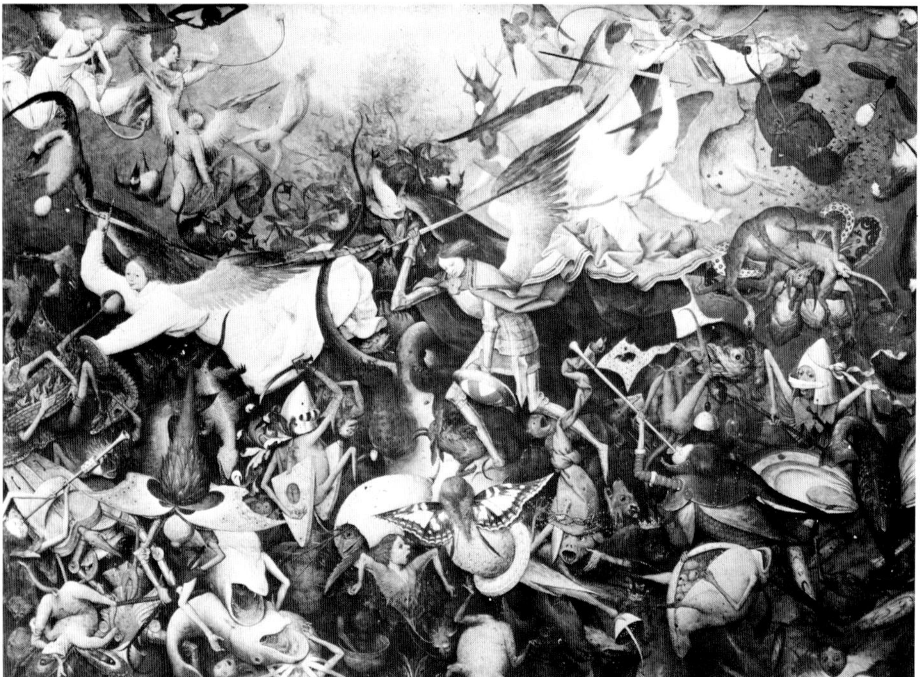

150 PIETER BRUEGEL EL VIEJO *Caída de los ángeles rebeldes*

pa, quizá como reacción al estilo italiano que dominaba en el arte ofi-
cial y eclesiástico. Entre sus imitadores de este período figuran Jan
Mandyn y Pieter Huys. De igual manera, Pieter Bruegel el Viejo im- 149
provisó libremente sobre temas del Bosco. 150

La imaginería, profundamente religiosa y didáctica en el Bosco, de-
saparece pronto en manos de esta horda de imitadores y secuaces, que-
dando tan sólo en formas extravagantes que buscan la excitación placen-
tera del espectador. El Infierno se convierte en un parque de atracciones,
una Disneylandia de la otra vida, donde los demonios más parece que
están para cosquillear que no para atormentar a los condenados. El desfile
de demonios alrededor de san Antonio y las cortesanas que lo tientan son 148
mucho más voluptuosos que nunca los pintó el Bosco. 149

Sólo Pieter Bruegel fue capaz de mantener algo del significado ori-
ginal de lo grotesco del Bosco, sobre todo en sus dibujos sobre los
Siete Pecados Capitales; pero hasta sus paisajes infernales son un tanto
prosaicos y, salvo en la *Caída de los ángeles rebeldes*, sus monstruos
están tomados con asaz obviedad de la vida diaria para que sean del
todo convincentes. De hecho, Bruegel se acerca más al Bosco en su
espíritu cuando difiere de él en los detalles, principalmente en el *Triun-
fo de la Muerte* de Madrid. La brillante variedad de demonios del Bosco 151
ha sido sustituida por la monotonía de un ejército de esqueletos huma-
nos, pero su marcha implacable por la tierra, asolando cuanto encuen-
tra a su paso, presenta la imagen de la destrucción universal, no menos
sugeridora que las escenas apocalípticas del Bosco.

Pero, como era de esperar, fue principalmente en España donde las pinturas del Bosco fueron contempladas con el mismo espíritu con que fueron creadas. No sólo la mayor parte de su obra encontró acomodo en España, sino que también fue aquí donde las actitudes medievales perduraron durante más tiempo, mientras desaparecían en el resto de Europa. En El Escorial, las celdas de los monjes se llenaron con sus cuadros, y en la intimidad de su alcoba, el sombrío Felipe II reflexionaba sobre el estado de su alma ante la *Mesa de los Pecados Capitales*. Los cuadros del Bosco debieron parecerle a Felipe como a Fray José de Sigüenza, quien insistía en que no eran absurdos «sino, tal como eran, libros de gran sabiduría y valor artístico. Si hay algo absurdo es en nosotros, no en ellos; y para decirlo de una vez, son una sátira pintada de los pecados y desvaríos del hombre». Ningún crítico moderno ha caracterizado tan acertadamente el arte de Hieronymus Bosch.

151 págs. siguientes PIETER BRUEGEL EL VIEJO *Triunfo de la Muerte*

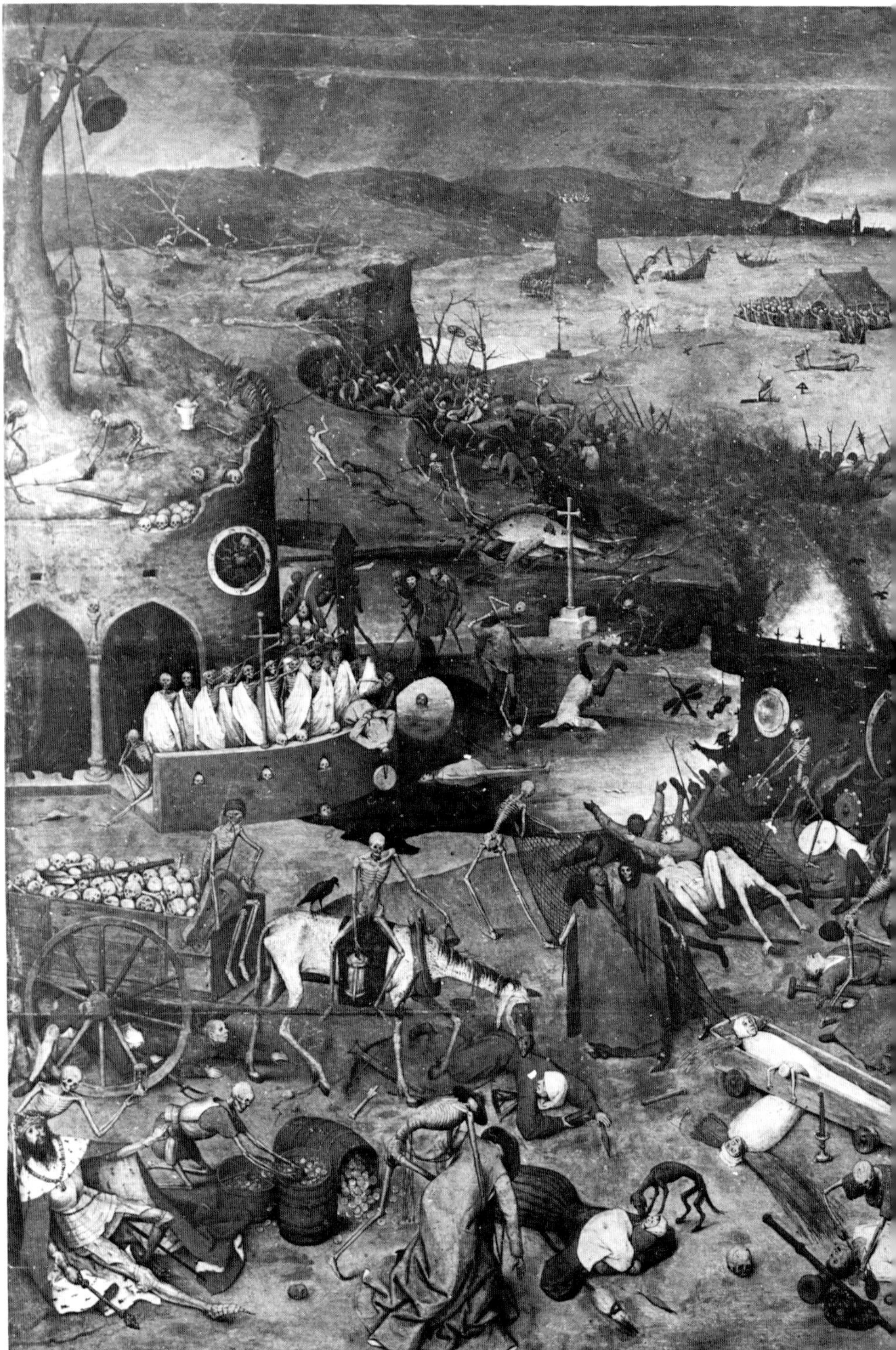

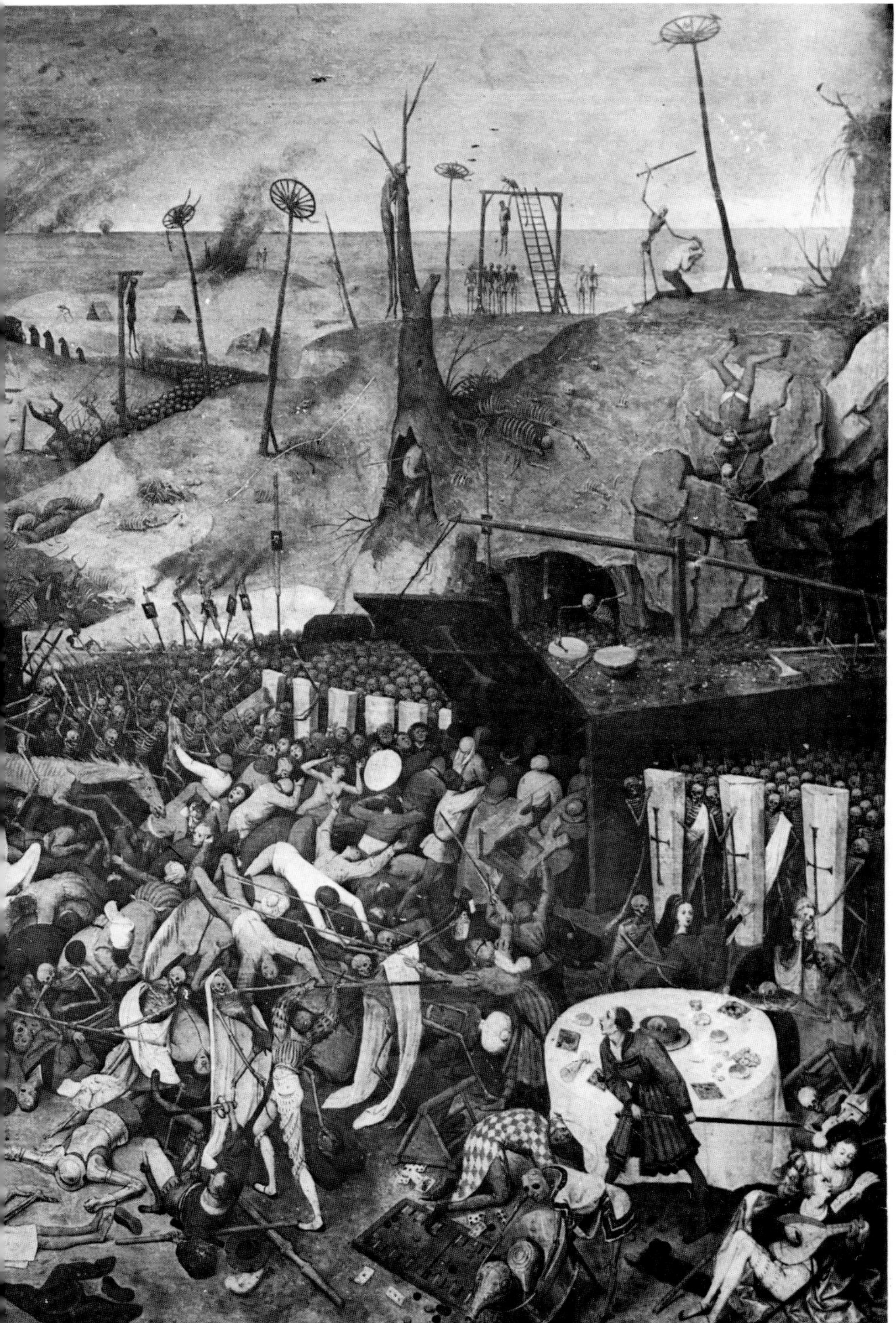

Lista de ilustraciones

Las medidas se indican en centímetros, alto × ancho

66 *Figuras desnudas en el interior de un fruto*, detalle de la il. 63, panel central.

69 *Carrusel de los hombres y estanque de las mujeres*, detalle de la il. 63, panel central.

72 *Jinetes masculinos*, detalle de la il. 63, panel central.

75 *El Jardín de las Delicias*, tríptico, alas exteriores. Óleo sobre tabla, cada ala 220 × 97. Museo del Prado, Madrid.

76 *La Fuente de la Vida*, detalle de la il. 63, ala izquierda.

77 *Dios presentando a Eva ante Adán*, detalle de la il. 63, ala izquierda.

79 *Monstruo con cabeza de pájaro*, detalle de la il. 63, ala derecha.

80 *Hombre-Árbol y edificios ardiendo en el Infierno*, detalle de la il. 63, ala derecha.

81 *Los condenados castigados en el Infierno: los jugadores*, detalle de la il. 63, ala derecha.

82 *Los condenados torturados sobre instrumentos musicales*, detalle de la il. 63, ala derecha.

83 *El caminante*, alas exteriores de la il. 60. Óleo sobre tabla, 135 × 90. Museo del Prado, Madrid.

85 *El caminante*, óleo sobre tabla, diámetro 70,6. Boymans-van Beuningen Museum, Rotterdam.

86 *La casa de mala fama*, detalle de la il. 85.

88-91 *La humanidad acosada por los demonios*, alas izquierda y derecha de un tríptico, reverso de las ils. 93 y 94. Óleo sobre tabla, 69 × 35. Boymans-van Beuningen Museum, Rotterdam.

92 *Demonios y monstruos*, detalle de la il. 93.

93 *Caída de los Ángeles Rebeldes*, ala izquierda de un tríptico. Óleo sobre tabla, 69 × 35. Boymans-van Beuningen Museum, Rotterdam.

94 *El Arca de Noé sobre el Monte Ararat*, ala derecha de un tríptico. Óleo sobre tabla, 69,5 × 38. Boymans-van Beuningen Museum, Rotterdam.

95 *Cristo en la Cruz con donantes y santos*, óleo sobre tabla, 70,5 × 53. Musées Royaux des Beaux-Arts, Bruselas.

96 *Paisaje con ciudad*, detalle de la il. 95.

97 *La Adoración de los Magos*, detalle de la il. 108, panel central.

98 *Figuras en el establo*, detalle de la il. 108, panel central.

99 *Pastores mirando*, detalle de la il. 108, panel central.

100 *Los ejércitos de los Magos y las murallas de Jerusalén*, detalle de la il. 108, panel central.

101 *Demonios acechando en el pórtico en ruinas*, detalle de la il. 108, ala izquierda.

102 *Campesinos bailando al son de las gaitas*, detalle de la il. 108, ala izquierda.

103 *Hombre y mujer atacados por lobos*, detalle de la il. 108, ala derecha.

104 *La Crucifixión y otras escenas de la Pasión de Cristo*, detalle de la il. 106.

106 *La Misa de san Gregorio*, alas exteriores de la il. 108. Óleo sobre tabla, 138 × 66. Museo del Prado, Madrid.

107 *Cristo con la Cruz a cuestas*, óleo sobre tabla, 150 × 94. Palacio Real de Oriente, Madrid.

108 *Adoración de los Magos o Epifanía*, tríptico. Óleo sobre tabla, panel central 138 × 72, cada ala 138 × 33. Museo del Prado, Madrid.

111 *Cristo coronado de espinas*, óleo sobre tabla, 157 × 195. Monasterio de San Lorenzo de El Escorial.

112 *Cristo coronado de espinas*, óleo sobre tabla, 73,7 × 59. National Gallery, Londres.

113 *Cristo con la Cruz a cuestas*, óleo sobre tabla, 74 × 81. Musée des Beaux-Arts, Gante.

115 *San Jerónimo orando*, óleo sobre tabla, 77 × 59. Musée des Beaux-Arts, Gante.

116 *San Juan Bautista en el desierto*, óleo sobre tabla, 48,5 × 40. Museo Lázaro Galdiano, Madrid.

117 *Santos ermitaños*, tríptico. Óleo sobre tabla, panel central 86,5 × 60, cada ala 86,5 × 29. Palacio de los Dogos, Venecia.

119 *Paisaje con ciudad ardiendo y dragón*, detalle de la il. 120.

120 *San Cristóbal llevando al Niño Jesús*, óleo sobre tabla, 113 × 71,5. Boymans-van Beuningen Museum, Rotterdam.

122 *Escenas de la Pasión de Cristo y el pelícano con su cría*, reverso de la il. 123. Óleo sobre tabla en grisalla, 62 × 41. Staatliche Museum, Berlín-Dahlem.

123 *San Juan Evangelista en Patmos*, óleo sobre tabla, 62 × 41. Staatliche Museum, Berlín-Dahlem.

124 *Las tentaciones de san Antonio*, tríptico, paneles interiores. Óleo sobre tabla, panel central 131,5 × 119, cada ala 131,5 × 53. Museu Nacional de Arte Antiga, Lisboa.

125 *Demonios llevando por los aires a san Antonio*, detalle de la il. 124, ala izquierda.

126 *San Antonio tentado por la Reina-Diablo*, detalle de la il. 124, ala derecha.

127 *La ciudad de la Reina-Diablo*, detalle de la il. 124, ala derecha.

128 *San Antonio rodeado por los demonios*, detalle de la il. 124, panel central.

129 *Ciudad ardiendo*, detalle de la il. 124, panel central.

130 *Torre en ruinas y edificios adyacentes*, detalle de la il. 124, panel central.

131 *Demonio con armadura*, detalle de la il. 124, panel central.

132 *Monstruo con cola de lagarto*, detalle de la il. 124, panel central.

134 *Cabeza de san Antonio*, detalle de la il. 124, panel central.

135 *Cabeza de Cristo*, detalle de la il. 107.

136 *Prendimiento de Cristo*, detalle de la il. 137.

137 *San Antonio*, tríptico, alas exteriores. Óleo sobre tabla, cada ala 131,5 × 53. Museu Nacional de Arte Antiga, Lisboa.

138 *Clérigo-Demonio*, detalle de la il. 124, panel central.

139 *Frutos del mal*, detalle de la il. 116.

140 *Paisaje*, detalle de la il. 35

141 *Paisaje*, detalle de la il. 85.

142 *Paisaje*, detalle de la il. 123.

143 *Dos monstruos*, dibujo a pluma, tinta negra sobre fondo rosa, 7,8 × 18. Kupferstichekabinett, Berlín.

144 *Nido de búhos*, dibujo a bistre y pluma, 14 × 19,6. Boymans-van Beuningen Museum, Rotterdam.

145 *Estudios para las Tentaciones de san Antonio*, dibujo a pluma. Museo del Louvre, París.

146 *El búho en el árbol hueco, el Bosque con oídos y el Campo con ojos*, dibujo a la pluma y al bistre, 20,2 × 12,7. Kupferstichkabinett, Berlín-Dahlem.

ANÓNIMOS

3 *Mercado de paños en 's-Hertogenbosch*, holandés, *c.* 1525. Óleo sobre tabla, 126 × 67. Noordbrabants Museum, 's-Hertogenbosch.

4 Catedral de San Juan, 's-Hertogenbosch, fotografía.

5 *Retrato de Hieronymus Bosch (?)*, *c.* 1550. Dibujo a lápiz y sanguina, 41 × 28. Bibliothèque Municipale d'Arras. Recueil de portraits, MS. 266, fol. 275.

6 Catedral de San Juan, 's-Hertogenbosch. Detalle de los contrafuertes de la cubierta.

7 *Adoración de los Magos*, de un libro de horas holandés, *c.* 1438. Vitela, miniatura, 6,7 × 8,7, página 10,2 × 13,3. Rijksmuseum Meermanno-Westeenianum, La Haya. MS. 10 E1, fol. 77V.

10 *Cristo con la Cruz a cuestas*, de un libro de horas holandés, *c.* 1430. Bibliothèque Royale, Bruselas.

13 *El rey Salomón y la mujer sulamita*, de la Biblia de Evert van Soudenbalch, holandés, *c.* 1455-1460. Nationalbibliothek, Viena. MS. 2771, fol. 298V.

14 *El prestidigitador*, copia de Hieronymus Bosch. Óleo sobre tabla, 53 × 65. Musée Municipale de St. Germain-en-Laye.

16 *Bodas de Caná*, copia de Hieronymus Bosch. Dibujo a pluma con tinta sepia, 28,1 × 20,8. Museo del Louvre, París. Colección Edmond de Rothschild.

26 *Los Siete Pecados Capitales*, dibujo de la pintura mural que estuvo en la iglesia de Ingatestone, Inglaterra. Tomado de *Transactions of the Essex Archaeological Society*, vol. IV, Colchester, 1868. Diámetro de la rueda 218,5.

34 *El moribundo inspirado por un ángel contra la avaricia*. Grabado en madera del *Ars Moriendi*, devocionario alemán, *c.* 1465-1470, 21,6 × 15,7. Biblioteca del Congreso, Washington D.C. Colección Lessing J. Rosenwald.

40 Página de manuscrito, con dibujos de monstruos en los márgenes, inglés, *c.* 1326-1327, de Walter de Milemete, *De Nobilitatibus Sapientiis et Prudentiis Regnum*. The Governing Body of Christ Church, Oxford. MS. E II (92), fol. 36.

41 *Demonios llevando a los condenados al Infierno*, holandés, detalle del libro de horas de Yolande de Lalaing, *c.* 1460. Bodleian Library, Oxford. MS. Douce 93, fol. 46V.

42 *Conejo-Cazador con su víctima*, flamenco, detalle del *Romance of Alexander*, 1338-1344. Bodleian Library, Oxford. MS Bodley 264, fol. 81V.

56 *Triunfo del Amor*, florentino, de los *Triunfos*, de Petrarca, *c.* 1460-1470. Grabado, 26 × 17. British Museum, Londres.

62 *Tres almas arrastradas al Diablo por perros infernales*, inglés, detalle del *Taymouth Hours*, primera mitad del siglo XIV. British Museum, Londres. Yates Thompson 13, fols. 146V-147r.

71 *Juegos obscenos de los antiguos romanos*. Iluminación en vitela de *La ciudad de Dios*, de san Agustín, *c.* 1478, 8,5 × 6,6. Rijksmuseum Meermanno-Westreenianum, La Haya. MS. 11, fol. 36V.

74 *Amantes abrazados*, francés, final siglo XV. Marfil, altura 7,4. Museo del Louvre, París.

84 *Espejo del entendimiento humano*, alemán, 1488 (?). Grabado en madera, 40,4 × 29,1. Staatliche Graphische Sammlung, Munich.

87 *Joven eligiendo entre el Bien y el Mal*, alemán, 1470-1480. Grabado en madera. Albertina, Viena.

110 *Cristo coronado de espinas*, copia de Hieronymus Bosch. Óleo sobre tabla, 83 × 68. Koninklijk Museum voor Schone Kunsten, Amberes.

148 *El Juicio Final*, tríptico, taller de El Bosco. Óleo sobre tabla, panel central 99 × 60,3, cada ala 99 × 28,5. Groeninge Museum, Brujas.

HANS BALDUNG GRIEN (*c.* 1480-1545)

78 *Caída del hombre*, 1511. Grabado en madera, 37 × 26. British Museum, Londres.

DIRK BOUTS (*c.* 1415-1475)

46 *El Paraíso Terrenal. Caída de los condenados*, óleo sobre tabla, 115 × 72. Palais de Beaux-Arts, Lille.

PIETER BRUEGEL EL VIEJO (*c.* 1525/1530-1569)

150 *Caída de los ángeles rebeldes*, óleo sobre tabla, 117 × 40,7. Musées Royaux des Beaux-Arts, Bruselas.

151 *Triunfo de la Muerte*, témpera y óleo sobre tabla, 117 × 162. Museo del Prado, Madrid.

ALART DU HAMEEL

67 *Pareja de amantes y un loco junto a una fuente*, grabado, 24 × 12. British Museum, Londres.

147 *El Juicio Final*, grabado, 24 × 34,6. Rijksprentenkabinet, Amsterdam.

Atribuido a
ALBERTO DURERO (1471-1528)

73 *Amantes en un jardín sorprendidos por la Muerte*, boceto al carbón, diámetro 27,5. Kupferstichkabinett, Dresde.

133 *Pensamientos píos y pecaminosos de la gente en misa*. Dibujo. Musée des Beaux-Arts, Rennes.

GEERTGEN TOT SINT JANS (activo al final del siglo XV)

51 *Madonna y Niño*, óleo sobre tabla, 24,5 × 18,1. Boymans-van Beuningen Museum, Rotterdam.

118 *San Juan Bautista en el desierto*, óleo en tabla de roble, 42 × 28. Staatliche Museen, Preussischer Kulturbesitz Gemäldegalerie, Berlín.

PIETER HUYS

149 *Las tentaciones de san Antonio*, óleo sobre tabla de roble, 71 × 63,5. Museo del Louvre, París.

SIMON MARMION (activo 1449, muerto en 1489)

50 *Dios y las esferas celestiales*, miniatura en *Le livre des sept âges du monde*. Bibliotheque Royale, Bruselas. MS. 9047, fol. 12r.

MAESTRO DE LAS BANDEROLAS

68 *Estanque de la Juventud*, grabado, 23,5 × 31,4. Albertina, Viena.

MAESTRO DE LA PASIÓN DE BERLÍN

64 *Dos hombres luchando en una ornamentación floral*, siglo XV. Grabado, 7,9 × 9,5. Kupferstichkabinett, Dresde.

MAESTRO DE LA PASIÓN DE KARLSRUHE

114 *Apresamiento de Cristo, c.* 1440, óleo sobre tabla de nogal, 68 × 46. Wallraf-Richartz-Museum, Colonia.

HANS MEMLING (*c.* 1433-1494)

109 *Deposición de Cristo*, óleo sobre tabla, 51,4 × 36,2. Capilla Real, Granada.

MARTIN SCHONGAUER (*c.* 1430-1491)

121 *San Juan Evangelista en Patmos*, grabado, 15,5 × 11. British Museum, Londres.

ISRAHEL VAN MECKENEM (muerto en 1503)

70 *Danza de Morris*, grabado, diámetro 18. British Museum, Londres.

105 *La misa de san Gregorio, c.* 1480-1485. Grabado, 21,5 × 14,9. National Gallery of Art, Washington D.C., Colección Lessing J. Rosenwald.

ROGER VAN DER WEYDEN (1399/1400-1464)

37 *El Juicio Final*, tríptico. Óleo sobre tabla, 215 × 560. Hôtel-Dieu, Beaune.

Agradecimientos fotográficos

A.C.L., Bruselas: 95, 96, 110, 148, 150
Bibliothèque Royale, Bruselas: 10, 50
British Museum: 56, 62, 67, 70, 78, 121
Bulloz: 37, 46
Deutsche Fotothek, Dresde: 64, 73
Giraudon: 5, 14, 46, 53, 115, 125, 126, 133, 145, 149
Mansell-Alinari: 47, 49, 117
Mansell-Anderson: 48, 60
Mas: 20, 21, 22, 23, 24, 25, 27, 55, 57, 58, 59, 60, 61, 63, 65, 81, 82, 83, 98, 99, 100, 101, 102, 103, 104, 106, 109, 111, 124, 139, 151
Oxford University Press: 40
Patrimonio Nacional, Madrid: 107, 135
Réunion des Musées Nationaux, París: 16
Rheinisches Bildarchiv, Colonia: 114
Scala: 28, 60, 108, 113
Seidel, Max: 4, 6
Steinkopf, Walter: 19, 52, 118, 122, 142, 143, 146
Webb, John: 30

Bibliografía seleccionada

El catálogo de la exposición *Jheronimus Bosch*, Noordbrabants Museum, 's-Hertogenbosch, 1967, pp. 229-235, contiene bibliografías bastante completas sobre el Bosco hasta 1967; también en *The Complete Paintings of Bosch*, de G. Martin y M. Cinotti (*Classics of the World's Great Art*), Nueva York, Londres, 1969, pp. 11-15. La lista que sigue comprende las publicaciones importantes más recientes, así como las obras anteriores más significativas. Ocasionalmente se añade algún comentario para ayuda del lector.

ESTUDIOS

Baldass, L. von. *Hieronymus Bosch*, Viena, 1943, reimpreso 1959. (Todavía el mejor libro disponible sobre el Bosco; varias opiniones de eruditos compendiadas en el catálogo.)

Combe, J. *Jérôme Bosch*, París, Londres, 1946, reimpreso 1957. (Útil, pero la interpretación alquimista de su obra es equivocada.)

Cuttler, C.D. *Northern Painting From Pucelle to Bruegel*, Nueva York, 1968, 198-211. (Estudio breve, aunque valioso, sobre el arte del Bosco.)

Delevoy, R.L. *Bosch: Biographical and Critical Study*, Cleveland, 1960 (poco fiable, pero con una extensa y útil bibliografía dividida por temas).

Friedländer, M.J. *Geertgen tot Sint Jans and Jerome Bosch* (*Early Netherlandish Painting*, V), Leiden, Bruselas, 1969.

Gauffreteau-Sévy, *Jérôme Bosch* (colección *L'Oeil du Temps*), París, 1965.

Linfert, C. *Hieronymus Bosch*, Colonia, 1970.

Puyvelde, L. van. *La peinture flamande au siècle de Bosch et Breughel*, París, 1962, 28-75. (Con breves referencias a los seguidores del Bosco.)

Reuterswärd, P. *Hieronymus Bosch* (*Figura*, VII) Upsala, 1970.

Tolnay, C. de. *Hieronymus Bosch*, Baden-Baden, 1965. Reimpreso, con adiciones de la edición de 1937. (Lleno de errores tipográficos y un formato incómodo que lo hace de difícil manejo, pero con excelentes ilustraciones y muchos detalles.)

ICONOGRAFÍA

Bax, D. «Bezwaren tegen L. Brand-Philip interpretati van Jeroen Bosch' marskramer, goochelaar, keisnijder en voorgrond van hooiwagen paneel», *Nederlands Kunsthistorisch Jaarboek*, XIII, 1962, 1-54. (El artículo refutado de Brand-Philip aparece más abajo.)

Bax, D. *Ontcijfering van Jeroen Bosch*, La Haya, 1949 (interpretaciones del *San Antonio* de Lisboa, *Extracción de la piedra*, *San Jerónimo* de Gante, *Las bodas de Caná* y otras obras.)

Brand-Philip, L. «The Peddler by Hieronymus Bosch. A Study in Detection». *Nederlands Kunsthistorisch Jaarboek*, IX, 1958, 1-81 (interpretación del *Caminante* de Rotterdam y otras obras.)

Grauls, J. «Ter verklaring van Bosch en Bruegel», *Gentse Bijdragen tot de Kunstgeschiedenis*, VI, 1939/1940, 139-160.

Roggen D.J. «J. Bosch, literatuur en folklore», *Gentse Bijdragen tot de Kunstgeschiedenis*, VI, 1939-1940, 107-126.

Rosenberg, J. «On the Meaning of a Bosch Drawing» en *Essays in Honor of Erwin Panofsky* (*De artibus opuscula, XL*), Nueva York, 1961, 422-426 (*The Owl in the Hollow Tree*).

Wertheim Aymès, C.A. *Hieronymus Bosch. Eine Einführung in seine geheime Symbolik*, Amsterdam, Berlín, 1957.

Wertheim Aymès, C.A. *Die Bildersprache des Hieronymus Bosch*, La Haya, 1961. (Los dos libros de este autor interpretan las obras del Bosco en clave Rosacruz.)

MISCELÁNEA

Gerlach, P. «Les sources pour l'étude de la vie de Jérôme Bosch», *Gazette des Beaux-Arts*, LXXI, 1968, 109-116.

Gibson, W.S. «Hieronymus Bosch and the Dutch Tradition», en *Album Amicorum J.G. van Gelder*, La Haya, 1973, 132-134.

Jheronimus Bosch, Bijdragen, Noordbrabants Museum, 's-Hertogenbosch, 1967 (volumen dos del catálogo de la exposición mencionada al principio, con varios artículos importantes sobre el Bosco y su ambiente).

Scher, S. «Hieronymus Bosch: An Exercise in Attribution», *Bulletin of Rhode Island School of Design, Museum Notes*, LIII, n.º 2, mayo 1967 (un análisis lleno de sensibilidad del estilo de dibujo del Bosco).

INFLUENCIA Y FAMA PÓSTUMAS

Heidenreich, H. «Hieronymus Bosch in Some Literary Contexts», *Journal of the Warburg and Courtauld Institutes*, XXXIII, 1970, 171-199 (sobre todo escritores españoles de los siglos XVII y XVIII).

Kurtz, O. «Four Tapestries after Hieronymus Bosch», *Journal of the Warburg and Courtauld Institutes*, XXX, 1967, 150-162.

Löhneysen, H.W. von. *Die ältere niederländische Malerei, Künstler und Kritiker*, Eisenach y Kassel, 1956, 114-123 (breve referencia a las críticas sobre el Bosco entre los siglos XVI y XIX).

Stechow, W. *Northern Renaissance Art, 1400-1600 (Sources and Documents in the History of Art Series)*, Englewood Cliffs, N.J., 1966, 19-24 (textos de Guevara, Van Mander y Sigüenza).

OBRAS MONOGRÁFICAS

Tríptico de «El Jardín de las Delicias»

Bax, D. *Beschrijving en poging tot verklaring van het Tuin der onkuisheiddrieluik van Jeroen Bosch, gevolgd door kritiek op Fraenger*, Amsterdam, 1956 (análisis meticuloso de la iconografía, seguido de una detallada refutación de las teorías de Fraenger).

Fraenger, W. *Das tausend jährige Reich. Gründzuge einer Auslegung*, Coburgo, 1947.

Gombrich, E.H. «The Earliest Description of Bosch's *Garden of Delights*», *Journal of the Warburg and Courtauld Institutes*, XXX, 1967, 403-406.

Gombrich, E.H. «Bosch's *Garden of Delights*: A Progress Report», *Journal of the Warburg and Courtauld Institutes*, XXXII, 1969, 162-170.

McGrath, R.L. «Satan and Bosch, the *Visio Tundali* and the Monastic Vices», *Gazette des Beaux-Arts*, LXXI, 1968, 45-50.

Spychalska-Boczkowska, A. «Materials for the Iconography of Hieronymus Bosch's Triptych the Garden of Delights», *Studia Muzealne*, V, 1966, 49-95 (interpretación astrológica del tríptico).

Tríptico de la «Epifanía»

Brand-Philip, L. «The Prado Epiphany by Jerome Bosch», *Art Bulletin*, XXXV, 1953, 267-293.

Gombrich, E.H. «The Evicence of Images, II, the Priority of Context over Expression», in *Interpretation, Theory and Practice*, ed. C.S. Singleton, Baltimore, 1969, 75-89 (sobre la identificación de las figuras en el establo).

Tríptico de San Antonio

Cuttler, C.D. «The Lisbon Temptation of St. Anthony by Jerome Bosch», *Art Bulletin*, XXXIX, 1957, 109-126.

Cuttler, C.D. «Witchcraft in a Work by Bosch», *Art Quaterly*, XX, 1957, 128-140.

Lennep, J. van. «Feu Saint-Antoine et Mandragore, à propos de la *Tentation de saint Antoine* par Jérôme Bosch», *Bulletin des Musées Royaux des Beaux-Arts de Belgique*, XVII, 1968, 115-136.

«El Caminante», de Rotterdam

Renger, K. «Versuch einer neuen Deutung von Hieronymus Boschs Rotterdamer Tondo», *Oud-Holland*, LXXXIV, 1969, 67-76.

Zupnick, I.L. «Bosch's Representation of Acedia and the Pilgrimage of Everyman», *Nederlands Kunsthistorisch Jaarboek*, XIX, 1968, 115-132.

Otras obras

Boczkowska, A. «The Lunar Symbolism of the Ship of Fools by Hieronymus Bosch», *Oud-Holland*, LXXXVI, 1971, 47-69.

Châtelet, A. «Sur un Jugement Dernier de Dieric Bouts», *Nederlands Kunsthistorisch Jaarboek*, XVI, 1965, 17-42 (sobre la iconografía de los paneles *Cielo* e *Infierno* y su relación con Dirk Bouts).

Poch-Kalous, M. *Hieronymus Bosch in der Gemäldegalerie der Akademie der bildenden Künste in Wien*, Viena, 1967 (tríptico de *El Juicio Final* de Viena).

Ringbom, S. *Icon to Narrative, The Rise of the Dramatic Close-Up in Fifteenth-Century Devotional Painting*, Abo, 1965, 155-170 (análisis de las escenas de la Pasión del Bosco de tamaño medio).

Traeger, J. «Der Heuwagen des Hieronymus Bosch und der eschatologische Adventus des Papstes», *Zeitschrift für Kunstgeschichte*, XXXIII, 1970, 298-331.

Índice de nombres

Los números en cursiva se refieren a las ilustraciones.